国家马克思主义理论研究和建设工程2015年度重大实践经验总结课题
2015年度国家社科基金特别委托项目（15@ZH046）
山东社会科学院"创新工程"资助项目

课题组成员名单

课 题 负 责 人：孙守刚

课题执行负责人：刘宝莅

课 题 首 席 专 家：张述存

课题组核心成员：(按姓氏笔画排序)

马 军	王 圣	王 爽	王东东
王春元	王鹏飞	左言新	卢庆华
曲坤山	刘 康	刘永宽	刘昌毅
刘晓宁	孙灵燕	李广杰	李晓鹏
杨振华	张大伟	张汝金	张英涛
陈晓倩	范斐朗	金 花	周乐萍
赵君琦	荀克宁	顾春太	徐 丽
殷玉平	韩 薇		

山东与韩国
经贸合作的实践经验研究

SHANDONG YU HANGUO
JINGMAO HEZUO DE SHIJIAN JINGYAN YANJIU

主　编/张述存
副主编/李广杰　顾春太　刘晓宁

人民出版社

前　言

　　山东与韩国地缘相近、人文相通、交通物流便捷，开展经贸合作的优势突出。早在 20 世纪 80 年代末中韩建交之前，山东就率先开启了与韩国之间的经贸合作，是我国最早与韩国开展经贸合作的省份。中韩建交特别是中国加入 WTO 后，山东与韩国经贸往来日益密切。多年来，山东与韩国在贸易、投资、园区、金融等领域均开展了良好合作，取得了显著成效。在与韩国长期经贸合作的实践过程中，山东形成了明显的对韩经贸合作优势，并积累了不少成功经验。对山东与韩国经贸合作的实践探索进行梳理，有利于为山东未来与韩国开展更高层次、更广领域的经贸合作，以及为我国其他省区更好地开展对韩经贸合作提供有益的经验借鉴，对新时期深化中韩经贸合作关系具有重要意义。

　　山东与韩国经贸合作在中韩经贸合作中占有重要地位。第一，贸易合作水平不断提升。山东与韩国贸易一直在中韩贸易中占据重要地位，同时在山东整个对外贸易中也举足轻重。2001—2015 年，山东与韩国贸易额从 61.49 亿美元增长到 322.5 亿美元，年均增长 11.7%。2006 年之前，山东与韩国贸易额一直占山东对外贸易总额的 1/5，占中韩贸易总额的比重在 15% 左右。目前，韩国是山东第二大贸易伙伴，2015 年山东与韩国贸易额占中韩两国贸易总额的 11.7%、占山东对外贸易总额的 13.3%。在贸易额稳定增长的同时，山东与韩国贸易的结构和层次也在不断提升。2014 年山东与韩国服务贸易额达到 55.4 亿美元，占全省服务贸易总额的 18.6%，韩国成为山东第一大服务贸易伙伴国。第二，投资合作成效突出。1992 年中韩建交之后鲁韩投资合作进入快速发展时期，韩资在山东利用外资中也一直居于重要地位，山东利用韩资一度占据韩国对华投资的半壁江山。截至目前，近三分之一的韩国对华投资企业落户山东。山东利用韩资的质量也在不断提升，已从过去的以劳动密集型中小企业投资为主发展到以先进制造业、现代服务业大型企业投资为主。目前，在山东的韩资企业超过4700家，韩国前30位的大企业集团都在山东进行了集群式、战略性投资。2015年，山东实际利用韩资金额20.7亿美元，占我国实际利用韩资总额的51.3%，韩国是山东第二大外资来源地。截至2015年年底，山东累计实际利用韩资337.44亿美元。同时，近年来山东企业赴韩开展绿地投资和跨国并购的步伐明显加快。2015年，山东核准到韩国投资33个项目，投资额1.7亿美元，同比增长88.9%。第三，园区合作形式多样。山东把园区作为对韩经贸合作的重要载体，一直积极与韩国开展形式多样的园区合作。多年来，山东省着力打造青岛中韩创新产业园、东营中韩装备产业园、潍坊中韩海洋化工产业园、威海中韩信息技术产业园、日照中韩汽车零部件产业园、滨州中韩现代农业园等中韩（国别）产业园区，有效地吸引了韩资企业集聚。山东抓住中韩自贸协定谈判的有利时机，积极参与中韩自贸协定谈判进程，中韩（烟台）产业园项目被纳入中韩自贸协定谈判会议纪要，将通过与韩国新万金产业园开展"两国双园"互动合作，打造中韩FTA时代两国经贸合作的示范性项目；威海—仁川中韩自贸区地方经济合作示范区被纳入中韩自贸协定，承担着中韩自贸协定框架下双边双向开放试验的重任。第四，金融合作取得良好进展。山东高度重视对韩金融合作，特别是近年来，山东抢抓中韩自贸区机遇，全面深化金融改革，大力引进韩资金融机构，积极探索与韩国在人民币业务、资本市场等领域的合作，合作步伐逐渐加快。截至2015年年底，已有产业银行、友利银行、韩亚银行、新韩银行、企业银行和釜山银行6家韩资银行在山东青岛、烟台和威海设立了8家分支机构；三星财险、现代财险、中银三星寿险3家韩资保险公司在青岛和烟台设立了分支机构。山东积极探索对韩货币业务合作，开展对韩跨境人民币借款试点、启动互换项下韩元贷款业务、完善人民币兑韩元区域柜台报价机制、推动山东与韩国双边本币结算。2015年青岛市成为全国首个也是唯一一个允许境内企业从韩国银行机构借入人民币资金的试点地区，目前已推广到山东全省。此外，山东积极推动山东与韩国金融机构加强合作，在银行、证券、金融监管等方面的合作取得积极进展。第五，交通物流合作日趋深化。山东发挥与韩国隔海相望的区位优势，不断推进与韩国的交通物流合作，为山东与韩国经贸合作交流奠定了坚实基础。海运方面，中韩之间的第一条海上航线是1990年开通的威海和仁川之间航线，之后山东不断加强与韩国港口的物流合作。目前，威海市已开通至韩国的海上航线5条，每周有30班次船舶往返，成为中韩海上航线密度最大的城市；烟台市对韩开通8条海运航线，烟台至平泽的"中韩陆海联运汽车货物运输通道"投入运营；青岛港与韩国港口之间已开通集装箱航线18条，每月72班，居中国北方港口第一位。随着中韩"4+1"港口战略联盟、中韩陆海联运等项目的不断深入推进，山东对韩海运优势将进一步凸显。空运方面，烟台至韩国每周有124架次航班，青岛至韩国每周有182架次航班，实现了烟韩、青韩航空客运"公交化"。

多年来，山东在与韩国经贸合作中开展了一系列创新性实践探索，积累了不少成功做法和经验。主要体现在以下几个方面：一是注重发挥自身对韩经贸合作优势。找准自身优势并加以充分利用是一个地区开展对外经贸合作取得成效的关键。山东借助对韩地理区位优势，不断完善交通物流体系，打造中韩贸易首选通道和中韩海上高速公路；利用对韩文化相通优势，开展多领域人文交流，加强友城和友城联合体建设，有力地促进了经贸合作；积极利用与韩国之间产业互补特点，承接韩国产业转移，促进产业和投资合作。山东与韩国经贸合作取得良好成效，正是得益于对山东与韩国地理相近、人文相通、产业互补等优势和特点的有效发挥。二是抓住和用好国家战略带来的重要机遇。山东在与韩国开展经贸合作的过程中，注重及时把握和充分对接国家重大区域发展战略和自贸区战略，起到了事半功倍的效果。早在中韩建交之时，威海市就把握中韩合作起步的机遇，提出实施"借韩兴威"战略，取得显著成效。在山东半岛蓝色经济区等国家区域发展战略的制定和实施进程中，山东将对韩合作作为重要内容，支持青岛等7市发挥各自优势加强对韩合作。山东抓住国家加快实施自贸区战略、推进中韩自贸区谈判建设的机遇，争取到中韩自贸区地方经济合作示范区、中韩（烟台）产业园等对韩经贸合作平台。三是根据形势变化及时调整对韩经贸合作策略。经贸合作的内容和形式会随着时间推移不断发生变化，因此合作策略也应该根据形势进行及时调整，才能始终保持合作双方的紧密关系。山东正是根据整体经济形势和双方所处经济发展阶段的变化，不断调整对韩经贸合作策略。多年来，山东根据本省贸易结构演进和我国自贸区建设进展情况，及时调整对韩贸易策略，保持了对韩贸易的持续增长；根据韩国企业对外投资重点和战略动机的变化，以及山东产业结构演进趋势，及时调整吸引韩资策略，使山东一直保持着对韩资企业的吸引力。四是构建和完善对韩经贸合作政策支持体系。在与韩国开展贸易投资合作过程中，山东重视发挥政策的支持、引导作用，及时出台相关财税、金融、土地政策和贸易投资便利化政策，并根据自身发展情况和外部环境变化调整和完善对韩经贸合作支持政策，有效促进了山东对韩经贸合作发展。五是打造对韩经贸合作多元载体和平台。有效的载体和平台是顺利开展对外经贸合作的重要基础。多年来，山东着力打造韩国商品集散地和展销中心、鲁韩专业展会、对韩跨境电商平台等鲁韩贸易合作平台以及国别产业园区、"区中园"、中韩"两国双园"等山东与韩国产业投资合作平台，对山东与韩国经贸合作的长期稳定发展发挥了至关重要的作用。六是不断拓展和创新对韩经贸合作的沟通交流机制。山东历来十分注重同韩国地方政府以及各类民间团体的交流合作，通过创建和拓展常态化的交流机制不断推进鲁韩经贸合作向前发展。山东省政府与韩国产业通商资源部建立了两国省部会商机制，共同探索贸易、投资等领域合作的新模式、新路径；与韩国京畿道成立山东—京畿友城联合体，为双方提供了友城联动、资源共享、经贸合作的交流平台。在构建与韩国地方政府合作交流机制的同时，山东积极推进鲁韩民间团体缔结友好合作关系，贸促会、行业商协会、华人社团、齐鲁同乡会等山东与韩国民间团体对深化双方经贸合作发挥了重要推动作用。

2015年12月20日《中韩自由贸易协定》正式生效实施，意味着山东与韩国经贸合作迈入新的阶段。山东应牢牢把握中韩自贸协定框架下深化与韩国经贸合作的新机遇，进一步发挥与韩国经贸合作的区位优势、交通物流优势、基础优势、先行先试优势，积极主动作为，勇于探索创新，开创山东与韩国经贸合作新篇章。着力推进中韩自贸区地方经济合作示范区、中韩（烟台）产业园两大国家级合作平台建设，探索与韩国地方经济合作的新模式，起到示范带动、服务全国的积极作用；充分利用中韩自贸协定的投资贸易便利化机制，促进山东与韩国双向贸易、双向投资提质升级，打造中韩双向贸易、双向投资高地；深化与韩国金融合作，促进中韩金融合作创新；深化与韩国交通物流合作，打造我国"一带一路"战略与韩国"欧亚倡议"对接的战略枢纽。同时，继续加强与韩国人文交流与合作，更好地发挥其对山东与韩国经贸合作的桥梁和纽带作用。

张述存

2016 年 8 月 30 日

目录

C O N T E N T S

第一章

山东与韩国经贸合作的实践经验及前景展望

中韩建交之前的20世纪80年代末，山东就率先与韩国开展了经贸往来，是我国最早同韩国开展经贸合作的省份。多年来，山东与韩国在贸易、投资、园区、金融等方面均开展了良好合作，取得显著成效。目前，韩国是山东第二大贸易伙伴和第二大外资来源地，近三分之一的韩国对华投资企业落户山东。在长期与韩国开展经贸合作的实践过程中，山东形成了明显的对韩经贸合作优势，并积累了不少经验。对山东与韩国经贸合作的实践探索进行梳理，总结形成切实有效、可复制可推广的经验，能够为山东未来与韩国开展更高层次、更广领域的经贸合作，以及为我国其他省区更好地开展对韩经贸合作提供借鉴，对新时期深化中韩经贸关系具有积极意义。

中韩自贸协定正式生效，意味着中韩经贸合作将进一步向更高层次和更高水平发展，山东与韩国经贸合作也迈入新阶段。威海市与韩国仁川自由经济区作为地方经济合作示范区写入中韩自贸协定，中韩（烟台）产业园作为中韩两国双边机制重点推动的合作共建园区纳入中韩自贸协定框架，既是党的十八大以来我国开展双边自贸协定谈判、建设的重大创新，也是山东深入对接国家自贸区战略、塑造开放型经济新优势的重要成果，更是今后山东深化与韩国经贸合作的突出优势。山东应牢牢抓住中韩自贸协定框架下深化与韩国经贸合作的新机遇、新优势，积极主动作为，勇于探索创新，开创与韩国经贸合作新篇章。

第一节 山东与韩国经贸合作历程回顾

当前，世界经济增长重心东移，东亚地区是全球最具潜力和影响力的区域之一。随着经济全球化趋势的深入发展，东亚区域合作进程不断推进，东亚正取代欧洲和北美，成为全球区域合作浪潮的中心。在东亚地区经济合作中，中韩经贸合作居于举足轻重的地位。中韩两国作为东亚地区重要的经济体，地理位置邻近，文化相通，产业结构互补，自20世纪90年代以来，随着中韩两国正式建交，双方经贸合作有了很大发展，逐步形成了全方位、深层次和互利共赢的发展格局。尤其是，2014年习近平主席访韩推动两国关系迈上新台阶，为中韩两国进一步深化经贸合作，开辟了新的通道。作为中国各省区中率先与韩国开展经贸合作的省份，山东省凭借优越的地理位置、与韩国相似的文化底蕴、独有的经济及政策优势，一直与韩国保持密切的经贸交流，并取得了明显的成效，对山东经济健康快速发展起到了举足轻重的作用。目前，韩国已成为山东最重要的经贸合作伙伴，山东与韩国经贸合作互利互惠，为山东经济发展、扩大开放和参与国际经济合作乃至为中韩两国经贸合作关系的发展作出了重要贡献。根据山东与韩国经贸合作的发展演变特征，可以将其分为五个不同阶段。

一、起步阶段（1988—1991年）

山东与韩国的经贸合作关系始于20世纪70年代末80年代初，这一时期山东同韩国的贸易处于自发阶段，双方以小规模的民间间接贸易为主。随着中韩两国经济的迅速发展和政策的支持，民间直接贸易初步发展起来，尤其是1988年中韩两国政府开始大力发展直接贸易，此后山东在全国率先把韩国作为对外开放新的增长点，与韩国直接贸易比重逐渐增加，推动了双方贸易额的大幅度增长，双方的经贸合作取得较大进展。据统计，1988年山东对韩国直接出口额为0.5亿美元，1989年为1.31亿美元，1990年为1.96亿美元，1991年又上升到3.13亿美元，年均增长速度达84.3%；同时，山东从韩国进口增长也较快，1990 年为 590 万美元，1991 年达 8473.3 万美元。随着进出口贸易的发展，山东在吸引韩国投资方面也从一般性交流转向实质性合作，一些韩国企业在山东落户生产，1989 年，韩国三养食品与青岛第二食品厂合资创办了第一家中韩合资企业，1990 年，威海—仁川海上客货航线正式开通，中国外运山东省公司和韩国鲜京海运等八家企业合资成立了威东航运有限公司。截至 1991 年，在山东投资的韩资企业数量达到 95 家，这些企业虽然当时规模很小，甚至有些是小加工点或是订单农业生产，投资项目主要是涉及水产、玩具、建材、服装、制药、食品等利用山东当地资源的劳动密集型企业，但是却为山东吸收韩国直接投资的后续发展奠定了良好的基础。

二、快速增长阶段（1992—2000 年）

1992 年 8 月 24 日，中韩两国建交成为山东与韩国经贸合作发展的新起点。中韩建交带动了鲁韩两地之间的经济交流与往来，将山东与韩国双方的经贸合作推向新的发展阶段，山东特别是青烟威三市日益成为中韩经贸交流的"桥头堡"，韩国在山东的经贸地位也不断攀升。1992 年，山东赴韩经贸人员近 3000 人次，来山东考察的韩商达到 10762 人次，批准韩商投资项目 188 个，合同外资额 1.3 亿美元，对韩出口 4.4 亿美元。韩国跃居山东第四大投资来源国家（地区）和第三大出口市场。自 1992 年中韩两国建交以后，鲁韩贸易进入快速增长阶段，除 1998 年受亚洲金融危机影响，韩国从山东的进口大幅度减少导致双边贸易额出现下降之外，其他年份都保持了两位数的增长，年均增长速度达 33.3%。同时，1992—2000 年间，鲁韩双边贸易额占山东对外贸易总额的平均比重也是逐步上升，平均为 18.1%，最高时在 1996 年曾达到 25.6%（见图 1-1）。在投资方面，中韩建交以后，鲁韩双方都不失时机地制订和实施了相应的发展战略。韩国提出和实施了旨在加强同山东半岛和辽东半岛合作的"西海岸开发计划"，并把山东省确定为对华经济贸易合作的首选地、集中地、实验地和根据地，积极鼓励企业进行投资，而山东省也积极实施外向型战略，带动全省腾飞，十分重视加强与韩国的经济贸易合作，使双方的合作规模不断扩大。1992—1996 年的 4 年间，山东吸收韩商投资成倍增长，合同外资额年平均增长达到 104%，累计 33.76 亿美元。1997 年发生亚洲金融危机，山东与韩国的经贸合作也深受影响。当年，山东批准韩商投资合同外资额大幅下降了 79.4%，投资额 3.2 亿美元，仅为 1996 年的 20.5%。1998 年继续下降了 8.9%，投资额 2.9 亿美元，降到中韩两国建交后的最低水平。1999 年，伴随着韩国迅速摆脱金融危机，韩国企业在山东的投资实现了恢复性增长，达到 4.6 亿美元，同比增长了 55.4%。这一时期主要以中小企业投资为主，大多数是投资 1000 万美元以下的服装、鞋帽、箱包、食品等劳动密集型出口加工贸易项目，产业链短，难以形成集聚拉动效应。据统计，截至 2000 年年底，山东累计批准韩资项目 5790 项，韩资项目的平均合同金额为 102.8 万美元，低于全省外商直接投资项目平均合同金额 162.6 万美元的水平。

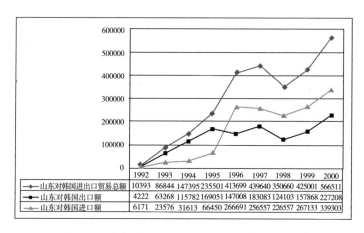

图 1-1　山东与韩国贸易发展情况（单位：万美元）

资料来源：1992—2000 年《山东统计年鉴》。

三、全面发展阶段（2001—2007 年）

2001 年加入世贸组织后，中国开始全面融入世界经济体系的进程，中韩经贸合作的领域逐步扩大。在世贸组织的体制下，随着中韩经贸关系迈上新的台阶，山东与韩国的经贸合作也进入了全面发展的黄金增长期，2002 年开始，韩国同时跃居山东第一大投资来源国家（地区）和第一大贸易伙伴。特别是 2003 年以来，山东进一步把韩国作为对外开放的重中之重，实施加快半岛制造业基地建设发展战略，韩资企业在山东遍地开花，鲁韩贸易不断升温。2003 年，山东与韩国的进出口额达到 96.4 亿美元，是 1992 年 7.2 亿美元的 13 倍，占全省进出口总额的 21.6%，占中韩两国双边贸易额的比重达到 15.2%；2007 年山东与韩国的进出口额达到 216.9 亿美元，其中自韩进口额达 114.8 亿美元，对韩出口额达 102.1 亿美元。更为重要的是，这一时期山东与韩国对外贸易的发展主要体现在商品贸易结构的变化。在 2000 年之前，山东对韩出口以农副产品、纺织服装为主，但随着山东半岛制造业基地政策的实施以及烟台、青岛、威海等地市龙头带动作用以及品牌效应的发挥，机电和高新技术产品等附加值高的产品出口增长幅度逐年增加，出口产品结构呈现不断提升和优化趋势。2003 年山东对韩国出口机电产品 13 亿美元，同比增长近 38%，超过纺织服装出口总额；高新技术产品出口比 2001 年翻了近一番，这说明山东与韩国的贸易合作在量和质上都呈现良性发展的态势。进入 21 世纪，韩商对山东的投资步伐进一步加快，呈现出速度快、水平高、领域广的全面发展态势，韩国大宇、SK、LG、现代重工等世界 500 强企业纷纷进入山东，其项目投资主要集中于造船业、微电子业、汽车制造业、家用电器业、通信设备业、仪器仪表业、制药业、化工业等资本、技术密集型产业，劳动力密集型产业开始逐步退出，在山东的韩资项目逐步呈现出投资数额大、产业链长、更加注重节能环保等特点，项目质量及产业结构得到明显提升。2002 年韩国在山东的直接投资为 15.57 亿美元，超过中国香港、美国、日本，跃居第一位。2007 年，韩国对山东投资增势强劲，山东省新批韩国投资项目 1225 个，占全省的 45.1%；实际利用韩资金额达 37.2 亿美元，占全省利用韩资总额的比重达 33.8%，2002—2007 年连续 6 年韩国为山东第一大外商直接投资来源国（地区）。截至 2007 年年底，韩国累计在山东的实际投资额达到 235.5 亿美元，约占韩国对华投资的四成左右。山东也成为韩国企业家在中国内地投资最多的省份，在山东注册的韩资企业已达 10000 余家，韩资企业成为山东对外开放发展的重要组成部分。与此同时，自 2005 年开始越来越多的山东企业也把"走出去"的脚步落在了韩国，并把韩国作为投资发展的战略要地，2005 年山东对韩国投资项目 23 个，协议投资总额 916 万美元，中方协议投资额 913 万美元，对韩投资项目数列当年全省对外投资首位，但项目平均规模整体偏小。

四、深化调整阶段（2008—2011 年）

2008 年全球金融危机后，鲁韩经贸一度呈下滑趋势，双方经贸关系进入深化调整阶段。2009 年，由于受国际金融危机的影响，山东与韩国的贸易额为 228 亿美元，同比减少 10.3%。其中山东对韩国的出口额 110.9 亿美元，山东自韩国的进口额 117.1 亿美元；2009 年山东与韩国的贸易额占山东进出口总额的 16.4%，2009 年韩国仍为山东第一大进出口市场。2010 年之后随着韩国国内经济的逐渐复苏，鲁韩贸易开始回暖，到 2011 年，山东与韩国的进出口贸易额达 291.7 亿美元，占全省进出口总额的 12.4%。与此同时，在这一阶段，韩国对中国的投资减弱，数据显示，2009 年、2010 年、2011 年三年山东实际到账韩资分别同比减少 14%、20% 和 10%，在 2009 年，韩国对山东投资合同金额仅有 8.7 亿美元，占全省合同利用外商投资金额的 10% 左右。同期，部分在鲁韩企出现"非正常撤离"，引起了山东产业界的震动，但也从另一侧面折射出山东产业结构升级、全球产业链条变更的现实，韩国对山东的投资规模虽有较大幅度下降，但韩资项目的平均规模（实际投资额）较以往有一定增加，韩国项目的质量有所提高，山东和韩国之间的产业协作日益细化和密切，山东和韩国企业的合作呈现出共同融入全球产业链的发展态势。同时，以经贸为推手，鲁韩双方在科研、教育、文化、旅游和其他各个领域的合作与交流在不断拓展，这一时期鲁韩经贸合作的速度虽有所放缓，但广度和深度在增加，并日益呈现水乳交融的状态。2008 年以来山东企业抓住国际金融危机导致韩国经济低迷、资产缩水的有利时机，加快了赴韩开展跨国并购和绿地投资的步伐。据统计，2008 年山东核准对韩国协议投资总额为 1725 万美元，比上年同期增长一倍左右；2009 年为 2311 万美元，比上年同期增长 34%。截至 2011 年年底，山东累计对韩国投资项目 224 个，协议投资总额 24549 万美元，其中中方 19959 万美元，占同期中国对韩直接投资存量的 12.6%。

五、转型升级阶段（2012 年至今）

随着经济全球化和区域经济一体化进程的不断加快，2012 年 5 月 2 日，中韩宣布两国自贸区开始谈判，为鲁韩进一步扩大经贸合作迎来了更加广阔的发展空间。此后，山东抢抓中韩自贸区建设机遇，积极寻求在更大范围、更深层次突破对韩开放，现代汽车研发中心、斗山装载机研发中心、新韩银行、韩亚银行、釜山银行、三星火灾保险、乐天百货、韩国生产技术研究院、锦湖韩亚高尔夫俱乐部、渤海国际轮渡、韩华太阳能等一批现代服务业和战略性新兴产业项目的落户，标志着韩国对山东的投资领域已从一般制造业向金融、保险、商业、海运、技术等服务业领域全面发展，极大提升了山东对韩合作的层次和水平，为山东优化产业结构、调整产业布局、推动经济可持续健康发展起到积极的促进作用。数据显示，2014 年，山东与韩国进出口总值 328 亿美元，占中韩两国贸易总额的 11%；截至 2014 年年底，韩国在山东的实际投资累计达到 316.7 亿美元，约占韩国对中国投资的四分之一，近5000 家韩资企业在山东生产经营，韩国成为山东第二大贸易伙伴和第二大外资来源地。同时，山东对韩投资也取得了实质性进展，截至 2014 年年底，山东共在韩国设立企业、机构 267 家，投资领域涉及针织服装、机械加工、电子设备、食品加工、房地产开发、建筑材料销售、海上运输等，投资总额4.35 亿美元，占我国对韩投资总额的 15.7%。2015 年 6 月中韩自贸协定的正式签署，为山东与韩国经贸发展提供了更加强劲的引擎，山东的对外开放迎来了发展的历史新机遇。威海—仁川自由经济区作为中韩自贸区地方经济合作示范区写入中韩自贸协定，中韩（烟台）产业园成为中韩两国双边机制重点推动的合作共建园区，纳入中韩自贸协定框架，成为山东省深入对接国家自贸区战略，塑造开放型经济新优势的重要成果。为适应中韩自贸协定签署的新形势，2015 年山东出台《关于支持威海中韩自贸区地方经济合作示范区建设的若干意见》《青岛市进一步提升对韩国开放合作水平行动计划（2015—2016 年）》等规划建议，青岛提出开展"中韩海上高速公路"建设，威海打造"中韩跨境电商的黄金通道"，烟台与韩国积极推进高端产业等方面的合作，为山东打造中韩自贸区桥头堡增添了新动力。随着中韩自贸协定、中韩跨境电商、中韩海关 AEO 互认等政策红利的集中释放，2015 年，山东对韩出口增长 5.5%，到账韩资超过 20 亿美元，增长 35.1%。

第二节 山东与韩国经贸合作的实践与成效

山东与韩国在贸易、投资、园区、金融等方面均开展了卓有成效的合作，而且随着合作关系的不断紧密和深化，双方的合作领域和层次不断升级。特别是党的十八届三中全会提出全面深化改革、构建开放型经济新体制、加快构建高标准的自由贸易区网络等战略目标之后，山东与韩国经贸合作进入全新阶段。

一、山东与韩国贸易合作的实践与成效

山东与韩国贸易合作一直在中韩贸易中占据重要地位，同时在山东的整个对外贸易中也举足轻重。2001—2014 年间，山东与韩国贸易额从 61.49 亿美元增长到 328.42 亿美元，年均增长约 14%。特别是 2006 年以前，鲁韩贸易额一直占山东对外贸易总额的 1/5，占中韩贸易总额的比重也在 15% 左右，即使之后比重逐渐降低，也均保持在 10% 以上。2015 年，山东与韩国实现进出口总额 322.5 亿美元，占中韩两国贸易总额的 13.3%；其中，出口 146 亿美元，占比 10.1%，进口 176.5 亿美元，占比 18.1%。在贸易额稳定增长的同时，山东与韩国贸易的结构和层次也不断提升，2014 年山东与韩国服务贸易额达到 55.4 亿美元，占全省服务贸易总额的 18.6%，韩国成为山东第一大服务贸易伙伴国。

鲁韩贸易合作的良好成效，得益于山东在合作中进行的一系列创新性探索和实践。

一是不断推进对韩贸易便利化。山东各地海关将对韩贸易的支持政策打包推广，为对韩进出口企业提供便利，其中涵盖了国家层面的中韩自贸协定、自贸试验区创新制度复制推广、中韩 AEO 互认等政策，以及海关总署推出的通关一体化改革、关检合作"三个一"、无纸化通关、税收征管模式改革等举

措。同时，山东注重量身打造对韩贸易专项服务措施，设立对韩贸易海关联络员，积极帮助符合条件的对韩进出口企业进行 AEO 认定，AEO 企业出口韩国的海运、空运货物查验率分别降低 98.2% 和 57.1%，通关时间分别缩短 34.8% 和 71.4%；济南海关、青岛海关、山东省出入境检验检疫局在关检"三个一"工作中通力协作，从整合查验场地、拓宽系统使用范围、优化查验流程等方面不断加大配合力度，拓宽协作范围，目前已实现企业申报项目减少 45%、申报效率提升 25%、查验效率提高 80%。

二是着力搭建多元贸易促进平台。山东通过建设韩国商品展销中心、举办韩国商品博览会等手段，为鲁韩贸易合作搭建平台，着力打造高水准、品牌化、专业化的韩国商品集散地。其中，威海市规划建设了韩乐坊、中韩边贸城、金桥国际购物广场、中韩特产城、长江汇泉国际商贸城等 5 个韩国食品日用品展示交易中心，以及威海国际物流园、石岛新港冷链物流园等韩国食品日用品保税仓储中心及第三方物流配送中心。烟台市按照"中国明洞"的模式建成集进口商品体验、展示、交易于一体的大型韩国商品交易中心；烟台保税港区进口酒类食品展示交易中心专门设立韩国馆；由韩国中央政府主导设立的韩国农食品销售展馆也落户烟台。济南韩国商品博览会已连续举办四届，正在成为带动山东中西部地区扩大对韩贸易合作的重要平台。

三是积极发展对韩跨境电子商务。山东威海、烟台、青岛等地利用对韩口岸优势，在全国率先开通中韩海运跨境电商业务。特别是威海开通了国内第一条中韩海运 EMS 速递邮路，同时启动海运、邮运、空运三种方式的对韩跨境电商直购进口。威海—仁川中韩海运邮路的开通，将电商货物运输时间降至与空运相当，成本节约 70%，使威海成为中韩跨境电商的黄金通道。同时，威海市推动骨干企业合作搭建"威韩购"跨境电商综合服务平台，扶持企业在韩国仁川、平泽、釜山等地建设多处海外仓；烟台市"进出口 315"跨境贸易电子商务交易平台专门开设韩国馆，大力拓展面向韩国的跨境电商业务；青岛市建成中韩跨境电子商务平台 HTmall，其销售的商品可提前接受中国海关的审查和注册，免于通关和检疫等程序。

四是打造中韩贸易首选通道。中韩之间的第一条海上航线是 1990 年开通的威海至仁川航线。之后，山东不断加强与韩国港口的物流合作，为鲁韩贸易合作提供了坚实保障。2010 年，中韩两国签署《中韩陆海联运汽车货物运输协定》，威海作为全国首个试点口岸，先后开通了威海—仁川、龙眼—平泽、石岛—群山的中韩陆海联运通道。2011 年，山东青岛港、日照港、烟台港、威海港与韩国釜山港签署《中韩"4＋1"港口战略联盟运行章程》，相互为进出港航班、船舶及货物提供优先、便捷、高效的物流服务，同时开展集装箱国际中转合作。另外，中韩双方正在积极推动中韩铁路轮渡项目，目前烟台已被确定为铁路轮渡中方登陆点，并与韩国相关机构就项目进程、承载企业等事项达成共识。

二、山东与韩国双向投资合作的实践与成效

韩国在山东的投资始于 1988 年，1992 年中韩建交以后鲁韩投资合作进入快速发展时期，山东一度占据韩国对华投资的半壁江山，韩资在山东利用外资中也一直居于重要地位。尽管受 2008 年国际金融危机和全球范围内投资目的地转移的影响，近年来山东利用韩资数量有所减少，但引资质量明显提高，从服装、鞋帽、箱包、食品等劳动密集型中小企业投资为主发展到大宇、三星、LG、现代、韩亚银行等知名的先进制造业、现代服务业企业投资为主。同时，韩资项目的规模也不断增大，平均规模从 2001 年的 70.68 万美元提高到 2014 年的 366 万美元。目前，在山东的韩资企业超过 4700 家，韩国前 30位的大企业集团都在山东进行了集群式、战略性投资。2014 年，山东实际利用韩资金额 15.3 亿美元，占我国实际利用韩资总额的 38.5%；截至 2014 年年底，山东累计实际利用韩资 316.74 亿美元，占山东累计实际利用外资的 20.5%。

另一方面，近几年山东对韩投资逐渐兴起，特别是 2008 年以来抓住国际金融危机导致韩国经济低迷、资产缩水的有利时机，山东企业加快了赴韩开展跨国并购和绿地投资的步伐。2014 年，山东对韩投资额达到 9033 万美元，是 2004 年的 42 倍。截至 2014 年年底，山东共在韩国设立企业、机构 267 家，投资领域涉及服装、机械、电子、食品加工、房地产开发等，投资总额 4.35亿美元，占我国对韩投资总额的 15.7%。其中，2013 年迪尚集团（威海）收购韩国著名服装企业 Avista 公司是首例中国企业并购韩国上市公司的案例；2012 年青岛百通集团总投资 2 亿美元在济州岛建设度假村项目是当年中国对

韩国投资的最大项目。

在双方的积极探索和共同努力下，山东与韩国投资合作规模从小到大，从单一行业发展到多行业、多领域，从单向引资发展到双向投资互动，合作质量和效益不断提升。在此进程中，山东实施了多项卓有成效的实践举措。

一是推进投资管理体制改革，提高韩商投资便利化水平。近年来，山东积极参照上海等自贸试验区做法，加强对韩资引进政策和准入模式的整体规划设计，创新外商投资管理方式，放宽投资准入限制，下放外商投资项目核准权限，积极探索实施外商投资准入前国民待遇加负面清单的管理模式。同时，不断加大环保、土地等方面的政策支持力度，切实解决韩商在人才招聘、人员就医、子女上学等方面的困难，建立与国际接轨的外商投资政策和营商环境。以威海为例，该市立足发展实际，积极复制推广四大自贸试验区的成熟经验，对 109 项可复制推广经验中的 74 项加快推广；威海市发改委还专门向国家和省发改委申请建立了关于限制类韩资项目准入的"一事一议"机制，给予准入政策倾斜，确保更多韩资项目特别是现代服务业项目落地。

二是创新对韩招商引资机制，强化重点领域和产业链定向招商。山东依托全省重大招商平台和合作机制，积极搭建多元招商网络，不断提高对韩招商的针对性和实效性。同时，通过与韩国亚洲经济新闻、三星证券等中介机构合作，积极探索委托招商等市场化招商方式。紧盯韩国前 100 强企业和行业领军企业，以高端制造业、新一代信息技术、新能源等产业为重点，开展产业链定向招商，积极争取韩资大项目落地，大企业、大项目又带动一大批中小韩资项目及配套企业跟进。例如，青岛市在引进韩国较有影响力的"泰旺物产公司"之后，在韩国纤维行业掀起了一股投资青岛的热潮，先后有高丽纤维、韩国合纤、大韩纺织等十几家企业来青岛投资；烟台市引进浪潮 LG 手机以来，至今已吸引了 50 余家生产配套商，LG 集团旗下乐金显示、浪潮乐金等 4 家企业已在烟台集聚发展起包括显示屏、摄像头、整机等生产、研发、销售在内的手机全产业链。

三是加强吸引韩资的载体和平台建设，提升对韩资项目的承载和服务能力。近年来，山东不断加强吸引韩资的载体和平台建设，包括设立中韩产业合作论坛、建立对韩交流合作机制、建设对韩国别产业园区等。为进一步促进与韩国的双向投资合作，青岛市专门在韩国釜山设立了青岛工商中心，为青岛吸引韩资和企业对韩投资提供服务。经济技术开发区、高新技术产业开发区、海关特殊监管区等各类园区在山东吸引韩资企业集聚方面发挥了重要作用，丽东化工、浦项不锈钢、新都理光、现代汽车、斗山机械、现代重工、浪潮 LG、大宇造船等投资项目均落户在全省各地的开发区。以烟台开发区为例，截至 2014 年年底，该区注册的韩资项目达 410 个，包括现代汽车研发中心等高端项目，累计投资超过 20 亿美元，约占烟台实际利用韩资总额的一半。

三、山东与韩国园区合作的实践与成效

山东把园区作为对韩经贸合作的重要载体，一直积极与韩国开展形式多样的园区合作。其中，既包括省内各类中韩产业园区的共同建设，也包括中韩"两国双园"和自贸区地方经济合作示范区的互动合作，各种类型的园区合作深化了鲁韩经贸合作关系。

一是打造各类中韩（国别）产业园区。为有效地吸引韩资集聚，山东省确立了一批重点扶持的中韩产业园区，包括青岛中韩创新产业园、东营中韩装备产业园、潍坊中韩海洋化工产业园、威海中韩信息技术产业园、日照中韩汽车零部件产业园、滨州中韩现代农业园等，并积极寻求与韩国"经济合作伙伴关系"城市、大企业、经济团体等合作规划建设，创新开发管理模式，共同组织开展境内外产业园招商推介活动。

二是开展烟台—新万金中韩"两国双园"互动合作。中韩（烟台）产业园项目被写入中韩自贸协定谈判会议纪要，目前正处于全面推进阶段。中韩（烟台）产业园将通过与韩国新万金产业园开展"两国双园"互动合作，打造中韩 FTA 时代两国经贸合作的示范性项目。为此，山东省和烟台市分别出台了专门的支持性指导文件，并设立了中韩（烟台）产业发展引导基金和产业园发展基金。同时，中韩（烟台）产业园积极与韩国规划设计机构交流合作，引进韩国知名地产开发公司和建筑企业参与园区建设，开发工业地产、商业地产、养老地产等项目，使园区更多体现韩国特色，增强对韩国企业吸引力。

三是建设威海—仁川中韩自贸区地方经济合作示范区。中韩自贸协定创

新性地引入地方经济合作条款，支持威海市与韩国仁川自由经济区在贸易、投资等领域开展合作，探索把地方经济合作推广到全国的可能性。有别于上海等自贸试验区的单边单向开放，中韩自贸区地方经济合作示范区更多地承担着双边自贸协定框架下的双边双向开放试验。山东省高度重视，专门出台了支持示范区建设的指导意见，将示范区作为参与国家自贸区战略和"一带一路"战略的重要抓手和平台，列为全省开放重大事项。省政府设立威海中韩自贸区地方经济合作示范区联席会议，与韩国产业通商资源部建立两国省部会商机制，共同探索示范区建设的新模式和新路径，推动韩国先进制造业、战略性新兴产业、现代服务业等在示范区内聚集发展，将其打造成为促进对韩经贸合作的创新试验平台。

四、山东与韩国金融合作的实践与成效

山东历来高度重视对韩金融合作，特别是近年来，山东抢抓中韩自贸区机遇，全面深化金融改革，大力引进韩资金融机构，积极探索与韩国在人民币业务、资本市场等领域的合作，合作步伐逐渐加快。中韩自贸协定签署后，山东第一时间向国务院呈报了《深化中（鲁）韩金融合作方案》，争取在借用在韩人民币资金、境外发行债券、联合开展股权众筹融资试点、促进区域性股权市场和韩国柯斯达克市场合作等方面率先突破。

一是大力引进韩资金融机构入驻。山东积极推动韩资金融机构来鲁设立独资银行或合资银行，发起设立金融租赁公司、专业健康保险公司、航运保险公司等新型金融机构，鼓励韩国企业独资或控股设立小额贷款公司、融资性担保公司、民间资本管理公司等新型金融组织。截至 2015 年年底，已有产业银行、友利银行、韩亚银行、新韩银行、企业银行和釜山银行 6 家韩资银行在山东青岛、烟台和威海设立了 8 家分支机构；三星财险、现代财险、中银三星寿险 3 家韩资保险公司在青岛和烟台设立了分支机构。

二是积极探索对韩货币业务合作。①开展对韩跨境人民币借款试点。2015 年青岛成为全国首个也是唯一一个允许境内企业从韩国银行机构借入人民币资金的试点地区。截至 2015 年年底，青岛市共有 25 家企业从 7 家韩国银行机构办理了人民币借款 23.3 亿元。②启动互换项下韩元贷款业务。青岛市

在全国率先开展了中韩货币互换项下韩元贷款业务，当地多家银行的韩元贷款业务实现突破。③完善人民币兑韩元区域柜台报价机制。在青岛、烟台、威海等市开展了韩元现汇柜台报价业务试点。至 2015 年年底，17 家银行业机构累计办理韩元现汇业务 5952 笔，金额 44911 万元人民币，交易量居全国非国际主要储备货币柜台挂牌交易额首位；为企业节省汇兑成本超过 800 万元。④推动鲁韩双边本币结算。通过强化政策宣传、召开鲁韩跨境双边本币推进会等方式，提升双边本币在贸易和投资中的使用率。2015 年全省超过 1200 家企业对韩采用本币结算，结算金额 216 亿元。

三是推动鲁韩金融机构加强合作。银行业方面，2015 年青岛银行与釜山银行、中国进出口银行山东分行与新韩银行分别签订了《金融战略合作协议》，力争在支付结算、贸易金融、金融市场等业务领域深化合作。证券业方面，继 2006 年与韩国证券期货交易所（现合并为"韩国交易所"）签订合作备忘录以来，山东持续加大工作力度，通过举办山东企业韩国上市说明会、赴韩发债培训会等方式，推动省内企业择机赴韩上市、发债。监管方面，山东与韩国积极探索建立监管合作机制，驻鲁金融管理部门先后与韩国金融监督院金融中心、韩国预托结算院等进行了接洽，拟在监管方面开展多种形式的对话和协作。另外，双方还深入开展多种交流和培训活动，2015 年首届中日韩绿色金融研讨会在山东成功举办。

第三节　山东与韩国经贸合作的基本经验

通过与韩国的长期经贸合作，山东积累了宝贵的对韩合作经验，可以概括为"发挥优势、把握机遇、找准定位、完善政策、打造平台、创新机制"，这些经验对于今后深化鲁韩经贸合作，以及我国其他省市提升对韩合作水平，都具有一定的借鉴和启示意义。

一、注重发挥自身对韩经贸合作优势

充分发挥自身优势是各地区对韩经贸合作实现跨越发展的必然途径，我

国各地区都应结合自身区位交通、历史人文、资源禀赋、产业发展等现实情况,找准对韩合作优势并加以充分利用。山东与韩国经贸合作的良好成效正是得益于与韩国地理相近、人文相通、产业互补等优势和特点的有效发挥。

一是借助对韩地理区位优势完善交通物流体系。山东与韩国隔海相望,最近处仅 93 海里,是中国距离韩国最近的地区,在海运成本上具有突出优势。目前,威海已开通至韩国的海上航线 5 条,每周有 30 班次船舶往返,成为中韩海上航线密度最大的城市;青岛港与韩国港口之间已开通集装箱航线 18 条,每月 72 班,居中国北方港口第一位。随着中韩 "4 + 1" 港口战略联盟、中韩陆海联运等项目的不断深入推进,这种优势将进一步凸显。空运方面,烟台至韩国每周有 124 架次航班,青岛至韩国每周有 182 架次航班,实现了烟韩、青韩航空客运 "公交化"。

二是利用对韩文化相通优势促进经贸合作。山东与韩国往来历史悠久,唐宋时期就与当时的高丽经贸往来密切。山东是儒家文化的发源地,韩国的社会发展深受儒家文化影响,韩国人对山东有着天然的亲切感。山东青岛、威海、烟台等地韩国人居住小区、韩国料理店、韩国人学校、韩国人门诊、韩语新闻节目、平面和网络媒体韩文版随处可见,常驻山东的韩国人超过 10 万。山东省与韩国 7 个道、2 个市一直保持密切交往,友城网络遍布韩国各地,并开展了形式多样的人文交流,有效促进了双方的经贸合作。

三是利用与韩国之间的结构性互补特点实现合作双赢。山东正处于工业化中后期阶段,人均 GDP 达 1 万美元;而韩国已进入后工业化时代,人均 GDP 接近 2.8 万美元,挺进发达国家行列,这种经济发展阶段的时序性形成了经贸合作的结构性互补。同时,山东在科技发展水平、创新意识与能力、产业发展模式及管理能力等方面与韩国存在一定的差距,在产业合作、投资合作和技术合作方面有较强的互补性。山东始终注重发挥这种结构性互补优势,积极承接韩国产业转移,不断推动扩大垂直一体化形式的产业内贸易。

二、把握中韩自贸区等国家战略带来的重要机遇

山东与韩国经贸合作的实践充分证明,要实现对韩合作乃至更广领域对外合作的高效发展,必须在发展定位上充分体现国家战略和本地区发展目标

的有机结合和统一，把本地区对外合作放在全国对外开放的大格局中去思考，凸显本地区在国家发展战略格局中的地位。山东在与韩国开展经贸合作的进程中，正是由于及时把握和充分对接重大区域发展战略、自由贸易区战略等各项国家战略，才起到了事半功倍的效果。

早在中韩建交之时，威海市就把握中韩合作起步的机遇，提出实施"借韩兴威"战略，取得显著成效。在山东半岛蓝色经济区等国家区域发展战略的制定和实施进程中，山东均将对韩合作作为重要内容，支持青岛等7市发挥各自优势加强对韩合作，在投资贸易、会展旅游、港口物流等领域培育合作典范。近年来，山东抓住国家推进实施自由贸易区战略的机遇，积极参与到中韩自贸协定的谈判和签署进程中，争取到中韩自贸区地方经济合作示范区、中韩（烟台）产业园等国家层面的对韩经贸合作平台。其中，威海市承办了中韩自贸协定第三轮谈判、中韩两国副部长级磋商等多个重要会议，并争取作为中韩两国唯一城市代表连续参加了五轮中韩自贸谈判，成功将威海推向了中韩两国高层次对接的视线中，成为首个跻身自贸协定文本的城市，使自身对韩经贸合作迈上新的台阶。青岛市在中韩自贸协定的谈判过程中，相继举办中韩自贸区谈判第十一轮非正式磋商会议、中韩 CEO 论坛等经贸活动，为双方政府企业搭建起官产学综合交流合作平台，有效扩大了青岛市在韩国的影响力。很好地把握和利用国家战略带来的重要机遇，让山东始终走在对韩经贸合作的前列。

三、根据形势变化及时调整对韩经贸合作策略

经贸合作的内容和形式会随着时间推移不断发生变化，因此合作策略也应该根据形势进行及时调整，才能始终保持合作双方的紧密关系。山东正是根据整体经济形势和双方所处经济发展阶段的变化，不断调整对韩经贸合作策略。具体来说，就是结合山东产业结构升级步伐调整对韩产业合作重点，根据韩国对华投资重点领域和战略动机的变化及时调整引进韩资策略，根据山东贸易结构演进和我国自贸区建设进展情况调整对韩贸易策略等。

20 世纪八九十年代，韩国国内劳动力不足、工资上涨、生产成本增加，劳动密集型中小企业纷纷向海外寻找出路。山东抓住韩国劳动密集型产业对

外转移的历史机遇，凭借区位毗邻、土地和劳动力要素价格低廉等优势，制定了土地、税收等一系列优惠政策，吸引了大批韩国中小企业来山东投资兴业。基于当时的国际形势，山东刻意强化民间交往的招商方式，借助青岛国际商会等民间团体进行对韩招商，引进了中国第一家韩资企业"青岛托普顿电器有限公司"，同期陆续引进了 6 家在中韩颇有影响的样板企业，开启了韩国企业在中国、在山东投资的"破冰之旅"。

进入 21 世纪以后，韩国企业在华投资动机从"成本导向型"转向面对中国市场的"产业链导向型"，优惠政策和资源优势不再是决定因素，集聚经济和产业关联成为韩国对华投资区位选择的重要驱动。针对这一变化，山东依托优势产业，提升产业配套能力，突出抓好产业链招商，吸引了韩国大宇、LG、现代等世界 500 强企业及相关配套企业来鲁投资。

2008 年金融危机以来，随着人口红利、政策优惠等传统优势逐步弱化，山东以打造国内领先的营商环境为抓手，大力深化与韩国互联互通，完善金融服务体系，加快建设面向韩国投资者的教育、购物、医疗、文化娱乐等软硬件设施，深入推进韩商投资及商务往来便利化，不断重塑山东对韩投资合作的新优势。实践证明，多年来山东根据韩国对外投资重点及战略动机的变化，不断调整吸引韩资策略，使山东一直保持着对韩资企业的吸引力。

四、构建和完善对韩经贸合作政策支持体系

韩国作为山东最重要的经贸合作伙伴之一，一直受到山东省及其各地市的高度重视，并制定了一系列配套的支持政策。其中，既包括对重点企业和项目实行的激励性财税金融政策，也包括海关程序便利化、出入境检验检疫便利化、人员流动便利化等全方位的对韩贸易便利化政策，还包括更为灵活的外商投资管理体制、更加开放的金融监管模式等利用韩资政策，鲁韩经贸合作的顺利高效开展离不开完备的政策支持体系。

1992 年中韩建交之初，在全面了解韩国经济发展战略、产业结构、市场需求、资金流向、财团商社、劳动力状况、关税制度以及法律法规的基础上，山东省专门制定了加快发展与韩国经贸合作的规划方案和支持政策，同时出台了《关于中韩建交后加快发展山东对韩经贸合作的意见》，有效推动了鲁韩

经贸合作的发展。近年来，山东根据对韩经贸合作面临的新形势，不断完善和扩大对韩经贸合作的政策支持体系。特别是中韩自贸协定签署以后，山东省随即出台《关于支持威海中韩自贸区地方经济合作示范区建设的若干意见》和《关于支持中韩（烟台）产业园建设的若干意见》，将中韩地方合作示范区和中韩（烟台）产业园纳入山东省"十三五"和各项重点规划，在政策设计、项目布局、资金安排和基金投放等方面给予重点支持。各地市也积极作为，青岛、烟台、威海分别出台了相关计划和方案，给予对韩合作多项政策支持，烟台还专门设立了首期规模 10 亿元的中韩（烟台）产业发展引导基金和首期规模 50 亿元的中韩（烟台）产业园发展基金。可以看出，山东省及各地市根据自身发展情况和外界环境变化，制定并不断完善对韩经贸合作的支持政策，为山东有针对性地开展对韩合作提供了引导和支持，切实有效地提高了山东对韩经贸合作的整体质量和水平。

五、拓展和创新对韩经贸合作的沟通交流机制

顺畅的沟通渠道和稳定的交流机制是深化经贸合作的基础，对于合作双方开展更有针对性、更具成效、更高层次的合作具有重要意义。良好的沟通交流机制应从政府的顶层设计入手，各部门通力协作、企业积极响应，使沟通的效率和效果不断提升。山东历来十分注重同韩国地方政府以及各类民间团体的交流合作，通过创建和拓展常态化的交流机制不断推进鲁韩经贸合作向前发展。

一是通过签订合作议定书、备忘录、设立联席会议制度、定期互访制度等，建立起不同层次、架构齐全的对韩地方政府沟通交流机制。省级层面，山东省政府与韩国产业通商资源部建立了两国省部会商机制，共同探索贸易、投资等领域合作的新模式、新路径，并建立了"山东省—韩国经贸合作交流会"制度，双方每两年轮流举办会议；与韩国京畿道成立山东—京畿友城联合体，为双方提供了友城联动、资源共享、经贸合作的交流平台。同时，山东省与韩国首尔市、仁川市、庆尚南道等地方政府签署了全面合作框架协议，为对韩地方经贸合作奠定了良好基础。市级层面，山东 17 个地级市均与韩国有关城市建立了友城或友好合作关系；威海市与仁川市正式签订了加强地方

经济合作议定书，并设立了中韩自贸区地方经济合作协调办公室和促进中心，专门负责协调推动示范区建设事宜。

二是充分发挥贸促会、行业商协会、华人社团、齐鲁同乡会等鲁韩民间团体的推动作用。民间交流是政府交流的重要补充，对深化双方经贸合作具有重要的促进作用。山东贸促会和青岛、烟台、威海等地贸促会积极与韩国商学会、韩国投资促进会、韩国贸易与展览协会、韩国各地商工会议所等团体缔结友好合作关系，与其中一些团体还建立了更加紧密的定期访问和经贸促进合作机制，为服务鲁韩企业交流合作打下了牢固基础。

六、打造对韩经贸合作多元载体和平台

有效的载体和平台是顺利开展经贸合作的重要基础，其中贸易合作平台和投资合作平台又是重中之重。山东正是通过着力建设和打造多种形式、多种层次的各类对韩合作平台，才实现了鲁韩贸易投资等领域合作的长期稳定发展。

一是重视打造对韩跨境电商平台、韩国商品集散地和展销中心、鲁韩专业展会等对韩贸易合作平台。如前所述，山东各地积极打造高水准、品牌化、专业化的韩国商品集散地，特别是青岛、烟台、威海等地，通过采用"功能＋窗口""前店＋后库""实体＋网店"等多种模式，目前集散地建设已初具规模；威海"威韩购"平台以及其他地市跨境电商平台上的韩国馆也运作良好，对韩跨境电商业务已成为山东对韩贸易的新的增长点；通过与韩国政府机构、贸易促进机构、专业办展机构的联合办展和长期合作，不断提升山东对韩展会的专业化、国际化水平和影响力。

二是重视建设国别产业园区、"区中园"、中韩"两国双园"等对韩产业投资合作平台。如前所述，山东各地立足自身比较优势和产业结构调整实际，重点打造对韩产业园区，其中青岛、烟台、威海3市的对韩园区建设成效最为显著。烟台中韩产业园被写入中韩自贸协定谈判会议纪要，威海与仁川自由经济区被中韩自贸协定确定为中韩自贸区地方经济合作示范区。专业优良的产业投资合作平台对于山东与韩国间资源高效配置、产业深度融合发挥了重要促进作用。

七、以多领域人文交流促进对韩经贸合作

实践证明，人文交流与经贸合作是相互促进、相辅相成的关系，良好的人文交流基础能够保障双方经贸合作顺畅、高效地开展，而经贸合作的不断深化又能进一步提升人文交流的层次和水平。多年以来，山东十分重视同韩国开展文化、科技、教育、体育、旅游、智库等多领域的人文交流，通过人文交流加深了双方的信任感和认同感，有效促进了经贸合作的深化和升级。

文化方面，近年来鲁韩不断丰富文化交流形式，相互组织到对方城市开展民俗及非遗展示、书画展览、文艺演出等，创新性地策划了中韩名人对话、中韩传统技艺体验营等文化活动和中韩书画联展、摄影展等艺术活动；同时，不断深化文化创意、影视制作、动漫游戏等文化产业合作，例如威海以威高民俗村为载体建设中韩文化创意产业园，引进韩国申氏影业设立中国办事处，在南海新区合作建设中韩特色影音基地等。

科技方面，山东与韩国通过共同研究项目、互派科技考察团组、建立共同研究中心、开展青年科学家交流等形式积极合作。目前，仁川创造经济革新中心确定在威海高新区设立分中心，这是韩国国家级创新中心在中国设立的第一个分中心；威海南海新区建设了韩国高新技术转移孵化中心，已引进13个韩国高新科技孵化项目。

教育方面，鲁韩学校之间通过缔结友好校际关系、建立合作机制、互派留学生等方式开展交流合作。山东省与韩国京畿道成立了"山东—京畿高校合作联盟"，两省道39所高校通过联盟建立了综合交流平台。威海职业学院与韩国巨济大学、昌原文星大学签署《国际订单式联合教育协议》，联合开展订单式人才培养。

体育方面，山东与韩国不断加强体育赛事方面的合作，依托威海长距离铁人三项世界系列赛、威海国际帆船赛，将中韩友好国际铁人三项邀请赛、中韩黄海国际帆船打造成两国知名的品牌赛事；共同举办中韩国际友好马拉松、中韩职业高尔夫巡回赛等国际体育赛事。

旅游方面，山东与韩国旅游企业通过联合推出旅游线路、共同打造旅游品牌等进行合作。威海打造"威韩连线"旅游品牌，推出"威海＋韩国一体

游”等特色旅游产品，积极与仁川等韩国城市互设旅行社、开通边境游，并争取韩落地签证和团队免签政策。

智库方面，山东社科院与韩国京畿开发研究院共同轮流举办“山东—京畿发展论坛”，迄今已举办 12 届，鲁韩有关专家、学者就中韩自贸区建设、中韩战略新兴产业合作、中韩海上铁路轮渡、物流合作、养老合作等 20 多个课题进行了研讨，为推动鲁韩经贸合作提供了强有力的智力支撑。

第四节　新时期深化山东与韩国经贸合作面临的机遇与挑战

近年来，全球经济进入深度调整与再平衡的“新常态”。第二次世界大战以来全球范围内的科技创新、机制构建和经济一体化所带来的长期持续“大稳定”面临可持续发展的考验。特别是国际金融危机爆发后，第二次世界大战后长时期经济繁荣掩盖起来的各种矛盾，经过逐渐积累和蔓延发展成为影响全球经济发展的深层次问题。投资增长与过剩二元悖论、杠杆率飙升、金融乱象丛生对各国经济形成新的挑战。全球范围内的新常态的出现呼唤生产链条的重组、治理体系的重塑和国际关系的再造。在此新趋势影响下，国际经贸合作的规则、路径、模式和趋向均具有了不同于以往的新特征。处在东亚国际大环境中的鲁韩经贸合作受到全球经济新常态的鲜明影响。着眼于未来的鲁韩合作，传统的、已经被实践证明为行之有效的好经验仍然应该被坚持，但新的时代又呼唤新的思维，我们应当在辩证吸收以往经验的基础上以创新的眼光谋划新时期的鲁韩经贸合作的新篇章。

一、新时期鲁韩深化经贸合作的机遇

在未来可预期的时间内，全球经济仍将继续保持缓慢复苏且不均衡发展的基本态势。发达国家尽管实施了重振制造业的一系列措施，但仍将陷于高债务、高赤字、高失业并存的尴尬境地。需求低迷不振和对经济发展前景的信心不足成为影响经济增长的重要障碍。未来世界市场的焦点将进一步集中于亚洲新兴经济体。鲁韩经贸合作将在更大程度和更深层次上受益于世界经

济结构变动以及由此导致的各国经济政策调整，尤其是东亚区域一体化和中韩两国对外开放政策的新发展。总体而言，新时期的鲁韩经贸合作面临着以下四大机遇。

（一）区域经济一体化向纵深发展的机遇

自中韩建交以来，山东高度重视发挥区位优势推动鲁韩经贸合作的发展，走出了一条从发展对外贸易起步到贸易合作和利用韩资快速发展的国际经贸合作道路。随着我国对外开放的不断拓展，特别是基础设施的建设，我国诸多省市，特别是珠三角和长三角地区的东南沿海省市凭借良好的产业优势、政策优势积极扩大对韩合作，山东的区位优势呈现出弱化的趋势。但近年来东北亚经济一体化却呈现出明显的加速发展、向纵深发展的倾向，一个新的经济合作圈——环渤海—北黄海经济圈正在形成。从我国沿海地区地理分布特点看，我国经济发展有可能形成三个大的经济圈，分别分布于珠三角、长三角和环渤海地区。改革开放之初，我国积极发挥珠三角毗邻港澳台及东南亚的优势，率先实施对外开放，使珠三角经济获得迅速发展，逐步发展成为世界知名的加工制造和出口基地，初步形成了电子信息、家电等高新技术产业的集群，是我国承接国际产业转移的重要生产基地。长三角在我国确立开发浦东战略后获得了快速发展，已经成长为国际公认的六大世界级城市群之一。但在 20 世纪末期我国的经济发展中，曾同样被寄予厚望的环渤海地区发展较为迟缓。

进入 21 世纪以来，环渤海经济一体化进入快速发展的通道，这一趋势主要得益于以下几方面力量的推动：首先，2015 年 4 月中共中央政治局召开会议审议通过《京津冀协同发展规划纲要》，将推动京津冀协同发展上升为一个重大国家战略，并确定了实施方案细则和路线图，确立了交通一体化、环保一体化和产业一体化发展的目标。其次，在京津冀一体化政策出台以后，环渤海及其周边地区迅速调整发展思路，主动对接国家战略，山东、山西、辽宁、江苏等省市均已经或正在出台融入环渤海地区一体化的发展规划。2016 年 5 月山西省出台《关于山西融合环渤海地区发展的实施意见》，重点实现科技创新、金融振兴和民营经济发展三大突破，"以国家资源型经济转型综合配套改革试验区建设为统领，以环渤海地区省际合作对接为抓手，全面深化省际在能源、交通、生态、产业、市场、旅游等多方面的协调合作，力争形成基础设施互联互通、生态环境联防联治、产业发展协同协作、市场要素对接对流、社会保障共建共享的区域发展一体化新格局"①，全面推动山西省与环渤海地区的经济融合。东北地区在经济发展增长迟缓的不利形势下，积极实施向南发展的战略，吉林省在"十三五"规划中提出"加快推进面向环渤海开放，打造向南开放的窗口"。② 江苏重点推动苏北地区与环渤海、黄海地区的经济一体化，大力优化基础设施条件，特别是连盐铁路的建设将搭建起环渤海和长三角"无缝对接"的通道。山东省更是高度重视环渤海、北黄海地区的经济合作。最后，中韩铁路轮渡项目和渤海海峡跨海海底隧道的建设进一步缩短了环渤海、北黄海的联系时间。中韩跌路轮渡项目经过二十多年的酝酿和讨论，已经开始趋于成熟，并获得了两国政府的支持。2015 年研究推进中韩铁路轮渡建设前期工作被列入《环渤海地区合作发展纲要》。该项目的建成将大大缩短山东乃至全国对韩往来的时间，加快货物进出口的速度。此外，该项目还具有极强的示范意义：如果运行成功，铁路轮渡运输方式将拓展至环渤海、北黄海其他地区的沿海口岸。中韩两国高层均对铁路轮渡项目对中韩经济合作的发展持有积极的评价。韩国总统朴槿惠认为，"载着满满货物的列车进船的景象实在非常壮观，看着原本行驶在路面上的列车渐渐进入船身……亲眼目睹铁路渡轮运输的样子让我感动不已，也让我燃起了韩中两国未来能更近距离连接的希望"。③

　　环渤海、北黄海经济圈的形成对促进形成山东新的区域优势具有重要的意义，尤其是将进一步塑造山东未来在我国对韩合作中新的区位优势。在未来的环渤海—北黄海经济圈中，山东处于地理中心的位置。随着烟大海底隧道的建设和中韩铁路轮渡的建设以及未来的中韩海底隧道的建设，山东将成为连接环渤海—北黄海诸多省份以及韩国的桥头堡。如果条件成熟，山东将成为我国对韩合作的"服务区"和"中转站"，具有举办各种类型的面向全

---

　　① 《山西出台〈融合环渤海地区发展〉实施意见》，见 http：//shanxi. sina. com. cn/news/report/2016 – 05 – 02/detail – ifxrtztc3134087. shtml。

　　② 《吉林实施向南开放战略加快融入环渤海经济圈》，吉和资讯，见 http：//ceo. 365jilin. com/ceo/20160407/3212994. html。

　　③ 朴槿惠：《绝望锻炼了我》，转引自 http：//business. sohu. com/20151107/n425537221. shtml。

国的贸易洽谈会、展览会和投资促进会议的区位优势。

(二) 区域经济自由化宽领域拓展的机遇

近年来，我国积极实施扩大对外开放的战略，韩国也在谋求降低贸易壁垒和投资障碍、促进经济开放式发展的新思路，二者相互呼应，对推动区域投资贸易自由化产生了极大的推动作用。首先，中韩达成《自由贸易协定》。中韩自贸协定谈判开始于 2012 年 5 月，历经两年艰苦协商，2014 年 11 月完成实质性会谈，次年 6 月两国政府在韩国首尔正式签署自贸协定，这是我国迄今为止对外签署的覆盖议题范围最广、涉及国别贸易额最大的自贸协定，也是贸易投资自由化水平较高的自贸协定。该协定除序言外共 22 个章节，包括初始条款和定义、国民待遇和货物市场准入、原产地规则和原产地实施程序、海关程序和贸易便利化、卫生与植物卫生措施、技术性贸易壁垒、贸易救济、服务贸易、金融服务、电信、自然人移动、投资、电子商务、竞争、知识产权、环境与贸易、经济合作、透明度、机构条款、争端解决、例外、最终条款。根据已经达成的协定，未来中韩两国将以零关税作为基本原则和发展目标。除两国的敏感产业以外①，将在过渡期后取消关税。其中，我国将对91%的产品实行零关税政策，这些产品占我国自韩国进口商品总额的85%。韩国将对92%的对华出口产品实行零关税，占我国对韩出口的91%。此外，中韩自贸协定还对制造业投资和服务市场的开放作出了较高层次的开放承诺。如在市场准入方面，除了在具体承诺减让表中另有列明以外，双方均不得限制服务提供者的数量、服务交易总额或资产总值、服务业务总数或者以指定的数量单位表示的服务产出总量，无论这种限制是以数量配额的方式还是经济需求预测的方式作出，亦不得以限制外国股权最高百分比或限制投资总额的方式限制对方资本的参与。中韩自由贸易区的建设将进一步推动中韩两国经贸关系实现跨越式发展，将有利于中韩经济和产业链的深度融合，推动两国产业合作从垂直分工向水平分工转化，有利于两国生产网络化的实现，推动两国携手向全球价值链的更高层次迈进。

---

① 我国敏感产业主要包括部分机电产品、化工产品、农产品、水产品以及钢材等金属制品、木制品、纸制品等；韩国的敏感产品主要包括部分农产品、水产品、木制品、纺织服装以及汽车产品。

其次，我国提出的"一带一路"倡议和韩国"欧亚倡议"遥相呼应，优化了山东对韩合作的外部条件。2013 年习近平主席在访问中亚、东南亚各国过程中提出"丝绸之路经济带"和"21 世纪海上丝绸之路"重大倡议，坚持开放包容、共赢共享、循序渐进的理念，积极推动我国与"一带一路"沿线国家的政策沟通、道路联通、贸易畅通、货币流通，推动形成要素自由流动、资源高效配置、市场深度融合的国际合作新格局和优势互补、高效互动、相互借力的省域合作新架构以及海陆统筹、优势明显、东西互济的对外开放新体系。几乎与此同时，韩国总统朴槿惠在"2013 欧亚时代国际合作论坛"开幕式上的主题演讲中正式提出"欧亚倡议"，旨在建立欧亚国家多边合作体系，涉及外交、安保、交通、能源、技术、文化等诸多领域。朴槿惠在演讲中提出了"一个大陆""创造的大陆"和"和平的大陆"三大发展目标。所谓"一个大陆"是指通过加强交通、能源、信息等领域的连接，建立起覆盖东北亚、中亚、欧洲的交通物流网络、能源合作网络，以此降低欧亚之间的物流成本，推动欧亚经济圈的形成。所谓"创造的大陆"是指通过优化产业、技术、文化有机融合的大环境，把韩国的创造经济、中国自主创新活动乃至欧洲先进的制造业结合起来，把欧亚大陆培育成全球经济增长的新引擎。所谓"安全的大陆"是指维护朝鲜半岛和欧亚经济圈的和平。从本质内涵看，"一带一路"倡议与"欧亚倡议"的基本精神是一致的，均强调了基础设施的互联互通、产业的对接和金融产业的合作。两大战略的战略对接将有利于优化中韩两国的对外发展战略，增强互联互通的有效性，为鲁韩经贸合作的快速、稳定、可持续发展提供了更加广阔的空间。2015 年 10 月中韩两国政府签署了《关于在丝绸之路经济带和 21 世纪海上丝绸之路建设以及欧亚倡议方面开展合作的谅解备忘录》，宣布"双方将共同挖掘'一带一路''欧亚倡议'与两国自身发展的契合点，共同在政策沟通、设施联通、投资贸易畅通、资金融通、人员交流等领域开展合作"。[①] 在新形势下，中韩两国在经济发展战略上具有了越来越强烈的契合：我国的大众创业、万众创新同韩国的"创造型经济"遥相呼应，"中国制造 2025"与韩国"制造业革新 3.0"基本一致，

---

① 《"一带一路"与"欧亚倡议"对接为中韩合作提供更广阔空间》，网易新闻，见 http：// news. 163. com/15/1110/07/B81STEFM00014JB5. html。

在国际合作方面，双方将在现有高水平互利合作的基础上，进一步推动基础设施的互联互通。两国政策的高契合度有利于两国经贸合作外部条件的优化，有利于提高两国之间的经济连接。处在对韩合作前端的山东将从两国大政方针的契合中获得更多的发展机会。

（三）国家推动对外开放转型升级的机遇

改革开放以来，我国充分发挥自身资源禀赋优势，积极融入国际产业分工，确立了吸收外商直接投资、鼓励"三来一补"的加工贸易政策，极大地促进了我国制造业的发展。目前，我国的服装纺织、电视、手机、冰箱等产品的产量和销售量都已经位居世界首位，其他制造业的产品也在国际生产中具有举足轻重的地位，我国由此获得了"世界工厂"的称号。但是，长期以来我国对国际产业链的低端嵌入也导致了一系列的问题，如资源枯竭引起要素禀赋价格上涨、环境恶化降低了参与国际生产大循环所带来的福利。更为严重的是对国际分工的这种嵌入方式使得我国制造业在国际产业链分工中处于被选择和被控制的地位，诸多企业在生产技术、市场开拓等方面没有形成自我发展能力，严重依赖大型跨国公司。近年来，我国已经意识到这一问题的严重性，努力采取措施，推动对外经济合作转型升级。

从近期内看，我国将在以下几个方面作出努力。一是积极推动对外贸易转型升级，提升对外贸易的质量。进入21世纪以来，我国政府不断调整对外贸易的发展重点。2001年国家鼓励企业开展境外加工贸易，鼓励企业将生产链条向境外转移。2006年国家强化了对外贸产品原产地多元化的扶持，2011年进一步提出了技术、品牌、营销、标准四带动战略，提升对外贸易的质量和效益。此外，进口贸易对经济的作用获得了更多的重视。"十三五"开局之年前后，我国推动对外贸易转型升级的着力点再次发生位移。《中共中央关于制定国民经济和社会发展第十三个五年规划的建议》中指出要推动外贸向优质优价、优进优出转变，壮大装备制造等新的出口主导产业。发展服务贸易。实行积极的进口政策，向全球扩大市场开放。此外，电子商务作为对外贸易的新业态也得到了重视。2015年国家相继印发《关于大力发展电子商务加快培育经济新动力的意见》（国发〔2015〕24号）、国务院办公厅《关于促进跨境电子商务健康快速发展的指导意见》（国办发〔2015〕46号），支持和推动跨境电子商务的发展。二是积极推动国际投资合作转型升级。由于原有基础的制约,我国20世纪末期的对外开放以"引进来"为主,自开始实施"走出去"战略以来,我国对外投资获得快速增长,但在产业构成上仍然以资源开发为主。从"十二五"末期开始,我国更加注重推动服务业对外开放和装备制造业"走出去"。2015年国务院出台《关于推进国际产能和装备制造业合作的指导意见》,重点鼓励钢铁、有色、建材、铁路、电力、化工、轻纺、汽车、通信、工程机械、航空航天、船舶和海洋工程等行业对外投资,积极推动产业链条向境外延伸。三是积极构筑开放型经济新体制,建立健全服务贸易促进体系,全面实施单一窗口和通关一体化,全面实行准入前国民待遇加负面清单管理制度。

我国推动对外开放转型升级的政策措施与山东推动对韩经贸合作转型升级的实践需要恰好呼应。在过去相当长的时间内,山东是我国对韩合作的桥头堡和先行区,取得了迅速的发展,但也存在质量不高、效益欠佳等一系列问题,甚至在一定时期还产生了"韩资企业跑路"等问题。无论是在对外贸易还是利用外资方面,山东均有实现战略转型的迫切需要。国家推动对外开放转型升级的政策不仅有利于山东扩大对韩合作的规模,更有利于山东提升对韩合作的质量。目前,山东已经规划发展了一批跨境电子商务产业园区,出台了促进跨境电子商务发展的政策措施,对服务贸易和服务市场的开放进行了专题研究。有理由相信,随着我国对韩国经贸合作的深化,山东有可能进一步强化对韩合作的优势地位。

(四) 我国重视对韩经贸合作的机遇

韩国是我国重要的合作伙伴,但双边经贸关系的发展一直受到了多种因素的影响而呈现出曲折发展的态势。从更广阔的视角看,东亚经济一体化是区域内外多主体共同发力、施加影响导致的结果,一些政治因素、经济因素及文化差异因素等制约着东亚区域经济合作的进程。近年来,中韩关系朝着更加良性友好的方向发展。我国更加主动加强与韩国的联系与合作。正如习近平主席2016年3月底访问韩国时所指出的:"中方高度重视中韩关系,始终把发展对韩关系放在周边外交的重要位置。"① 对韩经贸在我国对外开放中的地位不断上升。中韩自由贸易区协定签署以后，双方为抢抓机遇，最大限度地分享自由贸易带来的好处，采取了一系列的促进措施。2015 年 11 月中韩产业园合作机制第一次会议在韩国首尔举行，中国商务部副部长高燕与韩国产业通商资源部次官李官燮共同主持会议。会议上双方一致认为开展中韩产业园合作是"新形势下加强双边经贸务实合作的新亮点和新平台，将有力推动两国务实合作尤其是地方经济合作不断深化发展。双方商定，将共同努力，创新合作模式，布局新兴产业，推动创新和创业型企业入驻，为两国企业搭建创新创业平台"。② 两国将加强合作，将中韩产业园打造成"中韩自贸区时代"两国经贸合作的示范性项目。2016 年 4 月中韩两国在韩国共同召开中韩经贸联委会第 21 次会议，原则通过了《中韩经贸合作中长期发展规划（2016—2020）》，宣布将进一步采取措施对接两国发展战略、认真履行两国自贸协定、共同推动投资贸易便利化和区域经济一体化进程，以进一步促进两国全方位、宽领域、多层次合作关系不断深化发展。近年来，两国高层互访和民间经贸促进活动更是频繁。2015 年 10 月底国务院总理李克强访问韩国，与韩国各界就深化中韩战略合作伙伴关系、推动双边合作全面深入地交换了意见，并与韩国政府签署了 17 项合作文件，涉及双边经贸、人文、科技、环保、质检等 17 个领域，进一步拓展了中韩两国的合作领域。2016 年 3 月习近平主席在华盛顿会见韩国朴槿惠总统，再次就扩大经贸合作和人文交流交换了看法。我国党和国家领导人如此密集地与贸易伙伴加强交流是较少发生的，表明当前我国高度重视对韩合作。各种类型的投资促进活动也呈现出活跃的态势。2016 年 3 月中韩经贸合作圆桌会议在北京召开，韩国产业通商资源部部长周亨焕携相关政府负责人与众多中国优秀企业家共同探讨了"韩、中投资合作方案"。2016 年 4 月韩国"社团法人韩中民间协力论坛"联合中国贸促会驻韩国代表处和中日韩经济发展协会举办的"2016 韩中企业家合作发展暨 FTA 与产业促进论坛"在韩国首尔举行。

---

① 《把中韩关系维护好巩固好发展好》，网易新闻，见 http：//news. 163. com/16/0402/08/BJKO-TAAE0001404P. html。

② 《中韩产业园合作机制第一次会议在韩举行》，人民网，见 http：//world. people. com. cn/n/2015/1130/c1002 - 27873061. html。

二、新时期鲁韩深化经贸合作面临的问题与挑战

近年来，世界经济进入深度调整期，不均衡态势日趋明显，经济增长变数增多，国际贸易、国际投资、国际金融、国际产业转移呈现出多样化、复杂化的发展趋势，新一轮科技革命催生了大量的新技术、新业态和新模式。时移世易，国际环境的变化发展要求鲁韩双方作出相应的调整与改变。但从目前山东与韩国经贸合作的现实看，还存在一系列的矛盾与问题，亟待解决。

（一）合作模式固化，转型升级面临考验

与国家总体对外开放的发展路径基本相同，山东对韩经济合作也带有产业链条低端嵌入的显著特征。在过去的三十多年中，山东逐步形成了以劳动密集型产品、资源密集型产品出口韩国和吸收韩国资金、接收韩国夕阳产业转移为主的开放模式。对于处在发展中阶段的国家或地区来说，这种开放模式在一定时期内是参与国际经济合作的必然选择，在实践中也对山东省经济增长，特别是外向型经济的形成发展产生了极大的推动作用。但随着山东省参与国际生产大循环的不断加深，现有开放模式逐渐暴露出边际收益递减、效益低下等问题。突出表现在以下几个方面：

一是贸易结构不合理、贸易效益提升困难。尽管近年来，山东对韩出口贸易不断增长，但在产品构成上长期以劳动密集型和资源密集型产品为主。即使是山东东部沿海地区对韩合作先进地区的贸易结构也仍然具有这方面的显著特征。例如，在韩资在我国落地最早的烟台市，加工贸易一直是双方合作的主要领域，但在贸易构成上，加工贸易一直占据主要位置。2015年烟台市对韩加工贸易占该市对韩贸易总额的比重近八成，且贸易伙伴主要集中于乐金显示等十余户企业，市场风险较大。在距离韩国地理位置最近的威海市，出口韩国的主要商品以电子电器、电线电缆、机械设备、水海产品、纺织服装为主，而自韩国进口的主要商品主要包括电子电器、机械设备、钢材、塑料原料、计算机、金属制品等。表1-1列出了国际金融危机以来山东对韩进出口贸易结构的变动情况。从表中可以看出，山东对韩贸易品的构成已经进入了相对固定的阶段。特别是主要贸易品，如机电设备、贱金属及其制品、

机器设备、塑料及其制品、橡胶及其制品、纺织品、化工制品、矿产品等主要贸易品在山东对韩贸易结构所占比重一直保持了稳定状态。而精密仪器及设备等高附加值产品也长期维持在6%—8%的水平。

表1-1 按海关标准分山东对韩贸易结构情况

（单位:%）

产品分类	2008年	2009年	2010年	2011年	2012年	2013年	2014年	2015年
活动物；动物产品	1.49	1.5	1.55	1.69	1.36	1.44	1.42	1.38
植物产品	0.77	0.81	1.18	1.16	1.24	1	0.99	1.24
动、植物油、脂及其分解产品；精制的食用油脂；动、植物蜡	0.04	0.02	0.03	0.02	0.02	0.03	0.03	0.03
食品；饮料、酒及醋；烟草及及烟草代用品的制品	1.93	1.87	1.87	2.19	2.54	2.84	2.92	2.81
矿产品	4.92	5.2	5.83	8.14	7.09	7.66	5.59	5.35
化学工业及其相关工业的产品	4.26	4.54	4.47	5.67	4.88	5.09	5.37	5.21
塑料及其制品；橡胶及其制品	7.21	7.07	6.75	7.07	6.9	7.05	6.36	5.78
生皮、皮革、毛皮及其制品；鞍具及挽具；旅行用品、手提包及类似容器；动物肠线（蚕胶丝除外）制品	1.92	1.58	1.32	1.3	1.29	1.31	1.33	1.56
木及木制品；木炭；软木及软木制品；稻草、秸秆、针茅或其他编结材料制品；篮筐及柳条编结品	0.37	0.32	0.28	0.43	0.45	0.47	0.48	0.44
木浆及其他纤维状纤维素浆；回收（废碎）纸或纸板；纸、纸板及其制品	0.52	0.47	0.37	0.4	0.38	0.4	0.41	0.38
纺织原料及纺织制品	9.44	8.04	7.41	7.33	6.35	6.44	5.98	7.25
鞋、帽、伞、杖、鞭及其零件；已加工的羽毛及其制品；人造花；人发制品	0.77	0.76	0.67	0.68	0.66	0.66	0.64	0.83

续表

产品分类	2008 年	2009 年	2010 年	2011 年	2012 年	2013 年	2014 年	2015 年
石料、石膏、水泥、石棉、云母及类似材料的制品；陶瓷产品；玻璃及其制品	1.49	1.36	1.26	1.19	1.2	1.31	1.64	1.88
天然或者养殖珍珠、宝石或者半宝石、贵金属、包贵金属及其制品；仿首饰、硬币	0.43	0.36	0.26	0.22	0.18	0.13	0.1	0.1
贱金属及其制品	16.11	11.72	11.57	12.84	12.63	11.19	11.51	10.48
机器、机械器具、电气设备及其零件；录音机及放声机、电视图像、声音的录制和重放设备及其零件	42.63	44.04	42.94	37.26	38.07	39.61	43.03	43.06
车辆、航空器、船舶及有关运输设备	1.33	2.06	2.78	2.58	2.55	3.5	3.46	3.79
光学、照相、电影、计量、检验、医疗或外科用仪器及设备、精密仪器及设备；钟表；乐器；上述物品	3.08	6.89	8.26	8.71	9.32	8.62	7.37	6.49
杂项制品	1.27	1.31	1.12	0.98	2.76	1.2	1.36	1.86
其他类	0.02	0.1	0.08	0.1	0.11	0.07	0.01	0.07

注：产品分类标准按照我国海关现有统计标准划分，产品分类从上至下分别对应 HS 编码的第一到第二十类，第二十一类、二十二类合并计算，体现在表中的"其他类"。

资料来源：根据国研网国际贸易研究及决策支持系统数据库数据计算。国研网国际贸易研究及决策支持系统：http：//trade.drcnet.com.cn/。

　　二是投资结构不够合理且升级困难。改革开放以来，山东充分发挥地缘优势积极吸收韩国投资，形成了对韩资本合作的先行区域，甚至在一定时期成为我国"吸收韩国投资最密集且效益最好的地区"[①]。但进入 21 世纪以来韩国对山东投资的质量逐渐滞后于山东对外开放的总体发展趋势。图 1－2 描述了从 2003 年到 2015 年山东利用外资平均投资规模和韩国对山东投资的平均规模的对比变化情况。从图中可以看出，在 21 世纪初期，山东吸收韩国投资的平均规模虽然与山东吸收外资的总体平均规模相比略显偏低，但尚能随着

———————

① 范振洪：《山东吸收韩国投资的现状、前景及对策》，《当代亚太》2007 年第 12 期。

我省利用外资平均规模的扩大而扩大，总体变动趋势是一致的。从 2006 年开始，韩国对山东的投资的项目的平均投资规模变动趋势越来越偏离了山东对外投资平均规模变动的发展曲线。到 2015 年山东吸收韩国投资的平均规模已经不及山东利用外资总体平均规模的一半。

（单位：万美元）

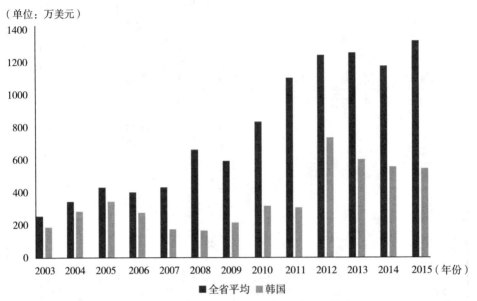

图 1-2　山东吸收外资平均规模与山东吸收韩资平均规模变动情况对比

资料来源：根据《山东统计年鉴》（各年度）数据计算。

（二）合作方向外化，外部区域竞争明显

山东与韩国隔海相望，文化相通，交往历史源远流长。地缘优势和人文优势在推动双方经贸合作发展中产生了重要的影响。近年来，区域经济一体化朝着纵深发展，为企业家拓展合作空间提供了便利条件。从进入 21 世纪开始，鲁韩双边经贸关系虽然不断深化，但与区域外的合作伙伴的经济联系呈现出更快的发展势头。从韩国对外经贸关系的发展趋势看，东南亚在韩国对外经济合作中的地位有了进一步的上升，贸易和投资所占的比重有所提高。截至 2015 年年底，东盟已经成为继中国之后韩国的第二大贸易合作伙伴，韩国企业对东盟的海外直接投资规模仅次于对我国的投资规模。双方合作的体制机制建设也呈现出快速发展的势头。韩国和东盟在 2005 年签署自由贸易协

定（FTA）基本协定以后，分别于 2006 年、2007 年和 2009 年签署了 FTA 商品协定、服务协定和投资协定。在韩国经贸合作中，也出现了合作重心南移的发展趋向。长三角、珠三角凭借完善的产业配套和雄厚的经济发展潜力优势，对韩国企业产生了巨大的吸引力。从图 1 - 3 中可以看出，在 2007 年之前山东在吸收韩国投资方面明显优于作为珠三角经济发展典型的广东和作为长三角经济发展重要省份的江苏。但自从国际金融危机发生后，韩国在广东、江苏投资的增长速度明显加快。

（单位：万美元）

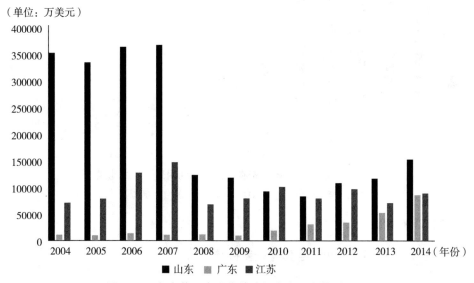

图 1 - 3　鲁粤苏三省吸收韩国投资发展态势对比

资料来源：根据《山东统计年鉴》（各年度）、《广东统计年鉴》（各年度）、《江苏统计年鉴》（各年度）数据计算。

　　山东为推动对外开放持续、稳定、健康发展，也积极实施了市场多元化战略，在巩固原有市场的同时，积极拓展新市场。美国、欧盟、日本在山东对外开放中所占的比重不断上升，而韩国所占比重出现了相反的趋势。2004 年山东实际使用外商投资 70.94 亿美元，其中来自韩国的投资占 40.03%。到 2011 年山东实际使用外商投资 111.60 亿美元，来自韩国的投资所占比重下降到 7.66%。其后这一比重虽然有所提升，但一直没有恢复到金融危机前的水平（见图 1 - 4）。在双边贸易发展中同样呈现出上述趋势。这说明，随着经济国际化合作的发展，地缘优势和人文优势在推动经济联系方面发挥的边际效用会呈现出不断下降的趋势，鲁韩双方需要以新的思维、从新的角度谋划未来经济发展的新路径。

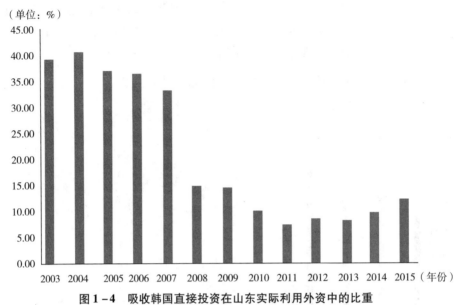

（单位：%）

图1-4　吸收韩国直接投资在山东实际利用外资中的比重

资料来源：根据《山东统计年鉴》（2004—2015年）、山东省商务厅《综合月报》数据计算。

（三）产业落差缩小，合作路径亟待转变

根据传统国际产业转移理论，产业发展不平衡是国际经济合作的前提条件，无论是产品周期理论、"雁行形态理论"还是边际产业扩张理论，均将不同地区间存在的产业发展差距作为逻辑分析起点。20世纪后二十年鲁韩经贸合作也基本遵循了这一路径。从20世纪60年代开始，韩国紧紧抓住世界主要发达国家经济高速发展带来的有利时机，制定了出口导向型国际化发展战略，优化了利用外资的鼓励和限制措施，促进国内产业结构优化调整。通过引进技术的消化和吸收，形成了以劳动密集型和资本密集型为基础的重化工业经济。从20世纪80年代开始，其产业发展重点发生位移，重点推动了技术密集型产业，特别是机械制造业、电子产业、石油化工产业。在我国改革开放初期，韩国已经与中国香港、新加坡和中国台湾一起被称为"亚洲四小龙"或"亚洲四虎"（Four Asian Tiger），成为新兴经济体之一，产业发展领

先于改革开放初期的山东。在其后二十多年中，产业互补性或者产业落差成为鲁韩产业合作的重要基础。进入 21 世纪以来，随着我国改革开放的进展，山东的产业结构调整取得了积极的进展，金属矿采选业、食品制造业、纺织业、化工业等产业已经形成了较具竞争优势的产业，装备制造等产业开始向中高端迈进，其中，新一代信息技术与装备、高档数控机床和机器人、海洋工程装备和高技术船舶、轨道交通装备、汽车及零部件、电力装备、现代农业机械、工程机械、专用设备、节能环保装备等先进产业正在成为当前山东省重点发展的产业。部分产业已经具备了直接与发达国家进行产业对话的能力。鲁韩原有的产业落差呈现出逐步缩小的趋势。国际经济理论界一般用产业内贸易指数来描述特定产业竞争优势的大小。其计算公式为：

$$T = 1 - | X - M | / (X + M)$$

其中，X 和 M 分别表示某一特定产业或某一类商品的出口额和进口额，| X - M | 表示 X - M 差的绝对值。产业内贸易指数 T 的取值范围为 $0 \leqslant T \leqslant 1$。当 T = 0 时，表示在选定的产业内没有发生产业内贸易，贸易双方在该产业上处于一方具有绝对优势而另一方处于绝对劣势；当 T = 1 时，表明产业内进口额与出口额相等，表明双方在该产业发展上势均力敌，开展了产业内分工。因此说，T 值越大，表明贸易双方经济体在产业发展水平上越接近。根据我国海关统计数据，我们选取了鲁韩之间贸易额最大的二十大产业进行计算，测算了鲁韩产业内贸易发展水平（见表 1 - 2）。

从表 1 - 2 可以看出，在现在鲁韩重点贸易品种中，"核反应堆、锅炉、机械器具及零件""无机化学品；贵金属等的化合物""铜及其制品""铝及其制品""玻璃及其制品""杂项化学产品"等行业产业内贸易水平已经居于较高水平，"钢铁""钢铁制品""电机、电气、音像设备及其零附件""车辆及其零附件"等产业的产业内贸易水平也超过了 0.5，且基本处于逐步增长的状态。这说明当前鲁韩产业合作已经开始超越以产业落差为基础的垂直产业转移的发展阶段。如何在产业发展水平逐渐缩小的情况下定位未来产业合作的发展路径正在成为当前鲁韩经贸合作的新课题。

表 1 - 2　鲁韩产业内贸易发展情况

	2008 年	2009 年	2010 年	2011 年	2012 年	2013 年	2014 年	2015 年
85 章　电机、电气、音像设备及其零附件	0.67	0.64	0.58	0.60	0.68	0.62	0.65	0.65
84 章　核反应堆、锅炉、机械器具及零件	0.86	0.87	0.73	0.68	0.99	0.73	0.68	0.70
90 章　光学、照相、医疗等设备及零附件	0.20	0.21	0.23	0.29	0.32	0.30	0.31	0.34
39 章　塑料及其制品	0.17	0.14	0.18	0.21	0.29	0.22	0.25	0.31
29 章　有机化学品	0.34	0.34	0.35	0.36	0.33	0.28	0.30	0.35
72 章　钢铁	0.45	0.97	0.81	0.72	0.71	0.76	0.68	0.70
27 章　矿物燃料、矿物油及其产品；沥青等	0.53	0.58	0.40	0.32	0.43	0.32	0.36	0.41
87 章　车辆及其零附件，但铁道车辆除外	0.63	0.48	0.44	0.43	0.46	0.45	0.40	0.45
73 章　钢铁制品	0.60	0.65	0.63	0.58	0.45	0.62	0.61	0.61
28 章　无机化学品；贵金属等的化合物	0.87	0.90	0.85	0.93	0.73	0.69	0.78	0.82
61 章　针织或钩编的服装及衣着附件	0.05	0.08	0.10	0.08	0.07	0.07	0.05	0.04
62 章　非针织或非钩编的服装及衣着附件	0.08	0.09	0.09	0.11	0.13	0.09	0.07	0.07
38 章　杂项化学产品	0.72	0.81	0.89	0.85	0.75	0.70	0.82	0.78
94 章　家具；寝具等；灯具；活动房	0.23	0.69	0.88	0.34	0.29	0.30	0.24	0.16
74 章　铜及其制品	0.59	0.47	0.30	0.53	0.83	0.37	0.60	0.38
76 章　铝及其制品	0.67	0.45	0.86	0.88	0.87	1.00	0.93	0.89
70 章　玻璃及其制品	0.75	0.62	0.64	0.70	0.67	0.96	0.92	0.92
68 章　矿物材料的制品	0.23	0.19	0.23	0.23	0.23	0.31	0.33	0.25
03 章　鱼及其他水生无脊椎动物	0.33	0.24	0.24	0.29	0.22	0.25	0.15	0.15
64 章　鞋靴、护腿和类似品及其零件	0.34	0.30	0.22	0.20	0.13	0.14	0.07	0.06

　　资料来源：根据国研网国际贸易研究及决策支持系统数据库数据计算。国研网国际贸易研究及决策支持系统：http：//trade. drcnet. com. cn/。产品按照海关 HS 编码标准分类。

第五节　中韩自由贸易区框架下山东与韩国
经贸合作转型升级的思路

2015 年 6 月，历经三年多的艰苦谈判，中韩自由贸易协定正式签署，标志着中韩自贸区建设正式完成制度设计。该协定提出了"鼓励缔约双方之间贸易的扩大和多样化；消除缔约双方之间的货物贸易和服务贸易壁垒，便利缔约双方之间货物和服务的跨境流动；促进缔约双方市场的公平竞争"等发展目标。中韩自贸区是迄今为止我国对外商谈的覆盖领域最广、涉及国别贸易额最大的自贸区，该自贸区的签订为当前鲁韩经贸合作转型升级提供了新的活力和发展空间。在新形势下，应当紧紧抓住中韩自贸协定带来的经济一体化新机遇，深刻汲取在过去三十多年中鲁韩经贸合作的经验，并结合当前新形势的发展变化，创新思路、大胆实践，以进一步提升鲁韩经贸交流合作质量，扩大双边合作的规模。

一、重新发掘区位优势，做大做强"服务区经济"

山东应抢抓自贸区建设和环渤海经济一体化带来的新机遇，从全国对韩经济合作的大视角重新定位山东在未来承担的角色和发挥的作用，提升山东在我国对外开放中的地位。在 20 世纪后二十年山东发挥地缘优势，率先开展对韩合作，地理位置的相近因降低了鲁韩经贸交流的沟通成本而促使山东成为我国对韩合作的先行区。当前，经济形势发生深度变化，韩国对华合作泛化，山东应该立足我国对韩合作乃至对外开放的大局，发挥山东与韩国交往时间长、相互了解充分的优势，解放思想，承担起全国各省市，特别是广大中西部省市开展对韩合作"引路人""促进者"的任务，将山东打造成我国对韩合作的"服务区"。其中，应重点强化以下四个方面的努力。

（一）做大做强会展经济，承担中韩经贸合作的桥梁

充分利用山东半岛在地理位置上处在环渤海—北黄海经济圈中心的有利

条件，积极举办各种形式的大型会议、商品和文化展览活动，带动我国和韩国的资金流、商品流、物流、人流和信息流向山东集聚，带动更多的生产要素进入山东，一方面，有利于山东对韩合作环境的优化和山东对韩合作的转型升级，另一方面有利于推动我国其他省市对韩合作的进展，为其他省市开展对韩经贸合作提供更多的发展商机。为此，一是应进一步强化山东社会各界与韩国的联系与合作，特别是山东省学术界和韩国学术界之间的联系，定期召开经济合作论坛和科学交流会议。在总结山东省和韩国京畿道发展论坛成效得失的基础上，将该合作模式向合作潜力较大的地区拓展，建立山东省与江原道、忠清北道、忠清南道、全罗北道、全罗南道智库之间的定期会议机制。建立中韩双方之间医疗卫生界、教育界、优势企业界学术对话机制，争取将国家举办的大型会议选在山东半岛召开，吸引韩国和我国中西部地区的专家学者参与，将山东半岛打造成中韩经济合作的"博鳌"。积极举办各种形式的博览会、贸易洽谈会、投资洽谈会，吸收全国各省市企业参加，积极争取国家支持，提升（济南）韩国商品博览会的规模和档次，将该博览会拓展为全国性的商品博览会。

（二）积极发展总部经济，打造韩国投资高端集聚区

充分发挥鲁韩地缘相近、源远流长、互动频繁、韩资企业密集、在鲁韩国人较多的优势，积极引进韩国企业的在华总部、地区性总部、研发中心、营销中心入驻山东，将山东打造成中韩经贸合作的商贸中心，推动山东从利用韩资密集区和"制造基地"向"总部基地转化"。进一步细化吸引总部进入的差别性政策，鼓励和协助在鲁注册的韩资企业将其总部转移到山东。在青烟威韩资密集地区以及山东省会济南推动中央商务区发展，加大政府公共投资完善基础设施建设，特别是市政工程改造、城市规划、园林绿化等，完善城市的交通运输网络。进一步营造有利于总部经济发展的工作和人才环境。结合山东省金融改革22条，加快金融服务业开放的步伐，积极引进韩资金融服务企业或者与韩国企业具有长期金融合作历史的外资金融机构，满足韩资企业发展的资金需求。提高各城市的人力素质，制定优惠政策，吸引更多的优秀人才到山东，降低韩资总部发展的人力资源成本。优化山东法律制度环境，完善山东各城市的治安体系、诚信体系、公共医疗卫生服务体系，提高

城市文明程度，构建多元包容的文化氛围。

（三）快速推动物流经济，建设强辐射现代物流中心

大力发展集装箱干线运输，积极引进战略合作伙伴，开辟集装箱远洋干线航线和加密航班，开通新的国际集装箱航线和至中亚、欧洲过境集装箱国际联运班列通道，争取建设国家级海铁联运综合试验区，在运价、海铁联运线路开通等方面获得优惠，促进海铁联运发展、扩宽港口腹地。优化内陆"无水港"布局，支持省内中西部有条件的地区建设保税物流中心和保税仓库。以山东第四方物流市场为主体，依托国家交通物流公共信息平台，加快申报海上丝绸之路物流信息互联互通合作项目，推进港口、航运信息交换，形成便捷高效的物流信息走廊。进一步加快推动国际友好港口建设。以青岛港为龙头，日照、烟台、威海等港口为依托，加强与新加坡港、巴生港、胡志明港、林查邦港、雅加达港、马尼拉港等海上丝绸之路沿线港口建立更深层次、更广领域的合作，如港口物流、临港产业、港口管理、人员培训、信息技术、政策互通等，结成"友好港"，搭建起海上桥梁和纽带，提升海上互联互通水平。打造港口战略联盟。在中韩"4＋1"港口战略联盟（青岛港、烟台港、威海港、日照港＋釜山港）的基础上，增加集装箱运输航线，共同发展集装箱联运与国际中转、物流配送等航运物流业务。提升中韩陆海联运汽车货物运输层次，尽快推动实施整车运输，在现有5条通道的基础上尽快推进烟台—韩国平泽陆海联运通道；积极争取山东港口与日本试点开通陆海联运汽车货物运输项目，实现集装箱货车陆海"一站式"运输。加强港口建设合作。吸引海陆"丝绸之路"沿线国家的航运公司和物流企业，以合资、合作、BOT、TOT等方式，到山东投资建港、经营码头和开辟航线。争取"中国—东盟投资合作基金"的支持，加强与新加坡、菲律宾、马来西亚、越南、印度尼西亚和文莱等东盟国家的港口基础设施建设合作，鼓励山东企业到东盟国家参股港口建设。

（四）抢先发展健康经济，推动新一轮跨国产业转移

抢抓中韩自贸区带来的服务贸易领域开放的新机遇，推动双方在整形美容、健康检查医疗、旅游医疗、社会养老等领域的深层次合作，充分发挥威

海、青岛西海岸、烟台、日照等城市生态环境优美且与韩国纬度相近、气候相似的优势，建设面向韩国的养老、养生基地和面向国内中西部的韩国美丽产业体验中心，打造中韩健康服务合作门户和中国健康养生集聚区。积极扩大市场开放，引进韩国整形医院与山东医院开展"韩式美容"专业门诊，形成具有定制化诊前咨询、诊前体检、美容咨询等业务，细化美丽产业的跨国分工。积极推进医游结合，发展体检旅游、保健旅游等多种形式的旅游产品，吸引韩国游客到山东度假，推动中西部省市游客到青烟威体验韩国美丽产业的成果。建设面向韩国的养老养生基地，推动医养结合。紧紧抓住韩国人口老龄化带来的发展机遇，推动鲁韩健康管理领域的合作，引入韩国资源和韩式服务，健全医疗康复服务体系，力争在慢性病康复、产后康复、心理康复等方面形成具有全国影响力的品牌特色。

二、着眼产业平行转移，大力发展"产业链经济"

（一）促进双向贸易和双向投资，完善内外互动的一体化生产网络

《中共中央关于制定国民经济和社会发展第十三个五年规划的建议》指出："必须坚持打开国门搞建设，既立足国内，充分运用我国资源、市场、制度等优势，又重视国内国际经济联动效应。"开放型经济的发展需要更好地利用两个市场、两种资源，共同提升我国的竞争优势。一是应进一步统筹对外贸易发展和经济结构调整，努力提升进出口贸易的溢出效益。积极推动加工贸易，促进加工贸易企业与本土经济之间的联系。鼓励加工贸易企业为本地企业进行生产配套，并通过加工贸易的发展带动本土企业开展对外贸易。支持新兴产业、现代服务业、高附加值产业对韩贸易，利用韩国市场扩大国内上述产业的发展空间，增强其发展动力。结合山东产业结构调整的进展，重点支持集成电路制造设备、高档化纤设备、高性能数控机床等先进设备和重大装备关键件进口，努力提升韩国进口贸易的经济效应。二是统筹对外投资和利用外资，推动产业链条向韩国延伸，提升跨国公司在产业链条中的影响力。积极推动国际产能合作，以钢铁、有色、建材、铁路、电力、化工、轻纺、汽车、通信、工程机械、航空航天、船舶和海洋工程等行业为重点，推

动企业对外合作进程，为企业提升技术、改进质量和提高服务水平、增强整体素质和核心竞争力创造条件。结合"一带一路"重大倡议的发展重点，吸引更高质量外资，积极扩大对海陆丝绸之路沿线国家的投资合作，将山东建设中韩国际产业流转的中转站，在持续地吸引先进产业和对外转移富余产业的过程中提升山东的产业结构。

（二）推动境内外园区转型升级，建设内外互补的开放型载体网络

境内经济园区和境外经济园区均是山东开放型经济的重要载体，是提升山东经济开放质量、化解经济发展风险的重要平台，是完善山东对外开放战略布局的重要方面。《中共中央关于制定国民经济和社会发展第十三个五年规划的建议》指出：要"培育有全球影响力的先进制造业基地和经济区。提高边境经济合作区、跨境经济合作区发展水平"。构筑境内经济园区和境外经济园区，并促进二者的相互补充、相互配合的经济联系是新时期山东对外开放发展的重要任务。应积极推动境内经济园区转型升级，使其成为统筹国内经济和国外经济发展的重要抓手。通过实施产业促进战略，大力加强本园区内企业之间的经济联系和分工协作。在充分调研分析的基础上，确立本园区的主导产业，积极引导园区内具有技术条件的其他企业围绕主导产业展开配套。进一步发挥园区内企业的溢出效应，推动园区内外企业间建立起紧密的联系。顺应网络经济条件的要求，进一步促进园区内生产网络与园区外生产网络的构建与互动，促进两大网络的融合。建立健全省内东西部园区间、省内经济园区与国外产业园区，特别是境外经贸合作区之间的互动与协调。通过优化省内园区协作政策，对省内园区之间联动发挥提供财政税收、用地指标、金融信贷、企业用水用电等方面的政策支持，鼓励具有合作潜力的园区之间建立协调机制，打破经济园区之间互不往来、竞争多于合作的局面。抓住韩国新万金开放的有利时机，推动省内企业在韩国新万金及其他投资集中区域建设企业主导的经济园区，并吸引相关配套企业进入，大胆尝试，累积在较为发达经济体内建设经济园区的经验。

三、复制创新协调并举，争创"制度对接先行区"

山东要积极落实中共中央、国务院《关于构建开放型经济新体制的若干意见》的精神和中韩自由贸易协定经济合作的相关条款，积极吸收我国四大自贸区体制机制建设的成功经验，结合山东与韩国经贸合作的实际推陈出新，强化与韩国地方政府之间的政策协调，进一步优化山东对韩经贸合作的体制机制及相关制度，将山东打造成为我国对韩经贸合作体制机制创新与对接的先行区。

（一）建立自贸区经验跟踪研究机制，率先复制推广自贸区经验

自设立以来，我国四大自贸区肩负着推动体制机制创新、形成可复制经验的重任。在经济发展实践中，它们围绕政府服务和监管创新、促进投资与贸易便利化、金融创新和促进创新要素集聚与流动、进行负面清单管理等内容，先后推出了一系列创新举措。目前，已经形成了21项可在全国复制推广的改革试点经验。国务院自贸区部级联席会议第二次全体会议还确定了"自贸区八大最佳实践案例"，作为交流学习的启发。山东应尽快将这些经验和措施与鲁韩经贸合作的实践结合起来，确立能够使用于鲁韩经贸合作的政策措施。更为重要的是，我国自贸区对于体制机制的创新是一项长期、系统的工程，随着对外开放的深化，新的管理制度和先进的管理经验将不断涌现。为形成对韩合作的制度高地，山东应当建立自贸区体制机制跟踪研究机制，组织有关机构和专家系统关注自贸区体制机制创新的进展，提前总结经验，创造性应用于现实，为鲁韩经贸合作提供更多的制度供给。

（二）突出政策创新，健全开放型经济管理新体制

一是顺应"互联网＋"发展新趋势，建立健全网上产业集群管理、促进的新机制。建立健全电子商务，特别是跨境电子商务的发展促进机制，鼓励企业开展跨境营销，提升企业网络管控产业链、搜寻合作伙伴的能力，推动鲁韩双方在渔业、先进制造业、纺织行业等领域建立在线产业带。二是积极推进"电子政务"，抓紧建立政府办公业务网、政府公众信息网、政府电子信

息资源库为框架的政府信息网,有关招商引资的信息、政策介绍和咨询、行政审批事项、与企业的沟通联系等尽可能地通过网上解决,并逐步试行招商引资网上审批。

(三)完善合作机制,建立鲁韩经贸合作便利化试验区

紧密结合新一轮国家改革开放的战略布点,建立鲁韩经贸合作便利化试验区,在我国对外开放总体格局中形成上海自贸区侧重金融改革试点、粤港澳自由贸易园区侧重区域经济整合、鲁韩经贸合作便利化试验区侧重经贸合作非制度障碍消除的改革开放新格局。在鲁韩经贸合作便利化试验区内,尽快建立起鲁韩各地最高行政长官年度会晤制度和市长年度会晤制度,就双边经贸合作中的重大合作事项进行磋商,解决存在的重要问题,在条件成熟的时候,建立联席会议制度。建立更多的半官方或非政府组织协调机制,如各种行业协作联盟、企业联谊会。进一步建立健全学术交流和人才交流机制,并在此基础上,建立产业合作的组织协调机制。鲁韩地方政府应分别建立相互间产业合作委员会,该委员会应设立若干产业合作推进小组,如新兴产业、高端制造业、现代服务业、现代农业等方面合作推进小组。各产业推进合作小组,由各自政府部门官员、企业家、专家学者组成,定期召开会议,以确保产业合作项目的顺利实施。建立产业合作部门定期对接机制,主要由地方政府部门,如商务、海关、税务、金融、港务、检验检疫等部门联席会议机制,在金融、保险、通关保税、退税等方面为中韩地方经济合作示范区产业合作提供便捷服务。

第二章

山东与韩国贸易合作

　　山东与韩国地缘相近，人文相通，两地贸易往来源远流长，早在1200多年前，新罗人张保皋就开创了东亚海运贸易网络，促进了中韩贸易的发展。1990年，在中韩尚未建交的情况下，由两国8家企业组建的威东航运公司开通了威海至仁川的海上航运通道。1992年8月24日，中韩正式建立外交关系。随着双边关系的深入发展中韩经贸合作迅速升温，山东对韩国贸易发展迅速，如图2-1所示。

（单位：万美元）

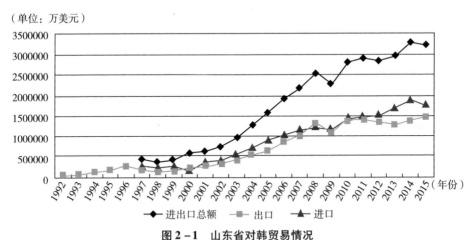

图2-1　山东省对韩贸易情况

资料来源：1992—2004年数据来自山东省历年统计年鉴；2005年数据来自国研网。

第一节　山东开展对韩贸易的发展阶段与实践

山东省和韩国在价值链分工上存在较高的依存度，山东省根据两地不同时期经济发展的特点，大力调整产业结构，夯实贸易的产业基础，积极探索开放型经济新体制，推动对韩贸易便利化。根据两地贸易额和贸易结构的变化，山东省对韩贸易发展大致可以划分为五个阶段。

第一阶段（1992 年以前）以间接贸易为主的探索期。1992 年以前，山东省和韩国的贸易往来大多是通过中国香港、新加坡等第三方进行的转口贸易。虽然在 1990 年开通了威海—仁川航运通道，双边直接贸易有了初步发展，但是贸易量很小，总体处于探索阶段。

第二阶段（1992—1996 年）鲁韩贸易规模持续扩大，加工贸易发展迅速。1992 年 2 月，两国签署的《中国国际商会和大韩贸易振兴公社关于贸易的协定》生效，双方相互给予最惠国待遇和实施最低关税；1992 年 8 月两国正式建立外交关系；同年 9 月中韩两国正式签署了贸易、投资保护和科学技术合作等协定，为两国贸易合作发展奠定了基础。这个阶段鲁韩两地贸易迅速扩张，山东省对韩国出口额从 1992 年的 4.2 亿美元，迅速增加到 1996 年的 26.9 亿美元，年均增长率 58.9%；对韩出口占山东省出口总额的比例从 1992 年的 8.9% 增加到 1996 年的 24.7%[①]，如图 2 - 2 所示。

为发展加工贸易和承接韩国产业转移，山东省在胶东半岛建设韩国产业园和出口加工区，吸引一批韩资中小企业来山东投资，加工贸易得到初步发展。这个阶段，山东向韩国进口的产品主要为纤维类产品，钢铁、金属制品，机械、电子电气产品和化工产品等工业制成品，出口的产品主要为纤维类产品，食品、农水产品，化工产品和钢铁、金属制品等初级产品。

第三阶段（1997—1998 年）受亚洲金融危机影响，山东省对韩贸易出现回落。1997 年山东省对韩出口 18.3 亿美元，比 1996 年减少 32.04%。1998 年两地贸易额进一步下降，进出口总额从 1997 年的 43.96 亿美元下降到

---

① 1997 年以前山东省对韩国的进口额没有找到公开的统计数据，因此这里用出口数据进行说明。

35.07 亿美元，减少 20.23%；对韩出口额从 18.3 亿美元下降到 12.41 亿美元，减少 32.21%；对韩进口从 25.66 亿美元下降到 22.66 亿美元，减少 11.69%。

（单位：万美元）

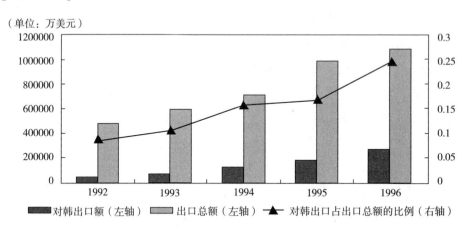

图 2-2　1992—1996 年山东省对韩出口额、出口总额及占比情况

资料来源：山东省历年统计年鉴。

第四阶段（1999—2011 年）机电产品出口比重提高，贸易结构逐步优化。亚洲金融危机后韩国经济开始复苏、2001 年中国正式加入世贸组织，这些外部因素有力地推动了鲁韩贸易的发展，1999—2011 年鲁韩贸易额迅速扩张，山东省对韩国贸易总额从 1999 年的 42.5 亿美元上升到 2011 年的 291.7 亿美元，12 年增长了 6.86 倍，年均增长 17.41%，其中对韩出口额从 15.79 亿美元增长到 144.08 亿美元，年均增长 20.23%，对韩进口额从 26.71 亿美元增长到 147.62 亿美元，年均增长 15.31%。在这个阶段，除 2000 年和 2008 年外，山东省对韩贸易均处于逆差状态，2005 年逆差最大，为 26.29 亿美元。

2002 年山东省对韩国贸易总额达到 74.16 亿美元，韩国取代日本成为山东第一大贸易伙伴国，直到 2011 年，山东省对美国贸易额超过韩国。受世界金融危机的影响，2009 年鲁韩贸易出现了大幅度下滑。贸易总额从 2008 年的 254.27 亿美元下降到 227.96 亿美元，降低 10.34%；出口额从 131.29 亿美元下降到 110.89 亿美元，降低 15.53%；进口额从 122.97 亿美元下降到 117.06 亿美元，降低了 4.81%。2010 年鲁韩贸易全面复苏并超过了危机以前的规模，如图 2-3 所示。

（单位：万美元）

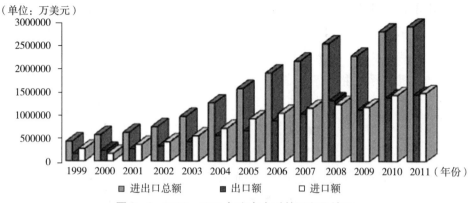

图2-3 1999—2011年山东省对韩国贸易情况

资料来源：山东省历年统计年鉴。

由于对南非、巴西等新兴市场的开拓，1999—2011年对韩贸易额占山东省对外贸易总额的比重呈下降态势，由1999年的23.26%下降到2011年的12.36%，如图2-4所示。

（单位：万美元）

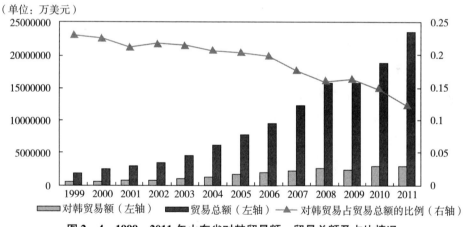

图2-4 1999—2011年山东省对韩贸易额、贸易总额及占比情况

资料来源：山东省历年统计年鉴。

在推动对韩贸易总量持续扩张的同时，山东省针对对韩出口机电产品比重小、技术含量不高，加工贸易出口附加值低，出口增长主要依靠数量扩张和价格竞争等问题，大力发展机电产业，推动加工贸易转型升级，着力优化对韩贸易结构，加快转变出口增长方式。

一是加大财政和金融扶持力度。各级财政逐步增加外贸发展基金投入，支持山东省机电产品出口企业开展技术创新、品牌建设、知识产权保护、海外市场开拓等活动，省内各金融机构对家电产品出口企业加大支持力度，优先对企业技术改造、扩大出口、中短期流动资金贷款提供信贷和担保服务。二是加强机电行业生产体系建设，为扩大出口奠定产业基础。以电子信息、家电、汽车和船舶等重点产业为依托，加强配套生产体系建设，形成产业集聚。鼓励指导机电产品企业通过兼并、重组等方式做大做强，提高规模效益。三是用高新技术改造传统机电行业，大力发展高新技术产品出口。一方面，利用奖励、贴息等鼓励性政策，引导企业进行产品研发和技术改造，加大原始创新的投入力度；另一方面，鼓励企业引进先进技术和关键设备，加强对先进适用技术的消化吸收，提高高新技术产品的出口比重和出口产品增值率。四是依托海外承包项目和企业境外投资，扩大成套设备出口。随着海外承包项目的增多和企业"走出去"的步伐加快，成套设备的出口需求增加。山东省机电产品进出口办公室积极协调国家进出口银行和出口信用保险公司，为成套设备的出口提供融资担保和信用保险等政策支持，有效推动山东省大型锻压、石油勘探、铁路车辆、纺织机械等大型成套设备的出口。五是改善投资环境，吸引大型外资尤其是韩资机电企业落户山东。山东省对各类经济开发区和出口加工区进行整合，着力改善投资环境，突出各种园区特色，围绕电子信息、汽车、船舶和关键零部件加工制造等支柱产业招商引资，重点吸引国际知名的大型机电企业，发挥其带动作用，促进山东省高技术机电产业集聚发展。六是鼓励省内企业"走出去"，加大开拓韩国市场力度。支持省内有条件的机电企业在韩国投资办厂，鼓励企业利用工程承包的方式，带动资本、设备、劳务出口，提高山东企业在韩国市场的知名度；鼓励省内主要机电产品生产企业在韩国建立销售和维修服务网络，扩大韩国市场份额。七是大力推动机电类加工贸易转型升级，鼓励加工贸易企业从组装加工环节向设计研发、核心部件制造等附加值高的产业链环节延伸，提高加工贸易效益。

1999—2011 年，山东省机电产业得到持续快速发展，对韩机电产品贸易总量迅速扩张，贸易结构得到优化。2010 年山东省对韩国机电产品贸易总额达到 171.92 亿美元，其中出口额 83.85 亿美元，进口额 88.07 亿美元；2011年有所下降，贸易总额为 162.62 亿美元，出口 77.07 亿美元，进口 85.55 亿美元。对韩机电产品贸易主要围绕汽车及零部件、船舶、家电、电子信息和机械制造五大产业展开，贸易额占较大比重的产品包括汽车及其关键件、零附，机械基础件，船舶、船用设备及其零附件，以及自动数据处理设备及其部件、零附件，集成电路及微电子组件等高科技机电产品。

山东省通过扶持民营企业发展，多渠道培育出口市场主体，对韩开展机电产品贸易的企业组织结构发生了深刻变化，民营企业的发展壮大打破了过去国有、集体和外资企业在出口市场三足鼎立的格局。通过改善投资环境，吸引了鸿富锦精密电子（烟台）有限公司、鸿富泰精密电子（烟台）有限公司、威海三星通讯设备有限公司、大宇重工、浪潮乐金等一批大型机电企业入驻山东，改变了机电出口企业数量少、规模小的局面。

在这个阶段，鲁韩贸易结构随着国际生产分工组织形式的演化而发生变化。山东省和韩国都是区域生产分工的参与者，随着国际生产分工由产业内分工细化为产品内分工，鲁韩贸易结构呈现出由产品互补到产品和产品内互补并存的趋势，并且这种趋势正在逐步加强。

产品互补体现在山东向韩国出口纺织服装、水产品、棉花、蔬菜水果等，进口重化工产品、钢铁等；产品内互补体现在贸易大类的细分上，山东向韩国进出口产品中，"非电气的机器、机械及其零件""电气电子产品及其零件、附件"都占有较大比重，但是对上述品类再进行细分，可以看出山东省向韩国进口多以中间产品为主，出口多为成品。这种现象的出现很大程度上是由于韩国对山东进行了大量的加工贸易的企业投资。产品互补和产品内互补都是鲁韩在区域生产分工上优势互补的表现，前者体现资源禀赋的优势互补，后者更多体现在价值链生产环节上比较优势的互补。

第五个阶段（2012 年至今）加工贸易转型升级，服务贸易加速发展。受欧债危机影响，世界经济复苏乏力，韩国市场需求萎缩，加上我国生产要素成本上升、出口退税减少、人民币升值等因素，一些出口企业不得不放弃海外市场，一批成本敏感型的加工贸易企业从山东省转移到东南亚国家。2012年山东省对韩国贸易总额为 283.02 亿美元，出口额 133.12 亿美元，分别比2011 年下降 2.9% 和 7.6%；这个阶段，山东省对韩贸易逆差出现扩大趋势，2014 年贸易逆差达到 51.66 亿美元，是 1997 年以来的最高值；对韩加工贸易规模也出现下降趋势，2014 年山东对韩加工贸易出口额为 63 亿美元，是 2010

年以来的最低值，如图 2 – 5 所示。①

（单位：亿美元）

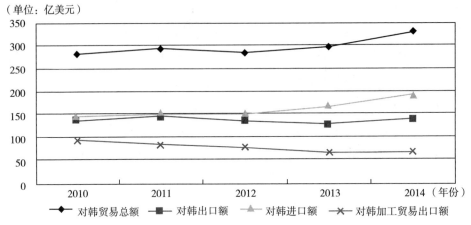

图 2 – 5　2010—2014 年山东省对韩国贸易情况

资料来源：山东省历年统计年鉴、山东省商务厅网站。

2012 年以来，尤其是党的十八大以后，面对出口下降的严峻形势，山东省认真贯彻中央关于转变外贸增长方式，培育开放新优势的精神，结合本省实际，通过推动加工贸易转型升级、促进以服务外包为主的服务贸易发展、建设中韩自由贸易地方经济合作示范区和中韩双向商品集散地、打造对韩跨境电商平台、推进对韩贸易便利化等措施，进一步提升对韩贸易层次，改善对韩贸易结构，提高对韩贸易效益。

1. 推动加工贸易转型升级

一是提高加工贸易企业制造水平和创新能力，利用国家鼓励先进技术和关键设备进口扶持政策，引导企业加快技术、设备引进和消化吸收再创新，提高制造水平与技术含量，提升产品附加值，实现产品更新换代，推动企业向产业链高端延伸，实现出口的增量提质。二是提升加工贸易结构层次。引导外资重点投向辐射带动作用强技术含量高的高端装备制造、新能源等高新技术和战略性新兴产业领域。三是提升企业拓展海外市场的能力。鼓励企业到海外尤其是韩国建立营销渠道和服务网络；积极组织省内企业参加境外各类展销推介会。四是推动加工贸易集群式发展。发挥出口加工区、保税区、

---

① 2015 年山东省对韩加工贸易没有公开数据，故此处只包含 3 年数据，采用了 5 年数据是为了体现贸易变化趋势。

保税物流园区等特殊监管区辐射带动作用，鼓励加工贸易企业以产业链为纽带，向各特色园区集聚，形成规模优势。

山东省加工贸易转型初见成效，企业生产环节不断向价值链高端攀升，主导产业由纺织服装、电器组装等向高端装备制造、电子元件制造等转变，形成了机械制造、电子信息等主导产业和手机、挖掘机、船舶、液晶显示板等特色产品业集群。

2. 抓住全球服务外包快速发展的机遇

山东省制定一系列扶持政策推进服务外包产业发展，积极承接韩国服务外包产业转移，从而提升对韩经贸合作水平，改善对韩贸易结构。一是加大服务外包发展载体建设。以济南和青岛为核心，以各级经济（技术）开发区和高新技术产业开发区为重点，积极培育服务外包产业示范园区，完善服务园区公共服务平台，引导服务外包企业向特色园区集聚发展。山东省在济南、青岛、威海、烟台、潍坊、淄博、东营、济宁、日照 9 个城市确立了 19 个省级服务外包示范基地，其中济南市是国务院 2009 年确认的 20 个国家级服务外包示范城市之一，也是工业和信息化部支持的国家软件名城创建试点城市；齐鲁软件园被工业和信息化部等国家部委评为中国服务外包优秀产业园区。2014 年济南、青岛、烟台、潍坊、威海五市外包离岸执行额突破 1 亿美元，其中济南、青岛两市均突破 20 亿美元，合计达到 45.7 亿美元，占全省的 83.1%，烟台、潍坊、威海三市分别为 3 亿美元、2 亿美元和 1 亿美元。19 个服务外包示范基地离岸执行额共 31.4 亿美元，占全省总额的 57.1%，其中济南高新技术产业开发区、青岛崂山区分别突破 8 亿美元和 6 亿美元。

二是加大对服务外包企业的扶持力度。引导服务业发展资金、信息产业发展专项资金等各类发展资金向服务外包企业倾斜，重点扶持外包人才培训、企业国际认证、公共信息平台建设等项目；帮助服务外包企业积极利用国家开发银行和进出口银行的政策性贷款，鼓励省内贷款担保公司为服务外包企业提供贷款担保，为企业顺利融资提供便利；鼓励省内电信运营商提高互联网服务质量，为服务外包企业提供多元化、个性化服务；放宽服务外包企业的市场准入，简化服务外包企业的准入审批和企业登记程序，对于获得准入审批的企业，工商行政管理部门直接在企业经营范围内核定服务外包的内容，便于企业按国际惯例开展外包业务。

截至 2014 年年底，全省累计登记服务外包企业 2186 家，实际开展离岸外包业务的企业 726 家，取得能力成熟度模型（CMM）、IT 服务管理（ISO20000）、信息安全管理（ISO27001）等资质认证 160 余项。培育了浪潮集团、浪潮世科、中创软件、创迹软件、万博通讯、旅科信息、东方道迩、泰盈科技等服务外包骨干企业，其中浪潮集团被商务部认定为服务外包十强企业，中创软件、万博通讯、旅科信息入选全国百强成长型企业。全省初步形成了以软件开发、数据和图像处理、金融后台数据分析、工程设计、动漫设计等为主的具有较强竞争力的外包业务。

三是支持服务外包企业开展技术创新，开拓海外市场。对于科技主管部门认定的高科技服务外包企业，施行优惠税收政策；对于列为山东省知识产权试点、示范的企业给予奖励；对服务外包企业为承接外包业务而进口的设备、配件和配套技术，根据国家规定免征进口关税和进口增值税；引导各级中小企业国际市场开拓资金向服务外包企业倾斜，积极组织服务外包企业参加国际推介会，扩大山东省服务外包企业的国际知名度。

山东省服务外包产业的壮大为鲁韩服务贸易的迅速发展提供了坚实的基础，韩国已经成为山东省重要的服务贸易合作伙伴。依据商务部和国家统计局 2014 年修订的《国际服务贸易统计制度》所设定的统计口径，2014 年山东对韩国服务贸易额达到 55.4 亿美元，占山东省全年服务贸易总额的 18.7%，其中对韩服务贸易出口 36.8 亿美元，占山东省服务贸易出口总额的 32.5%，对韩服务贸易进口 18.6 亿美元，占山东服务贸易进口总额的 10.1%。[①] 对韩服务贸易结构得到了进一步优化。建筑、加工服务、劳务输出、运输、旅游等传统服务贸易稳步发展；金融服务、保险服务、计算机及信息服务、咨询等高附加值现代服务贸易发展迅速，教育、文化、医疗等特色服务贸易也初具规模。

3. 大力推进威海—仁川地方经济合作示范区、中韩（烟台）产业园区、青岛中韩地方经济合作城市建设

威海市抓住与仁川共同纳入中韩地方经济合作示范城市的机遇，大力推进韩贸易载体建设。一是规划建设中韩跨境电商综合园区。包括一个实体园

---

① 根据《山东年鉴 2015》提供的数据计算得到。

区和一批"海外仓"。威海港、盛世物流、翔通等公司在仁川、平泽、釜山等地建设了1万多平米的海外仓，其中两家列入省级外贸新业态。推动易华通、皇朝马汉两家外贸综合服务企业为跨境电商企业提供通关、物流、仓储、融资等全方位服务，服务企业已有289家。二是规划建设特色园区。在全市规划建设环翠区中韩现代服务业产业园、文登区中韩综合保税物流园、荣成市中韩文化旅游产业园、荣成市中韩海洋高新技术合作园、乳山市中韩健康养老产业园、高区中韩医疗器械与医用制品产业园、临港区中韩现代物流产业园、南海新区中韩创新产业园8个特色园区，形成互为补充、错位发展的格局。三是加快中韩双向商品集散地建设，中韩贸易合作扩容升级。例如威海市建设立足威海、辐射全国的市场网络。韩乐坊二期建设韩企中国总部基地，已引进140家韩国厂商。威海九日等三家韩国商品经营企业联合成立了威海九利正韩国商品工厂店运营公司，在全国开展连锁经营，目前，已在青岛、潍坊、山西运城建立了大型商超，2015年11月底四川眉山店、浙江海宁皮革城店开始营业。家家悦九龙城进口商品直购体验中心日销售额达到20万元，并在全省600多个门店中批量推开。大韩家在威高广场设立山东省第一个保税直购进口体验中心，并在全国150个城市布点分体验中心。威高广场为仁川馆预留2000平米场地，仁川代表团来访实地考察了选址情况，威海—仁川馆将于2016年建成，集商品展示、保税交易、经贸洽谈、人文文化交流等功能于一体，形成与仁川—威海馆两馆互动。截至2015年10月底，韩国商品集散地带动全市进口韩国食品日用品1亿美元，增长43.1%。

支持青岛市申办自贸港区，充分发挥与韩国的地缘、文化、经贸等合作优势，以及在国家"一带一路"战略中双定位的功能优势，深化与韩国的地方经济合作。青岛市在西海岸新区规划建设中的青岛中韩创新产业园率先启动中韩贸易合作区，一期面积为3.76平方公里，着力打造中韩地方经济合作平台、中韩产业合作高地。重点突出五大功能定位：一是突出以贸易便利化为中心的中韩创新合作，重点在AEO互认、金融合作、服务贸易、知识产权保护等领域开展先行先试。二是突出健康产业和蓝色海洋经济发展，着力打造中韩新产业集聚区。三是突出人员往来自由化和便利化，力争在会议、会展、商务及旅行便利、离区免税、货币互换、自驾旅游等政策上争取先行先试。四是突出以中韩优秀文化为重心的中韩人文交流，积极探索开展与韩国在影视、动漫、创意设计、会展等文化领域的合作。五是突出以绿色智慧生活为特色的中韩生态化示范城 U-city，按照韩国新都市开发的先进理念，充分利用绿色生态环境优势，打造宜居宜业的国际新城。

中韩（烟台）产业园"两国双园"运作模式，得到多方充分肯定，韩国新万金开发区被韩国政府认定为唯一与中国开展中韩自贸协定产业园区合作的国家级园区，烟台市与新万金开发厅也已正式签署合作协议。同时，中韩（烟台）产业园也被中方指定为对韩重点合作园区。烟台借助便捷的交通物流网络稳步推进韩国进口商品展示交易中心和进口商品专营网络建设，打造面向全国的韩国商品中转基地。韩国的汽车、电子产品、食品、化妆品、日用品等在中国广受欢迎。经营韩国商品，特别是消费品的烟台商贸流通企业不断增加。

4. 大力发展对韩跨境电子商务，探索对韩贸易的新方式

山东省抓住跨境电子商务快速发展的机遇，大力发展对韩跨境电子商务。一是推动对韩跨境电商载体建设，发挥海关特殊监管区的带动作用，在原有各级经济开发区的基础上，建设电子商务产业园区。例如威海市在临港区建设中韩跨境贸易电商产业园，新搬迁的海关监管区集合了国内最先进的跨境电商自动通关设备，被评为省级跨境电商产业聚集区，新加坡丰树集团、EMS、顺风快递等物流快递企业已达成入驻协议。二是打造对韩跨境电子交易平台。威海市威高、迪尚、威海港、北洋等骨干企业按上市公司模式发起设立运营公司，搭建"威韩购"跨境电商综合服务平台，实现平台与海关、商检、商务、税务、外管、保险等的数据对接，信息互联互通。2015 年 11 月 8 日平台试运行；12 月上线商品达到 5000 种。

5. 积极推进对韩贸易便利化

创新海关、出入境检验检疫部门的监管模式，提高工作效能。在全省推广普及"多点报关、口岸验放"以及电子通关、网上支付、加工贸易联网监管等新型海关监管模式，整合内陆与口岸的监管资源，构建覆盖全省进出口物流直达系统。继续扩大实行海关诚信企业的适用范围，给予更多的重点机电企业即报即放、先放后税等通关优惠措施。全面推进出口分类管理检验检疫新模式，帮助山东省更多出口企业争取享受国家免验政策及简化检验检疫

政策。推进"大通关"建设，以"山东电子口岸"为统一信息平台，加快联网进度，建立运营管理机制，逐步达到各口岸部门间的互联互通、信息共享与联网核查。

第二节　山东省开展对韩贸易的经验

从山东省扩大对韩贸易，改善对韩贸易结构的一系列举措中可以归纳出以下几点经验。

一、大力加强口岸建设

互联互通是对外贸易的重要基础，山东省依托自身区位优势，截至2014年年底，共建成对外开放口岸16个，其中对外国籍飞机开放的航空口岸4个，分别是青岛流亭国际机场、济南遥墙机场、烟台莱山国际机场和威海大水泊机场，开通飞达韩国仁川、釜山、大邱的航线。海港口岸12个，分别是青岛、烟台、日照、威海、龙口、岚山、蓬莱、莱州、石岛、龙眼、东营和潍坊港，共有开放泊位430个，外贸通过能力7.57亿吨。

到目前为止，济南、青岛、烟台、威海4个国际机场每周往返韩国的航班有260个，山东沿海港口直通韩国的海上客货班轮每周有24次。此外，山东先后开通了日照、青岛、烟台等6条陆海联运汽车运输通道。通过山东这个枢纽，韩国企业向西可以横跨中国中西部走向中东欧、蒙古等国，向北可以进入京津冀、环渤海地区、东北三省及俄罗斯，向南可以通向上海、江苏、浙江等长三角地区。

二、提高贸易便利化水平

加快山东电子口岸建设，实现商务、海关、检验检疫、外汇、税务等部门与企业的互联互通和信息共享。全面推进海关、检验检疫"一次申报、一次查验、一次放行"。支持区域通关模式创新，实施海运、邮运、空运分类通关，深化"属地申报、口岸验放"通关模式改革，组合运用口岸直通、多点报关等便利措施，加快通关速度，提高通关效率。积极推动济青保税监管一体化，促进特殊监管区域、保税监管场所之间，区域场所与口岸之间保税货物流转便利化。

三、大力发展以服务外包为重点的服务贸易，提高对韩贸易水平，改善贸易结构

一是坚持市场主导与政府引导相结合，壮大服务贸易市场主体。在发展服务外包产业和服务贸易的过程中，充分尊重市场在资源配置中的决定作用。政府要着力于建立完善的管理体系，对服务贸易的发展做出科学的宏观指导，努力营造能够调动服务贸易企业积极性的市场氛围和开放包容、竞争有序的市场环境。二是坚持省内服务业发展与开展服务贸易相结合，为扩大对韩服务贸易提供产业基础。依托山东省服务业发展基础，充分发挥自身比较优势，积极开展对韩服务贸易，使服务业和服务贸易融合发展相互促进。三是坚持统筹山东与韩国两个市场，既要"引进来"又要"走出去"。一方面，要加大山东服务业对韩开放力度，充分利用韩方服务企业的比较优势，促进山东经济社会发展；另一方面，要鼓励省内具有较强国际竞争力的服务贸易企业积极开拓韩方市场，在国际市场竞争中进一步发展壮大。四是坚持巩固传统服务贸易与发展现代服务贸易相结合，实现对韩服务贸易增量提质。一方面，要进一步巩固旅游、工程承包、劳务输出等具有良好基础的对韩传统服务贸易；另一方面，要在扩大对韩服务业开放的过程中，积极引导我省服务贸易企业进行技术、管理和商业模式创新，大力发展高附加值的计算机和信息服务、通信服务、金融保险服务等服务贸易新业态。

四、积极融入全球价值链分工，由承接韩国产业转移转化为寻求产业链合作，推进产品内贸易，不断优化贸易结构

一是支持企业加快技术创新，提高制造水平与技术含量，提升产品附加

值，实现产品更新换代，推动企业向产业链高端延伸，从贴牌生产（OEM）向委托设计制造（ODM）和自主品牌营销（OBM）一体化转型，加快培育以技术、品牌、质量、服务为核心的外贸综合竞争新优势；二是发挥国家级经济技术开发区、高新技术产业开发区及海关特殊监管区域的示范带动作用，承接发展产业辐射带动和技术溢出能力强的高端制造业和电子信息、生物医药、新材料、环保节能和新能源等战略性新兴产业，鼓励加工贸易企业进入关键零部件制造领域，提升制造层次，带动加工贸易产业优化升级；三是围绕本地重点产业和优势产业承接配套转移，注重集群配套项目引进，形成上下游相互配套、专业化分工合作的产业链，加快产业集群的形成和发展，实现引进一个龙头企业，拉动一串配套企业，带动一片特色产业聚集区的良好效益；四是加快发展生产性现代服务业。推动现代服务业与制造业有机融合、互动发展。鼓励有条件的加工贸易企业向服务外包、软件外包等新形态延伸，积极发展与加工贸易相关的运输、仓储、物流配送、人力资源市场、检测维修、报关咨询、法律、会计等生产性服务业，通过加工贸易带动生产性服务业发展。

五、加强对韩贸易载体平台建设，探索对韩贸易新业态

一是大力推进威海—仁川地方经济示范区、中韩（烟台）产业园区、青岛中韩地方经济合作城市建设。二是抓住跨境电子商务迅速发展的机遇，大力发展对韩跨境电子商务，建设跨境电商园区，搭建跨境电子商务平台。

六、在发生贸易争端时，要善于利用国际贸易争端解决机制，积极解决贸易纠纷维护自身利益

建设 WTO/TBT – SPS 国家通报咨询中心青岛评议基地。充分发挥青岛评议基地作用，探索建设东北亚地区标准及技术法规共享平台，重点开展韩国技术性贸易措施研究、应对工作。在 WTO 贸易规则框架下，加强两国之间新技术法规和卫生措施的提前沟通，共同研究破解国际贸易壁垒给两国间贸易造成的负面影响。

第三节　山东省开展对韩贸易面临的问题

经验值得总结，问题也不容回避。山东省对韩贸易面临若干问题，这些问题的存在阻碍了鲁韩贸易的进一步扩大。

一、对韩贸易不平衡，贸易逆差有扩大趋势

主要原因有：一是韩国在山东直接投资快速增长。韩资在山东省直接设厂可以利用本地劳动力成本相对较低的优势，绕开贸易壁垒限制，因此，许多韩资企业将生产和加工贸易转移到山东。2000年以前，韩资企业主要是以中小企业投资为主，大多数是投资1000万美元以下的服装、鞋帽、箱包、食品等劳动密集型出口加工贸易项目，目前已基本形成规模。这些韩资企业从欧美等国家接订单，从韩国进口设备、零部件和原材料进行深加工，然后再销往其他国家，一部分返销韩国本土。据韩国贸易协会的调查，这些企业对韩国原材料的进口依赖度达到40%，而产品返销到韩国的比率仅16%左右。二是商品需求结构不平衡。改革开放三十多年来，山东省对资本和技术密集型产品的需求增加。随着韩国产业结构调整的深化，以资本技术为基础的机电、汽车、化工、钢材等产品出口大幅增长，这一趋势客观上和山东进口商品的需求结构十分吻合。韩国从山东进口的主要是低附加值的资源、劳动密集型产品，如纺织品原料及其制品、贱金属及制品、矿产品和农产品等。这些产品技术含量低，较资本和技术密集型产品更易受到冲击，一旦商品的相对价格提高，就很容易被取代。三是韩国在山东相对竞争力较强产品的进口上设置了较多贸易壁垒。例如，韩国对农产品采取的关税壁垒主要有调节关税、配额关税和特殊保障措施关税。非关税壁垒主要有通关环节壁垒、技术型贸易壁垒和卫生措施。

二、贸易摩擦时有发生

山东省在对韩农产品贸易中占据优势地位，一直以来韩国都对农产品实行关税和非关税贸易壁垒对本国农产品市场进行保护。中韩自贸协定本身就规定了中方农业税目的91%取消关税，韩国大多数无关税减让。2015年，韩国食药厅颁布了由国会批准的《进口食品安全管理特别法》和《农药肯定列表制度》，这两部法律对进口食品、食品添加剂、食品接触性材料等相关产品以及进口畜产品、动植物入境等农产品制定了近乎苛刻的准入条件和口岸检验检疫标准，堪称韩国最严的两部食品农产品法律，实际对山东输韩食品农产品行业以及上下游产业造成实际限制。

关税措施之外，韩方还采取了许多非关税措施对本方农水产品施以保护，这些措施主要包括：注册制度、申报制度、技术标准、检验周期等。如对安康鱼、章鱼等实施优惠配额制度，实行最严的准入条件和口岸检验检疫标准；为了避免中国农副产品给韩国食品安全造成负面影响，在中国某地区出现病虫害疫情时，韩将禁止进口来自中国的全部农副产品。2013年山东省出口农食产品企业受到韩国技术性贸易措施影响的比例为47.9%，远高于出口工业品受到的影响。

2000年6月1日，韩国政府在中韩贸易中方长期大量逆差的情况下，未经事先磋商，单方面动用保障措施，对主要来自山东的大蒜征收315%的高额进口关税，对山东省大蒜出口造成严重影响。作为回应，中国政府于6月7日宣布暂停进口原产于韩国的手持（包括车载）无线电话机和聚乙烯。贸易争端持续两个月，韩国的手机、聚乙烯制造商，中国的大蒜和国产手机制造业受到严重冲击。经过双方协商，中韩两国政府于7月31日签署了《中华人民共和国政府与大韩民国政府关于大蒜贸易协议》，协议规定2000年韩国以低关税进口中国大蒜3.2万吨，年均递增5.25%，协议有效期3年，中国政府即日起解除暂停进口韩国手机和聚乙烯的措施。

三、加工贸易质量效益不高、企业自主创新能力不强、地区发展不平衡

加工贸易在鲁韩贸易中占很大比重，2010 年山东省对韩加工贸易出口达到 89.7 亿美元，占对韩出口总额的 65.13%。近几年加工贸易出口呈逐年下降趋势，2014 年对韩加工贸易出口 63 亿美元，占对韩出口总额的 45.53%。山东省对韩加工贸易中，纺织服装、农产品、轮胎、轻工、家具、塑料制品、玩具、箱包、制鞋等劳动密集型产业占很大比例，企业技术创新能力不强，出口附加值低，继续改造升级，且这些企业大多集中在沿海城市，向中西部地区扩散力度不够，地区发展不平衡。

四、服务贸易产业基础薄弱，对韩服务贸易仍存在较大发展空间

近年来山东省虽然培育了一些服务贸易的新业态和具有较强实力的高新技术企业，对韩服务贸易有了较快的发展，但是应该看到山东对韩服务贸易总体水平较低，部分对韩传统服务贸易发展具有局限性，一些新兴高科技服务贸易和特色服务贸易产业承载能力不足，服务贸易人才支撑也不完备，缺少熟悉服务贸易规则的高层次人才。具体表现在：（1）旅游业。一是青岛、威海、烟台等东部沿海城市旅游缺乏自身特色，且受季节性影响较大，春夏、秋冬旺淡分明。二是省内各旅游城市缺乏适宜韩国游客的体育旅游、乡村生态旅游、影视基地旅游以及晚间娱乐休闲项目。三是交通、酒店、餐饮等旅游基础设施不健全，旅游服务质量也有待提高。（2）服务外包。山东省服务外包产业发展尚处在起步阶段，总体规模较小，产业集聚能力不强，缺乏国际竞争力强的龙头企业，缺少外语和技术兼备的高层次人才，服务外包发展的环境也需要进一步完善。（3）金融服务业。一是金融服务业开放程度较低，产业发展与园区建设过程中利用韩资规模较小，资金使用效率低。二是金融产业链条不完备，非银行金融机构布局不完善，企业融资渠道较为单一。

（4）文化产业。一是山东省文化产业基础比较薄弱，总体规模较小，龙头骨干企业数量少实力不强。二是文化产业结构不够合理，新兴文化产业发展相对落后，所占比重较低。三是目前山东省文化产业开放度低，对外商投资仍存在诸多政策约束，限制了韩国文化产业进军山东省市场的需求，一定程度上束缚了鲁韩文化产业的合作发展。

第四节　未来山东扩大对韩贸易合作的思路

"一带一路"国家战略的实施和中韩自贸协定的正式生效为山东省扩大对韩贸易提供了新的契机，山东省应结合两地贸易发展中存在的问题，着力改善自身产业结构，深挖对韩贸易潜力，进一步推进贸易便利化，培育对韩贸易新优势。

一、进一步挖掘外贸发展潜力，促进对韩贸易实现新跨越

一是搭建展会平台。办好东亚国际食品博览会、国际果蔬·食品博览会等重点展会，与韩国政府机构和贸易促进机构联合办展，吸引更多韩国企业来山东参会参展。推动企业参加韩国进口商品展、韩国釜山国际建材展览会等重点展会，扩大对韩商品出口。二是壮大贸易队伍。做好中韩自贸协定内容解读，组织更多企业参与对韩贸易。培育融合国内贸易和对韩贸易的流通主体，引进销售国内需求旺盛的韩国产品。利用外贸综合服务平台、跨境贸易电子商务平台，支持中小企业开拓韩国市场。三是优化贸易结构。逐步改变加工贸易为主的格局，鼓励加工贸易企业向研发、销售和售后服务等环节延伸，引导一般贸易企业加快培育自主品牌和核心技术，提高产品附加值。发挥对韩港口航线密集和保税港区等优势，大力发展转口贸易。

二、为青烟威等沿海城市争取自由贸易试验区的同等优惠政策，充分发挥胶东半岛尤其是威海对韩贸易地缘优势，进一步提升对韩货物贸易通关便利化水平

创新口岸通关模式，在货物通关、贸易统计、原产地证书核查、AEO 互认、检验检测认证等方面开展合作，加快推动"三互"改造。争取对经山东省口岸实现国内分销的韩国进口农产品、水产品、食品、日用品等实行预检验检疫和快速检验检疫，逐步实现电子报检、电子审单、电子计收费及电子监管放行的全程无纸化改革。对符合条件的跨境电子商务直购进口物品及海运快递邮件给予通关便利。改革和加强原产地证签证管理，便利证书申领，强化事中事后监管。加强同韩国产品检验检测技术和标准研究合作，逐步推进第三方结果采信。加强与韩国往来货物贸易信息的互联互通，降低市场准入门槛，减少非关税贸易措施。继续优化口岸通关环境，推进国际贸易"单一窗口"建设。围绕食品、药品、保健品、化妆品等关键领域，加快检验检测服务基地建设。

三、抓住中韩自由贸易协定生效的机遇，与韩企合作共同开拓国际市场

国内企业可以借助韩国同世界上 53 个国家签署自贸协定的发达网络，融入国际产业链。比如斗山工程机械、LG 显示等大企业周边都有一大批配套的中国外协供应商，他们生产的配件经过品质体系管理、测试和使用，是有竞争力的，但是因为关税和物流成本等原因，未能推广到韩国工厂，以后将加快推进类似配件的出口测试和销售，也可以在国外直接设厂。

四、加快加工贸易转型升级，积极推进加工贸易梯度转移

引导中西部地区招商引资与发展加工贸易相结合，充分利用自身区位、资源、产业和综合成本优势，加快承接东部沿海地区和国际产业转移，实现

山东经济"腾笼换鸟，凤凰涅槃"。一是积极引进高端制造业和战略性新兴产业。发挥国家级经济技术开发区、高新技术产业开发区及海关特殊监管区域的示范带动作用，承接发展产业辐射带动和技术溢出能力强的高端制造业和电子信息、生物医药、新材料、环保节能和新能源等战略性新兴产业，鼓励加工贸易企业进入关键零部件制造领域，提升制造层次，带动加工贸易产业优化升级。鼓励有条件的中西部城市加强与东部沿海地区创新要素对接，提升研发和自主创新能力，支持建立高新技术产业化基地和产业"孵化园"，促进创新成果转化，扩大高新技术产品出口。二是不断改善加工贸易配套条件，完善产业配套体系，增强国内配套能力，发展配套产业集群。围绕本地重点产业和优势产业承接配套转移，注重集群配套项目引进，形成上下游相互配套、专业化分工合作的产业链，加快产业集群的形成和发展，实现引进一个龙头企业，拉动一串配套企业，带动一片特色产业聚集区的良好效益。

五、采取有效措施扩大对韩出口，改善对韩贸易逆差的现状

一是抓住韩国产业转移机遇，加大定向招商引资力度，有针对性地承接技术含量较高的劳动密集型外资项目落户山东。突出抓好造船、汽车及零部件、化工等资本、技术密集型项目，引导韩国先进制造业向山东转移。提高山东省韩资现代服务业项目的规模和水平，重点引进韩国优秀物流公司、金融机构、咨询机构、旅行社、权威中介机构和跨国采购中心总部。围绕循环经济、环保产业和低碳经济实施定向招商。推进与 SK 集团、三星集团在再生能源和节能产业领域的合作。二是完善政策扶持，加大韩国市场开拓力度，进一步扩大对韩出口。结合对韩重要推介活动，组织企业赴韩举办适销对路的商品展销，重点做好首尔国际食品展参展组织工作。选择在韩国举办的重要国际性展览会，积极组织山东省企业参展。适时邀请韩国大商社来山东举办专场采购会。全力做好"时装周"期间"国际纺织服装出口交易会"和"面辅料、纱线展览会和采购交易会"，加大对韩国采购商的邀请力度，协助出口企业进入其采购链。建设国际商会会员服务平台，为企业实时提供韩国采购需求。保持出口企业国际营销网络扶持政策的稳定性，适度扩大享受政策企业范围。三是提高出口产品质量，扩大农产品对韩出口。结合山东省农

产品出口基地建设，在保持传统水产品种的基础上，大量采用新的技术工艺和创新方法，提高产品技术含量，促进产品更新换代。充分利用农轻纺专项资金，加大对农产品重点企业、重点项目的投入力度，优化企业产品结构，推进农产品加工向精深加工全面转型，全面提升产业发展档次，提高对韩出口产品附加值。四是加强高层磋商，进一步改善对韩出口环境。建议商务部加强中韩两国的贸易磋商，在中韩贸易中进一步减少关税品目，降低关税水平，取消非关税壁垒，为中韩贸易解决逆差问题创造良好环境。

六、全面加强山东省服务贸易产业基础，提升山东省服务业对外开放水平，提高对韩服务贸易的质量和效益

一是要进一步完善我省服务业发展的市场环境，创新服务业发展模式，培育服务贸易新业态，打造国际竞争新优势，依托自身比较优势开展特色服务外包和服务贸易。二是要抓住国际服务业产业转移的机遇，积极承接韩国高端服务业落户山东，进一步提升服务业对韩开放水平，推进对韩服务贸易便利化。三是要在传统服务贸易的基础上，着力发展新兴服务贸易，改善对韩服务贸易结构。

山东省扩大对韩服务贸易，一方面要继续巩固提升旅游、运输物流、海外工程承包及劳务输出等传统服务贸易的规模和水平，另一方面应重点发展服务外包、信息技术服务、金融保险及其他商业服务等新兴服务贸易，促进文化、教育、卫生和体育等特色服务贸易发展。

（一）提升山东省服务外包国际竞争力

一是进一步完善山东省服务外包"双核多点、特色发展"产业格局，发挥济南、青岛"双核城市"的示范带动作用，推进烟台、潍坊、淄博、威海、东营、日照等城市发展特色服务外包。二是以济南齐鲁软件园、青岛高新区软件科技城、西海岸光谷国际海洋信息港等为重点，打造一批配套设施完备、产业承载能力强、生活便利的服务外包专业园区，推动服务外包产业集聚发展。三是培育一批创新能力强、比较优势突出的龙头企业，支持 NEC 软件、

浪潮世科、万博科技等骨干企业规模化、品牌化发展；鼓励中小服务外包企业走专业化、特色化发展道路。四是服务外包企业运用云计算、大数据等新型信息技术，发展在线研发、柔性制造、个性定制等服务外包新业态，提升服务的附加值。五是加大服务外包人才培养和引进力度，建设一批国际化、仿真型实训基地，强化人才支撑能力。

（二）拓展对韩文化贸易

一是加强文化贸易载体平台建设，以齐鲁动漫游戏产业基地、青岛凤凰岛影视动漫创意城、青岛动漫产业园、烟台动漫产业基地等为重点，打造一批文化产业专业园区；推进出版物国际数字传播平台、国际版权交易中心、文化出口在线中心等一批文化贸易服务平台建设。二是推进对韩文化贸易重点领域建设，支持有实力的出版机构在韩国开展数字出版和印刷业务；鼓励文化贸易企业在影视制作、工艺美术、动漫游戏、数字传媒、文化创意等领域承接韩方外包业务；支持具有山东特色的文化艺术、演出展览、影视剧、杂技等文化产品对韩出口。

（三）扩大对韩金融领域合作

一是积极稳妥扩大金融服务业对外开放，鼓励省内金融机构引进韩国战略投资者，选择韩国信誉好、实力强的银行、保险、证券、担保、投融资公司等金融机构来山东投资，完善山东省金融结构，提高金融业发展水平。二是鼓励省内具有实力雄厚、风险控制能力强的金融机构到韩国设立服务机构，为山东省企业对韩开展投资、贸易等合作提供现地金融服务。

（四）进一步加强山东省运输物流承载能力，为扩大中韩贸易提供物流支撑

一是完善青岛、烟台、威海等沿海城市港口设施，提升其服务功能，打造大宗散货运输基地和能源储运中心。二是依托山东省港口多、国际贸易发展迅速、运输需求充足的优势，培育一批服务质量好、信誉度高的物流运输企业，打造山东国际物流运输品牌。三是积极推进中韩海陆联运项目，推进胶州多式联运监管中心信息平台、即墨济铁物流园等项目建设，建立与韩国更为紧密畅通的运输通道。

（五）加强对韩旅游合作

一是探索山东旅游发展新模式和新渠道，鼓励旅游与国际商务、培训等业务融合发展。二是在打造山东特色人文旅游品牌的同时，加大高端旅游产品的开发力度，例如在青岛建设国际邮轮母港，在威海和烟台建设东北亚邮轮母港航线挂靠港，发展邮轮旅游产业。三是开发适合韩国游客参与的旅游项目，完善餐饮、住宿等旅游配套基础设施，尊重韩国游客的生活习俗，提高对韩国游客的服务质量。四是吸引韩方旅游企业来山东发展，参与山东旅游项目开发，鼓励省内有条件的旅行社与韩资旅行社合作开展出入境业务。

（六）加强与韩国在教育、卫生和体育领域的合作

一是鼓励省内有资质的教育机构扩大对韩教育服务出口，积极引进韩国优质教育资源，提高山东省教育国际化水平。二是拓展对韩医疗服务贸易渠道，鼓励韩国医疗机构在山东设立独资或合资医院、疗养院；推动鲁韩医疗服务领域交流合作，鼓励省内医疗机构赴韩国开展医疗保健服务；推动对韩中医药服务贸易，鼓励有条件的中医院到韩国开办中医医疗机构；加强鲁韩体育服务国际合作，扩大双方体育人才交流。

（七）扩大与韩国商业服务贸易

吸引韩国跨国公司来山东省设立地区总部、采购中心、物流配送中心和营销管理中心，支持省内有实力的商贸流通企业到韩国设立营销和采购网络；吸引韩国知名连锁酒店进驻山东省，鼓励山东餐饮企业集团开拓韩国市场，推广齐鲁餐饮文化；鼓励山东省会展、广告策划企业与韩国同类企业开展交流合作，提高专业化、国际化水平，积极承接韩方该类外包业务，打造山东会展、广告策划品牌。

（八）海外工程承包及劳务

一是拓宽对韩承包工程领域，重点承接电力、土建、冶金等优势行业项目。二是转变对韩承包工程方式，鼓励省内企业与韩方企业以股份合作、项目合作等方式共同承揽大型工程项目；鼓励省内设计规划院所、项目管理公司、施工监理企业合作承揽韩方项目，带动技术和劳务出口。

第三章

山东与韩国投资合作

山东是我国最早与韩国开展经贸往来的省份之一。早在中韩两国建交之前的 1988 年，山东就利用突出的地缘人文优势高度重视吸引韩国投资，成为中国吸收韩国投资最密集且效益较好的地区，韩国已成为山东的第二大外资来源地。随着经济全球化的迅猛发展，双向投资也成为越来越多的国家或地区参与国际分工和世界经济竞争的重要选择。进入 21 世纪以来，随着山东经济的快速增长和企业实力的不断增强，特别是对外开放的日益扩大，山东也积极实施"走出去"战略，高度重视对韩国的投资。吸引外资与对外投资是发展中国家参与经济全球化与国际竞争的重要手段，两者之间是相互依赖、相互补充促进的关系。随着中韩自贸协定的正式签署，尤其是山东省威海市和韩国仁川自由经济区被列为地方经济合作示范区，将会在更高层次、更宽领域有力地推动山东与韩国的经贸合作。因此，研究山东与韩国的双向投资，也要抓住这一历史机遇，根据自身的比较优势互相投资于双方最高附加值的环节，进一步促进双方的经济发展和产业结构升级。

第一节 山东与韩国投资合作的历程

山东是我国最早与韩国开展经贸往来的省份之一，也是较早重视吸引韩国投资和对韩投资的省份之一。随着中韩自贸协定的正式签署（尤其是威海与仁川自由经济区被列为地方经济合作示范区），中国和韩国投资市场的开放，投资环境的改善，投资壁垒不断降低，双方之间的国际直接投资已经逐步从单向流动转向双向互动。在双方共同努力的推动下，山东与韩国双向投资呈现出良好的发展态势。

一、利用韩资

山东吸收韩国投资始于 1988 年，截至 2015 年年底，累计批准韩国实际到账外资 337.4 亿美元，占全国吸收韩资的 50% 以上。纵观韩国在山东投资的历程，主要分为五个阶段。

（一）初步发展阶段（1988—1991 年）

1988 年，韩国在山东投资兴办 3 家企业，合同韩资额为 416 万美元。截至 1991 年年底，山东批准韩商投资项目 95 个，合同韩资额 0.75 万美元。主要是食品、水产品加工、假发、玩具、电子元器件、服装加工等小型劳动密集型项目。

（二）较快发展阶段（1992—1996 年）

1992 年 8 月 24 日，中韩两国正式建交，为韩国在山东投资奠定了良好基础。1992 年，山东批准韩商投资项目 185 个，合同韩资额 1.32 亿美元，实际使用韩额 0.6 亿美元，韩国为山东第四大投资来源国（地区）。1996 年，山东批准韩商投资项目 534 个，合同韩资额 15.59 亿美元，实际使用韩资额 4.84 亿美元，韩国为山东第二大投资来源国（地区）。

（三）受金融危机影响阶段（1997—1999 年）

从 1997 年下半年开始，在东南亚金融风暴的影响下，韩国也爆发了严重的金融危机，致使其整体经济发展受挫，严重影响了韩国在山东投资的发展。1997 年，山东批准合同韩资额 3.22 亿美元，比 1996 年下降了 79.4%。1998 年，山东批准合同韩资额仅 2.93 亿美元，比 1997 年又下降了 9%，降到了中韩建交以来的最低水平。

（四）快速发展阶段（2000—2007 年）

进入 21 世纪，山东与韩国的经贸合作进入了高速增长时期。同样，韩国在山东的投资也进入了快速发展阶段。据统计，2000—2007 年，山东批准韩商投资项目 1.57 万个、合同韩资额 376.89 亿美元、实际使用韩资额 202.60 亿美元。分别占 1988—2011 年山东累计批准韩商投资项目总数、合同韩资总额、实际使用韩资总额的 74.79%、80.75% 和 72.80%。2002—2007 年连续 6 年韩国为山东第一大投资来源国（地区）。

（五）平稳发展阶段（2008—2015 年）

由于受韩国对外投资政策变化、我国利用外资政策调整和国际金融危机等因素的影响，2008—2011 年期间韩国在山东投资规模有较大幅度下降，但韩资项目的平均规模（实际使用韩资额）较以往也有大幅增加，表明韩资项目的质量有较大提高。山东先后与现代起亚汽车、GS 加德士、希杰等大企业签署了战略合作协议，三星、LG、现代汽车、SK、GS、韩进、乐天、POSCO、锦湖、希杰、斗山、晓星等前 30 位大企业集团都在山东进行了投资，并带动了一大批中小企业在山东聚集发展。

近年来，韩国在山东投资方向由劳动密集型产业向资本、技术密集型产业转变，汽车、造船、电子、生物科技等重大项目不断增加，产业结构不断优化。特别是韩国大企业纷纷投资山东，产生积极效应。韩国电力、三星、LG、现代、SK、GS、韩进、乐天、POSCO、锦湖、希杰、斗山、晓星等韩国前 30 位的大企业集团在山东进行了集群式、战略性投资，一批汽车零部件、造船、精细化工大项目以及研发中心落户山东。目前，投资额 3000 万美元以上的大项目占山东利用韩资的 50% 左右。韩国大企业的投资带动了山东利用韩资规模不断扩大，水平不断提高，结构更加优化。其中最大的项目是现代汽车集团在日照投资的现代威亚汽车发动机（山东）有限公司（14.85 亿美元）、现代派沃泰自动变速箱（山东）有限公司（6.72 亿美元），以及威亚模具、传动系统等，合计投资达到 23 亿美元。

表 3-1　韩国在山东投资情况（1989—2015 年）

（单位：万美元）

年度	投资项目数（个）	合同外资额	实际使用外资额
1989	5	590	357
1990	12	2207	785
1991	77	4751	1573
1992	185	13248	6028
1993	439	64469	13765
1994	481	52702	28504
1995	509	65905	39996
1996	534	155916	48428
1997	491	32184	77292
1998	342	29306	59086
1999	593	45551	52794
2000	1012	97754	56744
2001	1251	186715	88426
2002	1792	370058	155713
2003	2431	456484	283958
2004	2885	821136	359194
2005	3320	1138566	338538
2006	1755	484242	371372
2007	1225	213967	372069
2008	593	98674	126483
2009	401	86772	120565
2010	492	155909	95056
2011	335	103870	85479
2012	320	235747	111452
2013	365	219480	120034
2014	418	232648	153043
2015	555	302779	206717

资料来源：山东省统计局《山东统计年鉴》1990—2016 年。

二、对韩投资

山东对韩国投资起步于 2005 年，截至 2015 年年底，山东共在韩国设立企业、机构 270 多家，投资总额 6.05 亿美元。2013 年，迪尚集团（威海）成功收购了韩国著名服装企业 Avista 公司，成为首例中国企业并购韩国上市公司案例；青岛百通集团 2012 年总投资 2 亿美元在济州岛建设度假村项目，成为当年中国对韩国投资最大项目之一；山东嘉元食用菌科技有限公司在韩国京畿道设立绿色蘑菇养殖基地，直接向首尔的超市供应各类新鲜蘑菇，为中韩农业合作探索了新模式；海尔、青啤、孔府家酒等山东知名企业在韩国设立了营销机构。

对韩投资的领域以劳动密集型产业为主，主要涉及服装加工、电子、农业种植与加工、木制品生产、海洋捕捞、房地产开发、水产品加工及进出口贸易等。目前，山东在韩国的投资项目主要有：（1）青岛百通城市建设集团股份有限公司投资设立百通鑫源股份公司，核准中方投资 7506 万美元，主要从事投资、房地产开发、酒店经营等。（2）威海纺织集团进出口有限责任公司投资设立株式会社 AVISTA，核准中方投资 4190 万美元，主要从事服装生产与销售等。（3）山东中允集团有限公司投资设立美嘉置业有限公司，核准中方投资 2970 万美元，主要从事房地产开发。

表 3－2　山东对韩国投资情况（2005—2015 年）

（单位：万美元）

年度	投资项目（个）	中方投资额
2005	23	913.00
2006	25	422.70
2007	29	635.60
2008	29	1070.10
2009	30	1853.77
2010	23	1745.40
2011	20	12590.70

年度	投资项目（个）	中方投资额
2012	45	8352.6
2013	15	6916.1
2014	28	9033.3
2015	33	17063.9

资料来源：山东省对外贸易经济合作厅：《山东对外经济贸易年鉴》2006—2009年版；山东省商务厅：《山东商务年鉴》2010—2016年版。

第二节　山东与韩国投资合作的主要成效与经验

山东与韩国开展经贸往来之初，就一直把吸引韩资和对韩投资的发展放在重要地位。经过近三十年的发展，山东与韩国的双向投资取得了巨大的成就：双向投资的规模（实际利用韩资从最初1988年的不足500万美元发展到2015年的20.7亿美元，增长了578.8倍；对韩投资虽然起步较晚，从2005年的913万美元发展到2015年的1.7亿美元，增长了17.6倍）不断扩大，结构日趋优化。在推进山东与韩国双向投资不断深化的过程中，山东结合双方实际，提前谋划，抢抓机遇，作出了许多卓有成效的工作。主要表现为以下几个方面：

一、地理人文方面的相近性是双方投资合作发展的基础

山东与韩国同属于环渤海、环黄海经济圈地区。山东位于环渤海、环黄海经济圈西段，韩国则位于环渤海、环黄海经济圈的中间地带。山东是中国与韩国距离最为接近的地区，与韩国进行双向投资具有地理位置的优越性。山东具有发展对韩投资合作的"地缘、人缘和商缘"的独特优势。山东是中国距离韩国最近的省份，拥有与韩国相似的气候条件，自然环境优良，历史渊源悠长，韩国人耳熟能详的中国历史人物许多都出自山东，在韩的华侨大

部分祖籍在山东，在两国建交前就以中间人的身份为鲁韩经贸活动牵线搭桥，起到了积极的促进作用。为加强山东与韩国的经贸往来，目前山东的主要城市已经分别与韩国的主要城市和港口开通多条客货运输航线和航班。比如在中韩尚未正式建交的 1990 年，威海就与仁川开通了两国之间第一条海上航线。目前，威海已开通至韩国的海上航线 5 条，每周有 30 个航班往返，是中韩海上航线密度最大的城市。威海还是中韩陆海联运业务的首个试点口岸，现已开通威海港、龙眼港、石岛港三条中韩陆海联运通道，占到中方口岸的一半，至 2014 年年底累计完成进出境挂车 778 辆次，运输货物 2156 吨，贸易额 2430 万美元。威海机场开通了至仁川空中航线，每周有 28 个航班。烟台每周则有 124 架次航班往返韩国仁川、釜山，每周有 13 班次船舶往返韩国仁川、平泽、釜山等主要港口城市。烟台至平泽的中韩陆海联运汽车货物运输通道 2014 年 7 月投入运营，凭借对韩互联互通优势，非常便捷地与韩国开展货物流通和人员往来。同时，山东与韩国在文化传统方面也具有很大的同质性。山东曲阜是以孔子为代表的儒家文化的发源地，经过两千多年的发展并不断充实完善，成为中国社会的主流文化和道德象征，并在隋唐时期开始向朝鲜半岛等地传播，对韩国的政治法律、思想道德、文化传统以及风俗习惯产生了重要影响。山东与韩国很早就有民间交往，隋唐时期山东地区与朝鲜半岛之间的交流更为密切。朝鲜半岛长期以来一直是中国的附属国，1500 多年前就有新罗人聚集的新罗坊、赤山法华院（位于山东的荣成）更是新罗与唐朝密切关系的见证。山东蓬莱还出土了高丽船，这更印证了山东地区与当时高丽之间的密切交流。地理人文方面的相近性为双方的投资合作打下了良好的基础。

二、双方政府的高度重视是投资合作发展的重要保障

中韩自 1992 年 8 月 24 日建交以来，两国政府都十分重视和支持双方的交流与合作，两国领导人多次互访，一系列加强双方经济文化交流的各种活动不断召开。山东省也与韩国政府高层互访频繁。例如 2004 年以来山东省政府每两年举办一次绿色产业国际博览会（绿博会），2005 年山东省政府与韩国环境部成立了环保合作事务委员会（每年都定期举行会议），两地还联合举办

了每年一次的"山东省与韩国京畿道发展论坛"（目前已经举办了12届），还有韩国研修团与山东省多次互访，等等。韩语深受中原文化影响，与汉语有很深的渊源，比如在韩语中就有许多的汉字，因此相互学习比较其他语言更加简单，这是山东与韩国进行投资合作的潜在优势，为山东与韩国的双向投资奠定了良好的基础。尤其是2015年6月1日，中韩两国正式签署自由贸易协定（FTA），在两国建交23周年之际开启了双方关系的崭新篇章。这对中国与韩国来说，是一个具有划时代意义的历史时刻。中韩自由贸易协定的正式签署和实施，不仅将提升两国经贸关系发展至新的高度，从而进一步提升山东与韩国的投资合作的发展，而且也将为东亚地区经济一体化进程乃至全球经济发展作出更大贡献，为在更高层次上推进亚太区域经济融合迈出重要一步。

三、合作方式的不断创新是投资合作发展的重要手段

随着经济全球化和区域经济一体化的不断深入发展，国际分工也不断被推向更高的层次。21世纪以来全球范围的经济结构调整的步伐进一步加快，经济要素不断加速流动和重组，世界各个国家（地区）之间经济的依赖度和融合度进一步加深。国际产业转移也出现了许多的新特点和新特征，主要表现为以下几个方面：一是转移的规模不断扩大。为赢得全球经济竞争新优势，全球产业转移的主体——发达国家纷纷以国际产业转移作为手段，不断进行大规模的重组升级。随着后金融危机时期全球经济开始复苏，国际产业转移的步伐必将进一步加快。二是转移的领域不断拓宽。随着经济全球化的不断深入发展，国际产业转移的重心也由最初的原材料产业向加工制造产业转移，由初级工业向高附加值工业转移，由传统工业向战略性新兴工业转移，由加工制造业向高端服务业转移。三是转移的方式更加多样化。随着经济全球化的不断深入发展，国际产业转移的方式也从原先单一的外商直接投资模式（Foreign Direct Investment，以下简称FDI）发展到当前跨国企业间的收购和兼并。四是产业转移的主体主要表现为跨国公司。跨国公司依靠不断的技术创新持续推动原有产业的整合升级，已成为当今国际贸易、FDI和国际产业转移进而推动全球资源优化配置的主要承担者。中韩自贸区的建立将大幅降低相

互间产业、产品流动融合的成本，对促进区域内产业分工，优势互补，加快提升产业、技术、能源、环境等战略领域合作层次，从而优化双方新兴产业合作结构等具有积极作用。中韩自贸区投资章共 19 个条款和 3 个附件，其中中韩自贸协定第 12.2 条投资促进及保护规定："一缔约方应鼓励另一缔约方投资者在其领土内投资，并为之创造有利的环境；一缔约方应允许另一缔约方投资者进行投资，但有权依据适用包括有关外资所有权和控股权在内的法律法规行使职权。"这在法律上进一步规范山东与韩国在新兴产业方面合作的条件，促进山东与韩国新兴产业合作结构的优化。特别需要提及的是，中韩自贸区的建立将进一步有利于山东与韩国新一代信息技术产业、新材料产业、新能源和节能环保产业、生物产业、高端装备制造业等合作的领域由偏小向全覆盖转变；有利于山东与韩国产业合作的主体由中小型新兴企业为主向大中型新兴企业转变；有利于山东与韩国产业合作的区域由东部沿海地区为主逐步向中西部地区延伸。

四、"一带一路"和"欧亚倡议"的提出是投资合作发展的重要平台

"一带一路"战略是党中央统揽政治、经济、文化、外交和社会发展全局，着眼于实现中华民族伟大复兴"中国梦"作出的一个重大战略决策，体现了新形势下我国对外开放的新布局，翻开了我国全方位对外开放战略的新篇章，彰显了我国加强周边"亲诚惠容"外交的新理念，为加强区域合作提供了新平台，为山东发展对韩国的投资合作提供了新的历史性机遇。2011 年 1 月，《国务院关于山东半岛蓝色经济区发展规划的批复》明确指出，"积极推进烟台中韩跨国海上火车轮渡项目前期研究论证工作"。韩国朴槿惠政府也明确提出要建设连接烟台和平泽的铁路轮渡项目，并亲自到烟台访问，实地考察了烟大铁路轮渡项目。2015 年 5 月 26 日，韩国新国家党政策委员会议长、国会议员元裕哲在烟台召开的中韩铁路轮渡项目共同推进恳谈会上提出"通过火车轮渡方式往返平泽港和烟台港，再经中国铁路网连接'丝绸之路快线'的'黄海—丝绸之路'构想"，以实现韩国总统提出的"亚欧倡议"。"一带一路"和"欧亚倡议"的提出极大地促进了山东与韩国投资合作的发展，进一步深化了我国与韩国合作的深度，形成密切的经贸合作网络。

第三节　山东与韩国投资合作存在的主要问题

从实际情况看，山东与韩国的投资合作取得了较大成效，但也存在一些亟待解决的问题。具体来说，主要有以下几个方面。

一、投资的合作层次有待进一步加强

从总体情况看，韩国在山东的投资主要集中于制造业，且多属一般性加工业，而山东经济发展急需的包括战略性新兴产业、高端制造业、节能环保产业、现代服务业（金融、物流、旅游等）和现代农业项目等仍然偏少。在制造业内部，韩国投资过多地集中于传统的劳动密集型加工制造业，从而在一些地方加剧了加工工业的过度发展与基础产业相对不足的矛盾。此外，部分韩国资本流入了资源消耗型产业甚至污染型产业，给山东经济发展带来了不利的影响。近几年，虽然韩国在交通、物流、旅游、商业、房地产和信息咨询等第三产业领域的投资有所增加，但所占比重仍然较低，难以适应山东第三产业发展的要求。从山东对韩国投资情况看，由于山东的经济实力所限，目前对韩国的投资领域以劳动密集型产业为主，不仅投资规模小，而且投资的质量不高。

二、投资的空间布局有待进一步协调

随着山东对外开放的不断扩大，韩国对山东的投资呈现出从东部沿海地区逐步向中西部地区延伸的态势。但是韩商投资企业集中分布于山东东部沿海地区的格局并未根本改变，而且又多集中在青岛、烟台、威海等沿海开放城市和经济技术开发区、高新技术产业开发区等。韩资企业在青岛、烟台、威海三市合计占全省韩资企业存量家数总和的 90.5%。这不仅造成山东东部沿海地区韩商投资项目雷同，相互竞争激烈，而且不利于山东中西部地区资源优势和老工业基地技术优势、产业优势的发挥，从而加剧了山东东部沿海地区与中西部地区经济发展的不平衡。客观地说，韩国对山东中西部地区投资较少，其原因是多方面的。从山东方面看，主要是中西部地区较之东部沿海地区，其对外开放力度、投资环境、区位优势、经济实力、产业配套、劳动力素质等方面存在一定差距。这都直接影响了韩资对山东中西部地区的投资。从山东对韩国投资的区域看，主要集中于韩国少数几个城市，对韩国的投资布局不够合理。

三、新兴产业投资合作项目有待进一步发展

这主要表现在以下几个方面。

（一）新兴产业投资合作的推进机制缺乏

山东与韩国的新兴产业的投资合作虽然取得了一定成效，但由于缺乏相应的推进机制（主要是缺乏组织协调机制、新兴产业合作规划等），致使一些新兴产业合作的项目难以及时洽谈、签约、开工、投产、运营等，直接影响了双方新兴产业合作的快速健康发展。

（二）新兴产业合作投资项目还比较少

目前，新兴产业韩资项目较少，分布比较分散，大多处于产业链低端且以组装加工为主，产品关联度较低，技术创新动力不足，缺乏核心技术，存在"重生产轻研发""重扩能轻创新"现象，不能形成有效的市场竞争力。例如，利用韩资较为突出的威海市新兴产业韩资项目仅 14 个，仅为韩资项目总数的 2% 左右。

（三）新兴产业合作领域还不够宽

山东与韩国在新一代信息技术、新材料、新医药及生物、新能源和节能环保、高端装备制造等产业合作有一定进展，但由于规模小、起步晚，合作的领域并没有实现全覆盖。例如，烟台市与韩国新能源产业的合作主要集中在太阳能方面，而地热能、海洋能、生物质能、核聚变等方面的合作还未展开；信息技术领域 LG 一枝独秀，三星电子等行业巨头尚未进入烟台；在新材

料领域的合作尚未取得实质性进展。

第四节　进一步加强山东与韩国投资合作的对策建议

我国"一带一路"战略和韩国"欧亚倡议"的提出极大地促进了双方的合作，中韩自由贸易协定的正式签署和实施，更是进一步提升了两国经贸关系发展的新高度。山东一方面处于"一带一路"和"欧亚倡议"的交汇地区，另一方面山东威海与韩国仁川作为地方经济合作示范区首次在中韩自由贸易协定中得以确认，更是为山东与韩国的双向投资合作提供了前所未有的发展契机。因此，要充分把握这一历史性机遇，根据山东的实际情况和山东与韩国双向投资的现状，重点解决以下几个问题。

一、更新观念，从全球价值链角度来审视山东与韩国的投资合作

吸引外资与对外投资是发展中国家参与经济全球化与国际竞争的重要手段，两者之间是相互依赖、相互补充促进的关系。而价值链理论认为，在某一全球价值链条的众多"价值环节"中，只有某些特定价值环节才能创造出很高的附加值。因此只有投资于能创造出很高附加值的环节才能进入"全球价值链"生产体系，才有机会集合全球优势生产要素，培育比较优势和增强自身的竞争力。在经济全球化背景下，国际分工与国际产业转移导致跨越国界的生产要素流动和资源重新配置，通过国际直接投资，可以实现要素和资源的重新组合，不断改组原有的价值链和形成新的全球价值链，因此不仅发达国家开展直接投资活动，有利于保持或增强母公司在全球价值链中的"战略环节"，同时对发展中国家来说，也只有通过大量吸收外商直接投资，才能进入"全球价值链"生产体系，才有机会集合全球优势生产要素，培育比较优势和增强自身的竞争力；而且，东道国企业还可以借助外资的进入，形成产业链的前向一体化或后向一体化，参与利润高端环节的经营，借助外资的力量提高自身在国际产业链分工地位。而在企业具备一定的竞争力的同时，通过对外直接投资培育新的竞争力，通过向上游高端制造业和下游服务业的

扩展，实现"全球价值链"生产体系中国际分工位次的提升。因此，无论发达国家还是发展中国家都需要积极吸引外资和对外直接投资，才能集合全球优势要素，参与全球价值链活动并提升竞争力。改革开放以来，山东依靠丰富的劳动力资源、较强的产业配套和加工制造能力，在对韩双向投资中积极融入全球价值链；新形势下，需要进一步研究全球价值链，提升参与水平，提高国际竞争力，在对韩双向投资中实现双方互利共赢。

二、建立科学有效的风险防范预警机制，防控各种投资风险

风险无处不在，对于企业而言，要高度重视，采取有效措施，建立科学有效的风险防范预警机制，坚持预防为主，做好科学规划，投资前期就要对与项目有关的资金、资源、场地、技术设备、市场销售、产品成本和经济效益等因素进行深入细致的投资项目可行性研究，对于投资和经营管理过程中可能出现的各种风险进行综合性的评价，以做到有备无患，努力降低对外投资的各项安全隐患，以提高决策的科学性。同时，还可以积极利用各类金融及其衍生性政策工具进行风险防范的操作，如对外投资企业可以通过中长期出口信用保险、特定合同保险等投融资产品，积极获得资金便利，以有效规避信用风险并化解投资风险。

三、充分利用中韩自贸区的机遇，加强双方在投资领域的合作

中韩自贸区的构建将大幅降低相互间产业、产品流动融合的成本，对促进区域内产业分工，优势互补，优化配置资源和生产要素，加速技术转移，加快提升产业、技术、能源、环境等战略领域合作层次，从而实现产业结构优化和规模效应等具有积极作用。一是韩国高端制造业将加速向山东转移。韩国国内市场狭窄，向外寻求成长空间的意愿迫切。关税及非关税壁垒的降低，为谋求成长空间和更加经济的生产要素，韩国优势产业将会追求更加有效的产业分工体系，更多地选择把最终生产环节放到山东，实现产业内垂直分工，共筑产业链安全。因此，不论是汽车、石化、钢铁、机械制造、半导体等传统产业，还是新能源、新材料等新兴产业，韩国企业都将有望增加对

山东省的投资。二是劳动密集型制造业领域的相互投资将增加。纺织服装类产品是山东省对韩出口的主要商品。劳动密集型的纺织服装、箱包、鞋类等行业可以通过直接投资于同一产业内不同档次的产品，实现不同产品的产业内水平分工。三是有利于韩国高新技术产业向山东省转移。自贸区形成的经济一体化趋势，关税降低及其他投资贸易便利化的实施，将促使韩国跨国公司通过直接投资和贸易往来，对山东省相关产业的技术溢出和示范效应进一步扩大。特别是节能环保、新能源、新信息、新医药、新材料、海洋工程技术等战略性新兴产业韩国具有明显竞争优势，将成为今后一个时期与韩国经济技术合作的重点。四是中韩自贸区建设将促进山东省企业"走出去"到韩投资。中韩自贸区的建设将给我省企业带来一个更加便利广阔的区域性市场，规避欧美发达国家对我国的部分贸易壁垒，从而促进企业对韩投资，优化产业分工和国际经济结构调整。特别是随着山东一大批企业跨国经营水平的提升，对韩投资的快速增长将成为可能，服装、计算机软件开发、机械设备、食品和服务业等领域的企业"走出去"预期明显。

四、大力实行贸易投资一体化战略，实现投资与贸易的良性互动

随着信息科技的发展，国际分工逐步深化，发达国家的产业内分工、产业内贸易比重逐渐增加，经济全球化的深入，进一步促进了贸易与投资一体化的发展。目前来看，通过深化对韩国的投资合作，以建立生产企业、连锁经营、境外产业园区等方式，可以更好地促进山东相关产品出口。同时，山东与韩国贸易额大幅增长，贸易商品结构逐渐优化，外贸发展方式逐渐转变，出口商品的国际竞争力不断提高，高新技术产品、拥有自主知识产权产品的出口比例提升，又可以使得山东在更深层次上融入了全球分工体系。山东的贸易结构逐渐向货物贸易与服务贸易并重开始转变，出口目标市场逐步实现多元化，韩国对山东优势产品的出口需求，又可以带动山东相关企业通过各种渠道进行投资，从而实现投资与贸易的良性互动。

五、建立健全产业投资合作推进机制

一是建立健全产业合作的组织协调机制：加强山东与韩国地方政府之间的联系，建立相互间行政长官定期或不定期会晤工作机制，对关乎相互间产业合作的重大事宜进行磋商，解决存在的重要问题，推进产业合作的较快、健康发展；建立相互间产业合作委员会，设立诸如新兴产业、高端制造业、现代服务业、现代农业等若干产业合作推进小组，由各自政府部门官员、企业家、专家学者组成，定期召开会议，以确保产业合作项目的顺利实施。二是制定产业合作的专项发展规划：根据各自的产业发展优势，确立产业合作的重点、领域、行业以及项目；依据各自的产业特色和优势，制定产业合作的地区空间布局，形成山东与韩国地方产业相衔接、区域特色鲜明、产业分工合理的示范区；为确保产业合作的目标、领域、行业项目、空间布局等方面的顺利实施，明确相应的保障措施。三是进一步搭建新兴产业合作平台：建立山东与韩国新兴产业合作高层论坛，根据山东与韩国新兴产业合作的实际要求，山东应与韩国相关部门、企业界、学术界联合建立"新兴产业合作高层论坛"，定期就山东与韩国的新兴产业合作迫切需要解决的重要问题进行深入研讨，提出解决方案；设立山东与韩国新兴企业联谊会，吸收已经或准备进行合作的相关企业参加，以交流合作经验，沟通相关信息，开阔眼界，培养人才，促进山东与韩国新兴产业合作的深入发展；举办山东与韩国新兴产业合作洽谈会或博览会，山东应与韩国定期或不定期在青岛、济南、烟台、威海和韩国的首尔、仁川、釜山、水原等城市举办新兴产业合作的综合洽谈会或博览会，共同交流新兴产业合作的成果，商讨新兴产业合作的重点项目，为山东与韩国新兴产业合作营造良好氛围。

六、努力营造法治化、国际化的投资合作环境

加快山东与韩国的投资合作，离不开法治化、国际化的合作环境。从总体情况看，当前和今后一个时期，要为山东与韩国投资合作营造法治化、国际化环境，应突出解决以下几个问题：一是加快涉外投资管理体制改革。主

要是进一步创新涉外投资管理体制，深化政府职能转变，充分简政放权，由"重审批、轻监管"向"宽准入、严监管"模式转变。具体来说，要加快外商投资管理体制改革，完善外商投资市场准入制度，积极探索对外商投资实行准入前国民待遇加负面清单管理模式；进一步完善外商投资监管体系，强化部门联动式事中事后监管，加快提升外商投资便利化水平。要创新境外投资促进机制，进一步改革境外投资审批体制，扩大境外投资自主权，简化企业境外投资审批程序，彻底改变对境外投资实行项目核准的管理模式，实行以备案制为主的境外投资管理模式。要全面实现政府信息网上公开，着力推行涉外投资项目网上申报、登记、审批，积极实行跨部门事项网上并联办理等，努力打造高效率的服务型政府。二是着力完善涉外投资政策。进一步扩大对外资的开放领域，完善鼓励新兴产业特别是新一代信息技术产业、新材料产业、新能源和节能环保产业、生物产业、高端装备制造产业等的引资政策，以及相关的财政、金融、税收、土地、货物进出口、人员出入境等方面的配套支持政策。加快建立和完善外商投资新兴产业的服务机制，做到责任到人、跟踪推进、逐项落实、务求实效。努力为外商投资新兴产业项目的洽谈、签约、开工、投产、运营提供全方位服务。同时，积极制定鼓励新兴产业尤其是新一代信息技术产业、新材料产业、新能源和节能环保产业、生物产业、高端装备制造产业等符合条件的企业赴海外投资的政策，并为其提供融资、税收、外汇管理、通关等方面的便捷措施，积极为加快新兴产业境外投资提供相应便利化支持。三是加大营造竞争有序市场环境的力度。积极放宽投资领域，鼓励和支持外资进入法律法规未明确禁止进入的行业和领域，为外资创造平等开放的市场准入环境。严禁对外资企业进行各种形式的乱收费、乱检查、乱摊派、乱罚款，对违反上述者及时严肃处理。对行业垄断和地方保护主义，要依法予以取缔。积极引导企业依法合规经营，坚决管住扰乱市场秩序的违法违规行为，为外商投资建立公正、合理的市场秩序。要重点推动市场准入体系、产品质量监管体系、市场竞争秩序监管体系、行业自律体系等方面的建设，进一步为外商投资建立有效的市场监管体系。全面推进政府诚信、商务诚信、社会诚信建设，以及构建信息共享机制、完善信用法规制度等，加快社会信用体系建设，为外商投资构建诚实守信的经济社会环境。四是积极推进公平正义的法治环境建设。按照法治化和国际化要求，进一步提高涉外民事、商事争议纠纷处理能力，依法保障外商的各项合法权益。要加强地方立法建设，推动办事规则与国际接轨，加快形成符合新形势下扩大对外开放特别是适应实施自贸区战略需要的高标准涉外投资和贸易规则体系。进一步增强严格依法履行职责、严格按程序执法的意识，规范涉外司法和行政执法。建立健全国际仲裁机构及机制，及时解决外商在经营过程中与有关企业、政府部门等发生的矛盾冲突。进一步加大涉外知识产权的行政执法和刑事司法保护力度，建立涉外知识产权行政管理部门和司法部门联合执法的快速反应机制。健全涉外知识产权维权援助、涉外知识产权举报投诉奖励和举报投诉服务体系。尽快建立与国际接轨、统一的知识产权管理执法体制。

第四章

山东与韩国海洋合作

　　山东省是我国沿海省份，有重要的资源、产业、区位优势，在我国海洋经济发展与开放合作中占有重要地位。在与周边国家的海洋合作中，韩鲁之间在贸易、金融、投资方面均取得了可喜的成果，因此有必要深入分析成果背后的深层原因，总结经验、解决问题，深化海洋领域各个方面的合作成果，扎扎实实地把各项工作落到实处。

第一节　山东与韩国海洋合作实践

　　山东省与韩国在海洋产业方面的互补性较强，合作的领域较多，但主要集中在海洋渔业、船舶制造，海洋高新产业以及海洋油气业四个方面。

一、海洋产业合作

（一）海洋渔业

　　山东省沿海地市的养殖优势明显，通过加强与韩国方面的沟通了解，积极利用各种渠道与韩国渔业、协会等交流沟通，增进相互了解，创造双方在技术、合作等方面的条件。与韩国水产品相关部门就特定水产品门类签订合作框架协议，并与渔业部门进行沟通交流，针对育苗与养殖技术、水产品深加工等方面与韩国的政策、信息寻找新的合作途径。在搭建对话交流平台的同时，做好基层调研。深入省内水产育苗与养殖龙头企业，了解企业对到韩国建设水产品养殖合作试验区的意向和建议，协助养殖企业办理进出口水产苗种证件，鼓励企业到韩国进行实地调查研究，充分利用韩国海水养殖区域广阔、环境优越的自然条件，开展水产育苗与养殖。利用先进的育苗与养殖技术，部分企业已开始"走出去"到韩国开展水产育苗、养殖或者提供技术服务工作。据了解，山东省已有部分海参育苗技术人员到韩国为当地企业提供育苗技术服务。在海洋渔业的产业链拓展方面，加强海洋"三品"（即海洋食品、海洋保健品、海洋药品）加工、冷链物流及出口建设。

（二）船舶制造业

山东省沿海地区的海洋水深、土地规模、陆地条件都比较适合造船厂，并且与韩国、日本一衣带水，位于首尔、北京、东京的几何中心，交通物流均具有不可比拟的优势。除了地理环境的不可替代以外，便利的交通、充足的人力资源、优越的生活条件等都是吸引韩国造船企业投资的因素。在吸引韩国企业投资政策方面，政府的扶持力度很大，在土地转让、工厂建设、基础设施等方面都有十分明确到位的扶持政策，并且在税收方面实行"两免三减半"的政策。2005年烟台大宇造船厂正式开工建设，截至2015年，大宇造船在烟台的投资总额达到了3.6亿美元，2014年生产量达到了32.2万吨，达到了公司历史上的最高产量。船舶产品类型逐步多样化，从主要以生产散货船分段为主，到生产集装箱船分段、超大型油轮分段、液化石油气船分段、海洋平台的钢结构等产品，不仅具有船舶制造能力，还具有海洋工程生产能力，已经具备了综合性造船海洋公司的实力。

（三）海洋高新产业

高新产业是山东省近年来海洋产业发展的重点，在地方政府的大力支持下，通过与韩国知名企业接洽，并与国内专业科研院所与高校进行论证，建立了多个以海洋高新产业为主题的产业园区。通过创新发展模式，摒弃单纯依靠建企业、建厂房的输血式发展模式，坚持技术先导和原创驱动，提升研发能力，推动高新技术产业发展，实现"创新驱动、高端发展、产城一体、统筹推进"。集聚研发人才，实行柔性人才政策，创新收入分配方式，探索技术入股等合作模式，积极吸引高层次科技人才来园区进行研发和成果转化。搭建技术检测平台等公共创新服务平台，吸引高校和科研院所到园区进行科研活动。积极推进科技金融结合，充分利用省级风投资金、科技成果转化基金等创新资源，设立以百家食品骨干龙头企业为依托的创新引导基金，推进科技型小微企业发展。统筹产业发展，坚持三产贯通，协调发展。立足荣成区位、海洋资源优势，统筹海水养殖等第一产业和海洋牧场装备、环境检测设备等第二产业发展；通过加强电子商务合作，抓好一批现代服务业项目，做大做强第三产业。立足产业发展需求，将园区打造成为专利、产品、信息技术或生产技术转化的集散地，通过网上网下多重手段的结合，示范引领，积极推进科技服务业发展。

（四）海洋油气业

东北亚是世界能源消费的主要地区，并且需求的增长速度仍在不断增加，但同时，能源供给不足、供需失调的矛盾也较为突出，特别是区域性的矛盾尤为明显。2012 年，韩国在《国内大陆架油田开发研究》报告中指出政府应通过组建中日韩能源对话渠道，维护韩国在东海的油气资源利益，缓解由资源开发引起的地缘政治紧张局势，尽管中韩已经在东北亚六国参与的东北亚能源合作政府协议框架下就海洋油气资源开发的相关问题达成了共识，但韩方认为，对于既是能源主要进口国并且又是主要消费国的中日韩三国来说，建立相互的对话渠道依旧十分必要。[①]

在《国内大陆架油田开发研究》报告中，韩国还建议，政府应该推动海域大陆架的开发，并参与东海的油田开发项目。韩国是拥有东海第 4 矿区和第 7 矿区的利害当事国，为了保护其在东海的油田开发权利，需要积极地进行干预，应尽可能地将海洋划界和油田开发问题区分开来，并推进共同开发油田。[②]

---

① 李平：《中韩携手展开能源合作》，《能源研究与利用》2014 年第 5 期。
② 孙远胜：《中韩油气产业国际合作研究》，中国海洋大学硕士学位论文，2010 年。

二、海洋科技合作

自 1992 年中韩建交以来，山东省就与韩国在各个领域展开了多层次的合作，其中，海洋科技合作是双方政府和社会共同关心的一个话题。1994 年签署的中韩海洋科技合作谅解备忘录，为两国间的海洋科技合作奠定了良好的基础，之后成立的韩国海洋水产部，在其基础上开展了诸如"黄海水循环动力学研究""黄海沉积动力学研究"等多项海洋科技合作项目。1995 年，中韩在青岛成立了"中韩海洋科学共同研究中心"。该中心的成立标志着中韩间的海洋科技合作将进一步向成熟化、常态化的阶段迈进，双方将在项目资金管理、成果收益分配、科技合作形式、人员培养与交流、项目过程管理等细节方面进行全面的对接，形成相对完善和固定的模式，形成标准化的双边合作形式和平台。

表 4 - 1 显示了海洋科技产品技术构成部分的横向比较结果①，可以看到，与韩国相比，中国各类产品的技术附加程度普遍较低，而韩国的相应指标已基本接近、有些甚至已经超过发达国家的水平（例如在某些低附加值产品领域，通过提供品牌价值和营销服务来提高产品附加值），而中国除 RB1 和 RB2外，低、中、高技术产品的附加值仍不及东亚国家的平均水平，与发达国家水平相比更是相去甚远。此外，尽管中国在低附加值产品领域具有较高的市场份额，但技术附加价值仍然相对较低。

海洋科技产业方面，中韩自由贸易协定中提出中韩双方将在促进海洋生物资源保护管理和鼓励水产品消费领域广泛开展合作。近年来，山东省借中韩自贸之势，加强与韩国在海洋产业合作，实现传统渔业优势升级为海洋科技优势，正逐步成为全国重要的海洋生物科技产业领航区。

---

① 参照 Lall 以技术构成为标准的产品进行分类，包括初级产品（PP）、资源型产品（RB）、低技术产品（LT）、中技术产品（MT）、高技术产品（HT）；后四类产品可进一步分为 9 个小类：以农业为基础的资源型产品（RB1）、其他资源型产品（RB2）、纺织服装等低技术产品（LT1）、其他低技术产品（LT2）、自动化产品（MT1）、加工工业产品如化工等（MT2）、机械产品（MT3）、电子器件及电器产品（HT1）、其他高科技产品（HT2）。

表 4 - 1　中国、韩国和部分地区的不同技术构成产品的附加值

	中国	韩国	东亚	发达国家
RB1	56.77	72.58	55.34	74.49
RB2	61.74	60.69	60.24	68.44
LT1	36.14	51.52	40.89	48.15
LT2	50.57	64.77	58.38	66.95
MT1	53.21	72.58	65.85	73.39
MT2	50.09	57.94	58.30	68.85
MT3	51.85	59.23	56.83	71.45
HT1	45.28	46.50	46.49	52.51
HT2	59.01	78.04	65.10	79.05

资料来源：根据 UNCOMTRADE 数据库计算而得。

　　在韩国的海洋科技合作方面，由政府组织搭建平台促进中韩企业密切技术合作。通过举办组织企业参加中韩各种技术对接会、展览会和研讨会，促成多家企业与韩国企业建立联系，达成各种技术合作协议，密切了中韩企业的技术交流与合作。在海洋科技合作研究方面，山东海之宝海洋科技有限公司与韩国 Seojin 生物技术有限公司、韩国江陵—原州国立大学合作开展“海藻来源化妆品机能性成分开发与产业化研究”项目。在渔业科技合作方面，重点建设国家浅海综合试验场、海洋标准站和海底观测系统国家重点实验室，参与国际“透明海洋”工程，形成“海上丝绸之路”重要海洋科技合作平台，推动海洋仪器装备、海洋环境装备等产业创新发展。重点建设综合性海洋生物遗传育种中心，引进韩国良种进行遗传选育，打造面向全国、辐射东北亚的种业基地。建设海洋生物与碳汇研发基地，汇聚中日韩等专家学者，开展海洋碳汇前瞻研究，为开展海洋领域的碳交易做好理论和技术储备。重点开展海洋经济创新发展区域示范、海洋高技术产业基地试点和科技兴海示范基地创建，发挥威海海洋生物资源丰富的优势，借助韩国在医用高分子材料、化妆品生产研发等领域的先进技术，围绕鱼类、贝类、甲壳类、海参等精深加工和综合利用开展技术合作。对接国家海洋局一所、三所、韩国海洋生物技术研发中心等，打造威海中韩海洋生物科技研发平台，承接合作项目，吸引双方企业建设研发生产基地，打造以功能性海洋食品、海洋生物制品、

海洋药品、海洋化妆品等为重点的海洋生物科技研发生产高地。重点推进与韩国玉泉堂制药公社的鱼鳞胶原蛋白及海藻深加工、威海蓝色经济研究院与韩国新钙集团海洋废弃物综合利用等项目。将建立对韩科技合作项目数据库，对接科技部门，加大科研平台建设、项目申报研发等力度。

三、港口合作

山东省与韩国一衣带水，海上交通频繁，形成了密切的合作关系。目前，已开通威海至韩国的海上航线 5 条，每周有 30 个航班往返，威海机场开通了到韩国仁川的空中航线，每周有 28 个航班。烟台港每周有 13 班次船舶往返韩国仁川、平泽、釜山等主要港口城市。烟台至平泽的中韩陆海联运汽车货物运输通道 2014 年 7 月投入运营。烟台凭借对韩互联互通优势，可以非常便捷地与韩国开展货物流通和人员往来。青岛每周往返韩国航班 182 个，实现了青韩航空客运 "公交化"。位居世界港口第七位的青岛港与韩国港口之间开通集装箱航线 18 条，每月 72 班，居中国北方港口第一位。青岛还是中国北方唯一的国际海底光缆登陆站，有连接中韩的国际海底光缆。

在港口保税区建设方面，着力开发保税港区信息化辅助管理系统，指导完善智能化卡口设施改造，目前系统已进入紧张测试阶段，已落地实施集中汇总纳税、AEO 互认合作等总计 15 项制度；并根据保税港区实际需求，实施跨境电商直购等 4 项改革创新制度，为保税港区的发展注入了全新的活力。大力推进 "中韩海上高速公路" 建设，巩固和扩大中韩陆海联运汽车货物运输项目实施成果，进一步提高通道利用率。发挥胶州多式联运集装箱编组站和海关监管中心功能优势，推进 "一带一路" 综合贸易枢纽项目建设，支持青岛港与釜山、仁川等港口扩大陆海多式联运战略合作，发展国际转口贸易，推进实施贸易便利化。深化中韩 AEO 互认成果实施，加快青岛与韩国间货物贸易产品通关速度，打造面向韩国最快通关港口，推进对韩电子商务发展。

四、海洋环境保护合作

山东与韩国在海洋环境保护方面的合作主要集中在黄海区域。2006 年 3

月，中韩在青岛召开了题为黄海海洋环境保护与资源可持续利用的国际会议，此次会议中，中韩两国主要就黄海生态系统的环境压力、黄海大海洋生态系与经济效益的主次关系、中韩两国在黄海海洋生态系环境管理工作中的作用，及今后双方的主要任务等问题进行了重点讨论，并在减少黄海海洋活动、促进黄海环境可持续管理和资源利用等方面达成了共识。[1] 中韩双方通过加强合作与交流，进一步完善立法，加大执法力度，共同参与实施了黄海大海洋生态系项目，中韩两国为建设"友谊之海、合作之海、和平之海、繁荣之海"正共同努力、积极合作[2]。

五、海洋人文交流

中韩之间有密切的人员往来。以威海为例，很早就享有"韩国人落地签证"的特殊政策，平均每天有2400多人往返于威韩之间，每年有近40万人次的韩国游客来威旅游，有4万多韩国人在威海工作生活。全市各区市与韩国21个城市（区）建立了友好合作关系。在入境旅游方面，牵线威海环球国际旅行社和韩国（株）华邦观光社筹备成立威海华邦国际旅行社，正在跟进乐天观光公社和张保皋旅行社在威设立合资旅行社相关事宜。与港航局协商加快制定出台邮轮停靠威海港优惠政策，积极联系韩国乐天观光等韩国从事邮轮旅游的旅行社，发布最新优惠政策，吸引邮轮来威停靠。同时，正在探讨加开威海—济州岛、威海—仁川—塞班岛航班的相关事宜。

在滨海旅游合作方面，山东省与韩国的旅游合作可以划分为市场互换、市场—产品共享、生产要素协同三个阶段。山东省与韩国旅游资源丰富，同时旅游产品的表现形式、旅客的体验与互动，以及旅游地文化价值观的传递与感知等方面，均存在着差异，这为两地间的滨海旅游合作奠定了良好的基础。在旅游产业发展的初期阶段，山东省借助友好城市的平台，通过行业组织引导、企业跟进的方式，开展了以市场互换为主的旅游合作，由于合作成

---

① 范晓莉：《海洋环境保护的法律制度与国际合作》，中国政法大学博士学位论文，2003年。
② 闵贞圭：《战略合作伙伴关系下推进中韩合作问题研究》，中国海洋大学硕士学位论文，2013年。

本低，操作简便，因此这一较低层次的旅游合作产品曾一度成为过境旅游产品的重要支柱。市场交换的合作层次较低，合作的效果也仅限于市场拓展，对旅游产品质量的提升，旅游产业的升级缺少有效的改进手段，随着两地旅游合作的进一步深入，合作的领域也必然从单一的市场划分演化为在产品—市场上的更为细致的分工。借助前期的合作基础，以及两地旅游文化的差异，旅游企业在深入了解两地旅游资源特征的基础上，通过归纳整理，设计出具有相同内在文化脉络或文化价值主题的旅游产品，经过适当的安排，按照层层递进的顺序，使游客能层层递进。逐步深入地了解某一主题文化的价值。两地的旅游企业通过合作，整合旅游资源，为旅游产品附加了更为深刻的文化价值，产品的体验效果、对文化的感知程度、互动的深度都达到了一个更高的层次。未来鲁韩间的滨海旅游合作将突破产品—市场的限制，实现生产要素流动，旅游人才培养、旅游目的地建设管理等多层面的深入合作。①

六、海上灾难处理合作

海上治安合作方面，山东省与韩国共同合作开展了打击毒品运输、偷渡以及走私等海上犯罪活动，以有效控制、联合打击北太平洋地区的海上国际犯罪，保障船舶航行安全、保护海洋环境。在第十一届北太平洋海上治安机关长官会议上，建立"协同作战中心"受到了与会各国的认可，通过联合执法，共享信息，有效快速反应，以应对日益增长的海上犯罪案件，对犯罪嫌疑船只实施无间断化的监控，建立相关船舶信息资料共享系统，以有效打击各类海上跨境犯罪活动。

海上渔业合作方面，2001 年 6 月 30 日生效的《中韩渔业协定》是中韩两国在相向海域尚未完成专属经济区划界前就渔业问题作出的临时性安排。2007 年中国农业部东海区渔政局同韩国海洋警察厅南海地方海洋警察厅签订了友好合作协议书，同年 11 月中国农业部黄渤海渔政局同韩国海洋警察厅西海地方海洋警察厅签署了友好合作协议，部分海域渔业友好合作协议的签订，加深了两国在渔业资源开发与保护方面的合作。

---

① 范晓莉：《海洋环境保护的法律制度与国际合作》，中国政法大学博士学位论文，2003 年。

海上溢油合作方面，2008 年 9 月 2 日，在山东青岛团岛附近海域举行了由中国交通运输部、山东省人民政府和韩国海洋警察厅联合的中国（山东）海上搜救及西北太平洋行动计划中韩海上溢油应急联合演习，该演习是中国政府首次举办国际性海上溢油应急反应联合演习，同时也是中韩两国政府履行西北太平洋行动计划成员国的义务，展示两国政府保护海洋环境决心的实际行动。这次演习以"关注安全关爱生命，共同保护海洋环境"为主题，在长达一个半小时的海上搜救和海上溢油应急联合演习中，中韩两国海上管理机构共出动船舶 27 艘、固定翼飞机 1 架、直升机 1 架，应急指挥车 1 台、救护车 2 台，共有 500 余人参加了此次联合演习。演习主要内容是搜救应急指挥，船舶应急消防、海上搜救，海上溢油围控，海岸溢油防控清除和溢油应急国际合作。除了通过演习，加强中国国内各级别海上搜救、溢油应急预案的实用性及操作性和海上搜救中心同各单位之间的协同合作外，最重要的是通过此次演习，《西北太平洋区域溢油应急计划》（以下简称《计划》）成员国的中韩之间溢油应急合作反应能力和合作水平得到了检验和提高，通过演习，提高了《计划》成员国在合作海域范围内溢油防除应急工作的合作水平。[①]

第二节　山东与韩国海洋合作经验

山东省与韩国在海洋合作方面能够取得显著的成果，其原因是多方面的，包括改革开放政策和积极主动的招商活动，韩国政府的海外投资鼓励政策，韩国和中国的产业结构调整，优越的地理位置、便利的交通条件、相似的历史文化背景及由此所产生的亲近感，这是韩国与山东省共同努力的结果。

一、重视对话沟通，凝聚合作共识

对话沟通是增进鲁韩之间合作互信的重要渠道，在维系鲁韩关系共同发

[①] 吴龙植：《中韩两国海上灾难处理合作研究》，中国海洋大学硕士学位论文，2010 年。

展中发挥着独特的纽带作用。山东与韩国之间文化相近，民间交流基础牢固，产业间互补性强，两地通过加强对话沟通，不断凝聚合作共识，这首先得益于当前大合作、大交流的良好历史机遇，为鲁韩之间的广泛交流营造了良好的环境。在工作中，通过争取国家政策支持，构建亚太海洋城市合作平台，推进亚太海洋城市联盟建设，建立亚太海洋城市行政长官定期会晤制度，确立各国经贸合作导向及重大合作事项。鼓励合作建设特色海洋产业园区，共同推进园区招商和重点项目建设。轮流举办亚太海洋经贸合作大会，扩大亚太国家间的进出口贸易规模，改善海上贸易结构。创办"亚太海洋商务论坛"，承接中日韩工商峰会，在亚太海洋城市的政府、行业协会、企业间建立形式多样的合作模式，共同构建新型跨国海洋经贸合作框架，创新日常工作机制，推动各方在经济、贸易、投资等方面的信息交流。

充分发挥市场在资源配置中的决定性作用，积极谋求与韩方在国家发展大战略上的共识。在充分发挥山东半岛蓝色经济区核心城市、国家"一带一路"重要节点和战略支点城市、国家级新区、蓝色硅谷、财富管理金融综合改革试验区等的功能作用条件下，加快国家自主创新、新型城镇化、低碳发展、跨境贸易电子商务服务等试点工作，广泛与韩国相关领域进行对接，并积极回应韩方参与意向，为消除误解，营造良好的合作氛围奠定了基础。

二、搭建政策平台，促进合作开展

落实中韩双边投资协定，对外资企业实行国民待遇，支持外资企业与内资企业同等享受山东半岛蓝色经济区的财税、投融资、土地利用、海域海岛等方面的扶持政策。引导外资企业使用蓝色经济区产业投资基金、海洋产业基金等。鼓励外资企业进入新区基础设施建设、公用事业等领域，参与国有大中型企业和各类优势企业并购重组。

下放外商投资审批权。除少数涉及国家经济安全及重要敏感行业的准入仍由国家和省市管理机构、部门审批外，其他领域、部门及行业的审批权逐步下放给经济新区。具体措施包括：对不需要国务院行业主管部门审批的行业，如房地产、管理咨询、饭店餐饮和仓储业务等，直接改为登记制；对需征求国务院行业主管部门意见或先由行业主管部门立项的行业，下放审批权，并报国家和省市主管部门备案。

完善创新投融资机制。鼓励外来资本对新兴产业，特别是研发方面的资金投入，建立财政科技经费的绩效评价体系，明确政府科技计划和应用型科技项目的绩效目标，建立面向结果的追踪问效机制。建立政策性信用担保机构风险准备金制度，形成担保机构的资本金补充和多层次分担机制，完善担保代偿评估体系，实行财政有限补偿担保代偿体系，引导和激励社会资金建立面向外资中小企业的信用担保机制；发挥市级创业投资引导基金作用，深入实施创业投资计划，建立和完善创业投资的退出机制。

三、推进制度创新，畅通合作渠道

与国际组织和国家海洋局合作，以西海岸国家海洋科技与信息服务保障基地建设为目标，建设西海岸国家海洋信息综合服务中心。密切关注国际海洋开发态势，结合海洋大数据框架构建，创新海洋科技、人才、资金、技术、产业、资源等涉海信息的搜集、整理、加工、整合与发布机制，强化西海岸海洋经济国际合作区的信息服务体系建设，为国家海洋权益维护、海洋战略制定、重大海洋合作项目建设和国际海洋产业园区发展提供决策咨询支持。

创新国际海洋经济合作规制约束机制。把握中韩自由贸易区建设机遇，加快推进中韩自贸区先行区政策试点工作。研究国内外相关法律法规，修订完善现有的行业标准和规制体系，建立符合自由贸易区发展需要的法律规制约束机制，特别是在科技、能源、环保、信息、通信等行业技术领域。重点推进区域监管、区域功能、行政管理、发展地域、政策法规五方面的政策与规制创新示范，探索海洋经济国际合作规制约束新机制，加快国际海洋经济合作示范区建设。

通过科技孵化器（加速器）的方式，引进韩国在优势领域的领军企业进驻，对新兴的创新性企业进行技术、管理方面的指导与扶持。把建立和完善公共技术服务平台纳入孵化器基本建设内容，逐步建立包括公共实验室、大型通用仪器和通用测试平台在内的技术创新和孵化条件。同时强化与韩方科研机构的合作机制，通过与相关的科研单位、高等院校建立制度化的技术支持网络系统，帮助被孵化企业解决相关的技术问题。建设和完善科技评估服务机构、科技咨询服务机构和科技金融服务机构三类中介服务机构。

四、深化对外开放，推动区域协调发展

区域合作与产业融合需要深化开放。通过借助前沿优势，以及"一带一路"战略的实施，努力对接国家开放战略和中韩自贸区，以韩日合作为重点、周边合作为基础、远洋合作为支撑，增创地缘合作新优势，初步构建起"海陆一体"国际合作新格局。在拓展开放功能方面，积极争取主要港口加快发展试点，进一步申请海陆统筹试验区，统筹考虑进一步向陆延伸、向海拓展，大力推动港城一体化、港带一体化、港桥一体化、陆海一体化进程。在体制突破方面，积极争取自由港区、自由贸易区建设有新的突破，创新体制，深化保税区与各类园区的改革开放，更有效地深化开放合作，广泛集聚势能，打造成名副其实的经济增长极。研究建立韩国官方与民间机构的联动机制，努力打造海陆统筹、区域联动发展的重要引擎和深化国际区域合作的重要区域。

通过产业转移，将发展成熟并且市场前景较好的产业，向日韩等国家拓展，在产业转移的同时，注重分工与协作，注重实现产业转移以后，产业结构的调整和已有品牌的打造，严格把控污染以及产品质量等问题。在承接韩国产业转移方面，注重附加值较高的产业链条的打造，加强产业核心技术的提升，侧重于信息产业、高端装备制造业、现代服务业的产业融合，通过产业转移与创新，提升产业竞争力。

第三节　山东与韩国海洋合作问题分析

山东省与韩国海洋合作中的问题主要集中在投资与经营环境方面，应更加注重改善经营环境，并帮助那些已经在山东省投资的企业赢得良好的效益，特别是在修订与企业经营有关的法律、法规之前，应事先帮助外国企业做好准备，熟练掌握和运用变化后的法律、法规，以便能够稳定地经营企业。

一、城市间互联互通水平有待提升

近年来，山东省对韩缔结友好城市的数量虽然在逐年增加，但与友好城市交流进展缓慢的现象仍然存在。[①] 一是由于双方在文化传统和思想意识方面存在差异，导致在交流和沟通环节存在一些误解或误读。例如，山东省的一些海洋产业规划和实施意见在行文格式和文本模式方面的意识形态色彩较浓，类似"前沿基地""桥头堡"等带有军事战略意味的词语，会引起对方的抵触情绪，往往将一些纯市场条件下的合作谈判误认为是政府的包办行为，从而对项目本身产生疑虑，降低了项目合作的积极性。二是交往缺乏持续性并无法进一步深入，一些城市友好交往的活动往往是基于目前的现实需求，而对双方城市的经济水平、文化背景以及产业结构的互补性缺乏深入的了解，特别是一些以灾难援助为开端的交往活动，在危机过后往往无法做到继续发展，城市间的国际交往不应过于关注短期利益，应注重交往过程的可持续性，了解对方的切实需求，从而形成更为紧密的利益结合体，而这不是通过短期的合作或例行交流可以实现的。

目前，山东省与国外友城的交往大都以政治性互访为主，强调友好较多，涉及行业联络、企业互访、实体交流的情况较少。这种以政府官员为主要人员构成的交流活动，尽管在宏观方面能体现出合作的诚意和重视程度，但在后续的实质性合作上缺少能落地的项目。

二、海洋产业合作有待深化

山东海洋产业国际合作目前存在的问题主要有以下几点：第一，海洋权益纠纷严重。长期以来东北亚地区周边水域主要是以中、日、韩为主导来利用和管理的，同时相互之间进行了竞争性开发和利用。随着联合国海洋公约的生效，这一地区的各国按各自的需要宣布了经济水域。第二，海洋经济国际合作金融支持不足。国际合作与投资普遍采用美元计价以便于国际接轨，

---

① 吴沙：《国际友好城市交流的问题与对策研究》，国防科学技术大学博士学位论文，2005 年。

但国内进出口金融市场监管严格，尚未放开，外汇交易存在诸多不便。加快海洋经济国际合作，推进大宗海洋商品国际展示交易中心、定价中心和结算中心建设需要成熟的资本市场和金融市场的保障和支持。山东省自由贸易区申建尚未完成，现有的保税港区金融开放水平未满足国际海洋商品交易中心等国际合作项目建设需要，亟须在金融创新领域实现突破。第三，海洋产业生产安全问题时有发生。由于在技术设备上的原因，山东省在海洋产业国际合作时，往往重视的是合作对象的科技实力和利益分配，同时，国外合作方更是以利益至上为原则，缺乏基本的企业社会责任，在这种情况下，海洋产业生产的安全问题以及环境保护问题反而被放到了次要的位置，造成事故安全隐患。此外，山东省在海洋产业不具有相对竞争优势，这也限制了鲁韩之间海洋产业合作的深度。根据研发投入在产品技术构成中的比重，可以将其分为9个大类①，在山东省海洋产业产品中，低技术产品的比重一直相对较高，这也是山东省海洋产品出口的主要部分。自2000年以来，山东省高技术产品的比重得到了快速的增长，但韩国按技术构成划分的产品结构变化则更加明显，特别是2010年以来，韩国海洋产业产品中的低技术产品在其出口结构中的比重逐年降低，尽管在高科技产品方面的比较优势并不明显，但中、高技术产品已经成为其出口产品中的主体。中国的海洋产业的高技术产品带有明显的外向型特征，这与山东省在一些劳动密集型产业大量吸引外资密切相关，为利用中国的劳动力成本优势，许多在中国的跨国公司利用山东省吸引外资的招商条件投资建厂，导致海洋产业的高技术产品存在消极型FDI依赖的倾向。相比较而言，由于企业已经具备独立生产同类产品的技术能力，因此韩国相似的出口产品国产化程度较高，即使是吸引外商直接投资，韩国的引资战略也是属于自主型的（Autonomous），侧重于国内企业能力的发展，通过有选择地限制FDI的进入，鼓励国内企业技术引进②。

---

①　联合国"标准国际贸易标准分类"（Standard International Trade Classification，SITC）定义：SITC0：食品、供食用的活动物；SITC1：饮料及烟类；SITC2：非食用原料；SITC3：矿物、燃料、润滑油；SITC4：动植物油脂；SITC5：化学品及其制品；SITC6：轻纺、橡胶、矿冶产品及其制品；SITC7：机械与运输设备；SITC8：杂项制品；SITC9：其他未分类产品。

②　何帆、齐俊妍：《中韩出口产品的竞争程度分析》，《吉林大学社会科学学报》2006年第4期。

三、合作领域有待拓展

我国海洋产业经济发展时间较短，山东省海洋经济在全国范围内处于领先地位，但产业科技水平较低、产业链分散，缺乏国际竞争力的问题一直普遍存在，特别是在船舶与海工装备制造，海洋新能源、深海资源开发与勘探方面尚未形成完善的产业体系。而一些先进的海洋科技成果需要完整的产业平台才能发挥其效果，这使得山东省在新兴技术引进与产业培育方面失去了许多合作的机会。此外，随着山东省产业结构优化升级的不断深入，原本的劳动成本优势也正在逐步丧失，对外合作项目的吸引力和竞争力受到影响，一些以劳动密集型为主的合作项目正逐渐向东南亚国家转移；而科技含量较高的合作项目则由于基础设施不完善、产业链不成熟、相关法律制度不健全等原因，难以取得实质性的进展。

在海上公共安全管理合作方面，两地的海上管理部门需要加深相互的了解，特别是一些高级别的会议仍没有制度化和常态化。此外，山东省目前分散化、部门化的海洋管理和执法模式，与韩国统一化的整合的海洋管理模式之间在体制上存在沟通的障碍。在合作的内容和范围上，海上天气预警、船舶联合导航、海洋环境监测等方面仍有进一步提升的空间。

四、海外市场拓展力度不够

山东省与韩国的海洋合作需要更为广阔的市场支撑。目前，包括船舶、海工装备、海洋水产品、盐化工产品、滨海旅游产品的国际市场份额还比较小，海外市场拓展明显不足。由于处在产业链低端，产品附加值低，导致很多海洋产品在国际市场上缺乏竞争力。另外，国际市场营销力度不够，产品缺乏技术创新，对国际市场需求不了解，营销手段落后，也造成国际市场份额低下。此外，省内涉海企业以国内中小企业为主，缺少跨国经营和国际合作的经验，管理手段落后，高层次的跨国经营人才匮乏。受市场渠道、技术能力和资金的制约，区内多数海洋产品销售以国内市场为主，不仅缺乏国际市场声誉和品牌优势，也缺乏对国际市场的了解，与国外企业的合作进展缓慢，这些都增加了山东省企业参与国际合作的难度。

第四节　深化山东与韩国海洋合作对策

双方应努力培养能够对两地经济发展进行准确研究和判断的高级人才，并广泛听取各方面专家的意见。兼备宏观和微观眼光，研究论证企业对外投资的前景和模式，重视通过互联网等各种媒体及时收集、分析和研究两地的信息。

一、提升双方交通物流互联互通水平

推动陆海联运，带动国内、国际中转业务。2014 年 7 月 30 日，连云港正式开通中韩陆海联运汽车货物运输（连云港—平泽）通道。但山东省中韩集装箱陆海联运业务却一直未有明显的进展，需合力解决集装箱车辆陆路运输的相关问题。

争取早日开通过境铁路集装箱运输业务。过境集装箱运输是指他国货物在运送过程中通过本国领土运往另一国的运输。其优势为发货人只需在发站办理一次性托运手续即可将货物运抵另一国的铁路到站。陆地铁路运输比海上运输在运输时间、运输成本以及运输风险等方面都有着非常明显的优势，山东省东临大海、西接内陆的地理条件，也决定了我们完全可以将此两种运输模式有效地结合起来，开通过境铁路集装箱运输业务，通过国内铁路网络与连云港—荷兰鹿特丹港的欧亚大陆桥对接，这样整个威海地区可通过陆路直通欧洲，从而实现将韩国、日本出口至欧洲的货物由山东省口岸转乘欧亚大陆桥运抵欧洲各国。

积极发展第三方物流，推进港口物流合作。港口物流合作对于国家间的互联互通具有重要作用，编制港口物流发展总体规划，统一规划港口、机场、港口物流园区和机场物流园区布局，提高物流营运效率是国内外特色经济区建设的基本前提。通过为入驻的韩资物流企业提供廉价的租金及减免进口关税政策，搭建顺畅的物流流通服务体系，实现港口—航空—铁路—公路运输的有机连接，为园区提供最佳的物流环境。积极探索建设国际航运枢纽，重视航运物流产业的发展，通过提供税务优惠、研发资助以及各种教育、在职培训计划，促进专业物流人才的培养。依托政府和当地私人机构的联合资助，以科研院所和高等院校为核心与韩国知名企业合作，建立产学研综合体、物流学院，专门培养物流人才；积极引入外资进入物流行业，通过简化法律和税收条件，采纳国际财务准则等措施，方便外资企业投资。吸引韩国知名国际物流企业在重要港口设立亚太区域总部，发展第三方物流，加强国际合作，形成完善的物流产业集群。在港口物流园区采用优惠政策，积极吸引第三方物流企业进驻，为客户提供运输、仓储、加工、配送等各个环节系列化服务，实现无缝对接，全天候运作和最优化整合，较好地实现规模经济效果。

二、推进双方海洋高新技术产业合作

据统计，韩国对中国出口的 90% 集中在东部沿海地区，尤其是江苏、广东、山东等地；出口产品 60% 以上为电子部件、石油化工产品。在投资方面，东部沿海地区如广东、江苏、辽宁等地集中了对中国投资量的 80% 以上，投资的行业仍以制造业为主，但服务业比重正逐渐增加。在产业转移方面，由于关税大幅下降，韩国因原料占比较高而对价格极为敏感的贵金属、珠宝、锅炉制造、黄铜等产业的对外投资、产业转移需求将显著增加。此外，随着航运基础设施的扩建，在物流领域，中韩有广阔的合作空间。由于基础设施建设所需的钢材、水泥、机器等生产资料需求增加，随之带动相关贸易及投资的扩大。同时，随着电子商务、互联网的发展，智能物流基础设施相关市场机会增加，在物流园区信息平台以及高速公路、铁路信息平台建设方面，也会产生大量的投资机会。此外，在官方开发援助（ODA）领域，韩方在电子通关系统、医疗系统等具有比较优势的领域有较强的合作意愿，应充分发挥依山、亲水、拥泉的资源优势，立足区内现有产业基础，重点联合韩国医疗器械工业协同组合，推进康体理疗类项目的建设，逐步带动韩国医疗器械组装、分销总部聚集；加强与韩国高科技生物企业的对接，探索打造化妆品、医疗保健、生物科技产业园。

拓展海洋科技合作的渠道和范围。积极策划、推动海洋领域科技合作和信息交流，吸引韩国科研机构、大学、大型企业与驻鲁海洋科研力量合作建立研发机构，形成优势互补、共同发展的局面。更多地参与国际间和政府间海洋科技项目，在个别学科领域逐步实现由跟踪模仿向跨越领先的转变。加强引进技术的消化、吸收和再创新，逐步建立以国际市场需求为目标的经济技术合作与交流机制。瞄准世界海洋科技向深海发展的趋势，加强与韩国海洋研究院（KMI）、韩国海洋研究与发展研究所等主要海洋研究管理机构的合作交流，扩大在深海领域探测监测的合作，提高对海洋全方位的认知和未来海洋战略资源开发能力。

三、加强产业链的对接与配套

海洋化工产业方面，加大研发和技术引进力度，加强与韩国具有领先深海油气开采技术企业的合作，通过联合经营、风险服务等合作模式实现技术改造、产品升级。积极引进培育大炼油副产品回收、催化剂复活及助剂类、炼化专用设备类等循环经济项目和配套产业，对现有企业排放进行资源化利用处理，逐步实现循环发展和清洁生产。

滨海旅游产业方面，依托"海上丝绸之路"和青岛邮轮母港建设，强化国际合作，吸引日韩休闲度假企业和旅行服务机构到山东省建立分支机构，结合旅游海岛开发和海上人工岛建设，规划建设邮轮靠泊港，积极引进国际邮轮公司，开发邮轮游艇、海岛度假、海上运动、文化休闲等国际化旅游产品，打造蓝色经济区国际旅游度假地。

船舶制造与海工装备业方面，借鉴日本、韩国船舶制造业发展经验，依托已有的海工装备特色园区建设，通过政府间合作、外商投资、企业并购、合作研究、技术培训和人员交流等多种渠道，积极争取引进韩国先进的船舶设计与制造技术，加快提升山东省船舶制造基地的技术水平和专业能力。在稳步增强大吨位散货船、集装箱船、客货滚装船制造及维修能力基础上，推进液化石油气船、液化天然气船、邮轮游艇、海洋工程船等高技术船舶的制造，重点突破特种船舶设计和核心技术环节，强化国内船舶研发机构和制造企业的自主创新能力。

四、构建海洋产品交易网络

着力抓好海洋食品电商平台建设，打造专业海产品专业 B2C 网上商城。主要根植优势海洋产品链条，依托原产地的优质海洋资源，选取质量、品牌产品进行网上销售，拓展全国销售渠道，不断完善平台的运营体系。同时结合自贸区建设，开辟了韩国商品专区，为国内消费者提供了产品选择多样性的途径。

推动进入整车运输阶段。整车运输优势明显，随着中韩自贸区及地方经济合作示范区建设的加快，山东省与韩国之间滚装运输的货源将更加丰富，电子设备、精密仪器、手机摄像、精细化工、汽车零部件等技术密集型项目不断增多，对交通物流方式提出了更加高效、更加多样化的市场需求。特别是长期以来，运营在威海到韩国的滚装船舶因为没有汽车整车进口口岸的资质，造成了船舱闲置，不仅浪费了船舶资源，也浪费了我们的口岸优势。所以，如果能够申请威海港成为韩国汽车整车进口口岸，并获得韩国进口汽车整车运输资质，必将大幅增加威海对韩汽车贸易量和港口吞吐量。

结合自身产业优势，以消费新热点为导向，重点支持移动互联网、云计算、物联网、大数据等新一代信息技术在旅游、海洋、电子商务等领域的应用和创新，进一步拓展中韩自贸区商贸的渠道，降低交易成本，提高物资流通效率，同时，鼓励传统行业对互联网的态度从"被动应对"转向"积极融合"，推动新兴业态创新发展，促进以"互联网＋"为特征的业态与对韩商贸的不断深化。

五、促进双方文化交流沟通

区域性的文化沟通与交流，首先需要政府起到"破冰"的作用，中韩间的文化交流已经有了良好的基础，今后要进一步将这一文化交流过程常态化、标准化、实质化。逐步将以政府为主体的文化交流合作，转向以企业为主体的市场化运作，通过提供相应产品和服务来创造价值，使双方有持续的动机和意愿进行文化交流合作。作为推动山东省和韩国文化合作的实质性主体，应充分利用"济南—水原""青岛—大邱""淄博—广州""东营—三陟""烟台—群山""潍坊—安养""威海—丽水""日照—唐津郡""临沂—军浦""德州—始兴""聊城—宜宁""滨州—高阳""菏泽—金浦"等已有的友好城市资源和经贸关系，倡导城市之间结对有组织的往来交换，发展变通性旅游（alternative tourism），在此基础上逐步推进文化的交互和影响。频繁的文化沟通交流，需要便利的人员流动作为支撑，这是两地间文化交往的基础，随着今后文化交往的频率不断增大，双向或多向的客源流动必然会增加，这就要求在人员流动的便利性、交通网络的可达性上要有所提升，以适应未来不断增长的需求。通过设立由双方共同出资、协同管理的第三方中介机构，使业务流程不断国际化、标准化、人性化，适应不断开放的文化交流、旅游过境市场。

第五章

山东与韩国园区合作

　　山东韩国产业园区是应改革开放而生，也是踏着改革开放节奏前行的。自1989年第一家韩资企业托普顿电器落户青岛后，山东对韩经贸合作大幕徐徐拉开，韩国产业园区作为山东对韩开放的载体和平台也疾步登场，开始了产业合作新模式的探索与实践。时至今日，山东韩国产业园区走过了二十多年的发展历史，这其中既积累了宝贵的发展经验，也存在诸多瓶颈约束。面对新的历史发展时期，借助中韩自贸协定正式签署实施及"一带一路"建设蓬勃发展的有利时机，韩国产业园区再上新的台阶，实现新的发展，有必要回望过去，总结反思，认清发展的经验与不足，借力而踊跃，知弱而后勇，为韩国产业园区铺就一条更为明确而顺畅的发展之路。

第一节　山东韩国产业园区发展的实践历程

　　韩国产业园区是山东国别园区建设的首选，它兼具了"园区"与"国别"双重优势，又拥有独特的地缘优势。山东作为我国与韩国距离最近的地区，在这里首建韩国园区顺理成章，优势凸显。自第一家韩国产业园区在山东诞生到今天，可以说韩国产业园区走过了一条规模从小到大、实力由弱到强、层次不断跃升的与时俱进的历程。根据各个时期发展目标与任务的不同，园区发展大致可分为三个历史阶段，即尝试与探索时期、调整与壮大时期、转型与发展时期。不同时期的韩国产业园区彰显着不同的特点，但都展示出了对外开放尤其是对韩开放的载体作用与示范效应，在一定意义上说，可以说是山东开放型经济发展不可或缺的引擎力量。

一、山东韩国产业园区的尝试与探索发展时期

这一时期的时间起始大致可以界定在改革开放以来至 2006 年前后。1984 年，国务院批准在 14 个沿海开放城市建立经济技术开发区，向世界开启了中国对外开放的一扇新的"窗口"，山东青岛和烟台经济技术开发区第一批获批。经济园区作为新生事物开始走向全国。而国别园区作为经济园区的重要类别，以其特殊的优势和专属面貌引起了人们关注。在山东，韩国产业园区作为首个国别园区应运而生。

（一）园区发展的主要目标任务

这一时期我国经济开发区建设的主要任务是以"三为主"为重心，打造对外开放的重要载体，即"以利用外资为主、以发展工业为主、以出口创汇为主"。建设初期的韩国园区也顺应全国经济开发区的发展和目标要求，以"三为主"为宗旨，以吸引韩资加工制造项目为目标，以扩大出口创汇为己任，以服务山东经济建设和技术进步为方向，大力进行园区投资环境建设，运用一系列产业政策和优惠举措，培育园区投资环境引力，重点围绕韩国投资项目、韩国产业对接做文章，促进加工制造项目落地，力争建成适合韩国对山东投资的热土和首选目的地。

（二）园区发展的主要特点

这一时期的韩国园区大多由各市、县、镇自发建设，在县市开发区中或乡镇中划出一块地方围墙建园，冠以明确的韩国工业园牌号，专门用来吸引韩资企业落户。诸如威海文登的苘山镇韩国工业园、牟平韩国工业园、聊城韩国工业园等。这一时期的园区特点一是具有尝试性。园区建设的初衷主要是扩大对韩招商引资，充分利用国别园区引资新模式的优势，开拓更广泛的对韩合作渠道。韩国园区在山东的率先亮相与积极实践，展示了山东敢为人先的魄力，也由此开启了韩国园区的山东之旅。二是展示特色性。园区以韩

国为引资目标国，围绕韩资特点和需求打造具有特色的园区环境，以韩国产业为重心，招商有专攻，政策有专属，园区韩资吸引力不断增强，引资效果也较为明显，国别特色也得以展现。三是缺乏规划性。园区建设初期表现出一定的随意性和盲目性，多为孤立作战，各自为政，使得园区布局的统筹性和科学性不足。四是缺少规模性。由于园区多隶属县市镇，园区资金投入受限，多为小型的园中园，实力与影响力难以提升，承接大产业项目能力较弱。

（三）园区发展的主要成就与作用

尽管起步艰难，但韩国产业园区的尝试是有益的，作用是积极的。一是展示了山东对韩合作的热情与诚意。韩国园区作为山东对韩合作的专属平台，给韩资传递了准确信号，即山东对韩合作步伐是坚定的，是期待的，是优先的，这对于调动韩商投资积极性发挥了重要作用。二是为韩国资本集中运作提供了较好的环境与条件。专属园区环境是依据韩资产业运行特点、韩商营商惯例与韩国人生活习俗等诸多元素而设计的，尽管尚未臻于完善，但毕竟相对于适合韩资活动，由此带动了韩资的进入。三是形成韩资集聚化运作的雏形。韩资在山东的发展有赖于全方位的招商引资宣传与政府企业民间各层面的出击，同时还在于韩商的口口相传。而韩国园区就成为"以资引资"的重要窗口与园地，由此也带动了韩资聚集效应的初步形成。四是成为韩资产品出口的重要力量。这一时期园区主要以吸引韩国加工贸易企业为主，产品主要向第三国市场出口。尽管出口规模不是很大，但对于拉动当地对外贸易作出了有益的尝试与积极贡献。五是具有启示与示范效应，为后续韩国园区及其他国别园区建设提供了参考。

二、山东韩国产业园区的调整与壮大发展时期

这一时期的时间起始大致可以界定在 2006 年至 2012 年。这期间的国际国内形势可谓风云变幻。经济全球化和区域经济一体化继续纵深发展，但发端于 2007 年的美国金融危机，导致世界经济的不确定性与不稳定性未能消减，国际市场疲软，市场竞争加剧，金融汇率风险增大，山东韩国产业园区投资与出口都面临严峻挑战，尤其是韩资的撤离潮，给园区发展带来重创；

我国科学发展观的确立，经济社会集约化发展的战略调整，也对园区的空间拓展、产业升级、管理及发展模式创新等方面提出了新的要求。在这一形势下，同全国园区一样，韩国园区同样面临生存与发展的拷问：初期技术依赖、品牌依赖、市场依赖的模式选择难以为继，园区何去何从？政策优惠的手段日趋弱化，还能拿什么来拯救自身？园区自身的无序与盲目发展弊端凸显，如何理顺关系才能将园区导入和谐发展？出路何在？寄望调整！在调整中谋壮大，在调整中求发展，韩国产业园区进入了新的发展阶段。

（一）园区发展的主要目标任务

这一时期，山东韩国园区的中心任务是秉承统筹、协调、科学发展理念，适应我国经济开发区指导方针的调整，坚持"三为主、两致力"方针，即"以提高吸收外资质量为主，以发展现代制造业为主，以优化出口结构为主，致力于发展高新技术产业，致力于发展高附加值服务业"，以园区规范、健康、和谐发展为目标，正确处理规模、速度与效益的关系；正确处理开发建设与保护土地的关系；正确处理开发建设与环境保护的关系；正确处理突出重点与全面协调发展的关系，不断提升韩国园区综合实力。在新形势和新任务下，为完善园区规范，增强园区应对国际国内竞争新变化的能力，山东在调整原有韩国园区的同时，新批复一批省级韩国产业园区，包括牟平经济开发区沁水韩工业园、滨州经济开发区韩国工业园、临沂经济开发区韩国工业园、日照经济开发区韩国工业园、济北经济开发区韩国工业园、蓬莱经济开发区韩国工业园、胶南经济开发区韩国工业园、莱西经济开发区韩国工业园、莱州经济开发区韩国工业园、高密经济开发区韩国工业园、济南临港开发区韩国工业园等，使得园区区域布局进一步广泛，地位层次进一步提升，管理运作进一步规范，整体实力进一步增强，引领园区开始了科学与和谐发展的探索之路。

（二）园区发展的主要特点

这一时期园区的主要基调和任务就是调整与发展，园区为此作出了积极的方向性转变。其主要特点一是谋求布局合理化发展。本着统筹规划，注重经济效益和社会效益相统一的原则，进一步严格和规范了园区项目准入、单位土地面积投资强度、容积率及生态环境保护等方面的标准；从山东大局着眼，优化园区格局，新布局了 11 家省管韩国产业园，将园区发展推向新的层面与高度。二是谋求引资高质化发展。思路从过去的来者不拒转换为宁缺毋滥，注重了招商引资向招商选资的转变，出口数量向出口质量的转变，园区门槛抬升。三是谋求产业特色化发展。从过去园区国别模糊化向韩国特色明朗化转变，从产业同质化向产业特质化与品牌特色方向转变。四是谋求环境绿色化发展。从过去只关注园区产业承载力而忽视环境保护向产业与环境双承载和谐化发展转变，从环境污染园区向环境友好型园区转变。五是谋求园区可持续发展。从过去资源高消耗向资源节约与合理利用转变，从过去拼廉价劳动向创新技术转变。这一时期韩国园区无论在投入还是产出上，都发生了较大变化，园区的带动辐射效应日趋增强。

（三）园区发展的主要成就与作用

这一时期韩国产业园区的成就与作用主要体现在：一是对韩项目合作承载力扩容。新建的省级管理的韩国园区无论在涉地规模上，还是建设起点上都远超旧有园区，它们的上马与运行，大大改变了原有园区形象，带动起园区整体对韩引资影响力的扩大。尤其是日照韩国工业园、沁水韩国工业园等的快速发展，进一步彰显了韩国园区在山东对韩经贸合作中的引领作用。二是产业链招商渐成气候。在新形势下，产业集群成为重要的国际竞争力，产业链合作成为国际经济合作的主流方式。为此，韩国园区相比于建设初期，更加看重了产业的衔接与配套，面向韩国启动了"产业链"招商模式：在项目上，盯住大企业做大文章，下大力气培植园区龙头产业；在环境上，注重了产业配套建设，实行配套项目打包招商，整体引进。纵向拉长园区产业链，横向扩展韩国产业集群，使得园区在产业发展数量上、规模上、关联度上、互动性上都有了明显提升，产业倍增效应初显。三是创新兴区理念植入园区。园区在管理创新、技术创新、产业创新等环节上进行积极谋划和实践，推出一系列适合韩国园区特点的对策举措，园区自身创新能力得到不断积累，环境综合优势不断增长。尤其在软环境建设上，针对韩商特点，提出亲商、安商、富商的多项服务举措，受到广泛肯定和欢迎；在产学研协作上努力作为，为技术研发积极引进智力资源贡献很多。

三、山东韩国产业园区的转型与优化发展时期

这一时期的时间起始大致可以界定在 2012 年至今。进入"十二五"时期，国际国内形势发生新的变化。世界经济尽管出现回暖迹象，但危机的阴影仍挥之不去，发展中国家经过一段时期的快速发展也都显得后劲乏力，全球经济进入转型调整期；中国作为经济总量居世界第二的经济体，面对产能过剩严重、刘易斯拐点出现、出口贸易下滑、投资与消费不畅、通胀压力增大等矛盾与问题，全面深化改革和加速经济转型成为当前首要攻坚任务。为此，对内，我国提出了"创新、协调、绿色、开放、共享"的新理念，以调结构转方式作为经济发展主线，明确了"去产能、去库存、去杠杆、降成本、补短板"的转调重点；对外，我国加快了开放步伐，2013 年我国提出"一带一路"战略构想，旨在扩大开放，促进沿线各国资源与产能的有效分享，同时，积极推进 FTA 发展，搭建起区域多元、自主、平衡、可持续发展的新平台，2012 年提出中韩地方经济合作示范区动议，2015 年 6 月，《中韩自由贸易协定》签署，同年 12 月正式生效。在此新形势下，韩国产业园区作为开放的载体和对韩合作的排头兵，"一带一路"和中韩自贸区建设的载体责任和推进义务陡升。顺应新形势，加快园区的优化与升级，凸显率先与垂范，成为园区这一阶段发展的主旋律。

（一）园区发展的主要目标任务

随着"一带一路"的战略推进和中韩自贸区协定的实施，韩国园区所应具的地位与作用已呼之欲出。尤其是中韩自贸区地方经济合作示范区建设写入 FTA，意味着山东韩国园区发展将被推向前台，园区不仅要在转型升级上作出表率，还要在促进对外开放尤其是对韩开放上做好引领，为"一带一路"与"欧亚倡议"战略的有机对接当好纽带。这一时期园区的总体发展目标是以转型升级为主线，以园区整体质量提升为重心，大力提升园区承载力和产业运行优化度，引导园区发展进入新的层面，形成对外开放的新动力和新示范。这一时期园区建设任务的关键词是"优化"，一是优化对韩开放营商环境。突出园区环境的高端性、智慧性、生态性、便利性、服务效率性建设，打造与大数据时代相适应、与国际资本相匹配的现代化新型园区。二是优化

园区功能定位。根据园区的区位、资源、产业、人才等优势，本着有所为有所不为原则，进一步完善园区功能定位，建设功能明确、术业专攻的新型园区。重点是顺应产业结构转型升级需要，打造一批高端制造业、现代服务业园区，建设一批绿色性、智慧性与"互联网＋"创新园区，为山东经济的发展和"十三五"时期全面实现小康社会积蓄实力。三是优化园区特色。园区产业特色优化要把握项目合作的专注点，专注韩资项目的同时专注大项目及其项目的配套性，实现园区运作向产业链模式转换；人文特色优化不仅是引入韩国文化和习俗，浓郁环境的仿生性，更重要的是将韩商思维融入园区建设中，实现文化与理念的深度融合。而上述园区的整体优化有赖于思路创新与实践创新，这就要求园区审时度势，顺势而为，遵循"创新、协调、绿色、开放、共享"的方针，加大园区创新力度，铺设一条前所未有的发展路径。目前，围绕目标任务和适应形势需要，山东获批和新建多个具有国家层面特点和中韩地方经济合作示范区概念的新型园区，包括 2014 年国家批复的烟台中韩产业园、威海中韩地方经济合作示范区，以及青岛中韩创新产业园、潍坊中韩产业园等，掀开了山东韩国产业园区发展的新篇章。

（二）园区发展的主要特点

这一时期韩国园区获得长足发展，园区面貌焕然一新，建设成绩引人瞩目，未来发展的前景也清晰可观。尤其是青烟威地区的韩国园区建设，呈现大战略、高起点、如火如荼、势如破竹之势。这一时期园区建设特点，一是拥有先行先试优势。相比以往，韩国园区具备了天时地利人和的多重优势，无论是作为"一带一路"的节点区域，还是中韩合作的门户地位，都凸显了山东区域的战略重要性。尤其是中韩自贸协定确定的地方经济合作示范区建设，将韩国园区推上了先行先试，率先发力的新高度。二是拥有政策关注优势。"两国双园"模式得到两国国家层面的肯定，在政策上也给予了更多倾斜。中韩 FTA 中提出了地方经济合作示范区相关建设条款，表述了缔约双方应致力于推动指定产业园内企业的相互投资的意愿；商务部还与韩国通商部关于共建中韩产业园签署了谅解备忘录，为园区建设增添了政策动力。三是产业合作层次高。这一时期的园区合作大多以新兴产业为主导，凸显了产业的时代发展趋势，顺应了世界绿色化、大数据化潮流。生态型、智慧型园区占据了主导地位。四是创新压力增大。高起点建设，超前性发展，没有现成的可复制经验。尤其地方经济合作示范区是一项创举，要求园区要有更大的开拓精神，更强的创新能力。

（三）园区发展的成就与作用

这一时期韩国园区建设的主要成就与作用主要表现为：一是烟台中韩产业园区着力打造对韩新型产业合作园区。目前已规划了现代服务业聚集区、新兴产业共生区、临港经济区等区块，定位了工业地产、商业地产、养老地产等项目，还布局了中韩新能源汽车产业园、中韩智慧产业园、中韩文化产业园、中韩健康产业园等一批特色"园中园"，其对韩合作特色十分突出。二是威海中韩自贸区框架下的地方经济合作示范区基本成型。以东部滨海新城和威海经济技术开发区、威海临港经济技术开发区为示范区核心区，配套建设了环翠区中韩现代服务业产业园、文登区中韩综合保税物流园、荣成市中韩文化旅游产业园、荣成市中韩海洋高新技术合作园、乳山市中韩健康养老产业园、高区中韩医疗器械与医用制品产业园、临港区中韩现代物流产业园、南海新区中韩创新产业园 8 个特色园区，形成互为补充、错位发展的格局。三是青岛中韩创新产业园正在建设之中。园区建设突出以贸易便利化为中心的中韩创新合作，重点在 AEO 互认、金融合作、服务贸易、知识产权保护等领域开展先行先试；突出健康产业和蓝色海洋经济发展，着力打造中韩新产业集聚区；突出人员往来自由化和便利化；突出以中韩优秀文化为重心的中韩人文交流；突出以绿色智慧生活为特色的中韩生态化示范城 U - city，打造青岛与韩国在创新领域开展高端合作的新型载体。另外，其他韩国园区也在抢抓机遇，积极开展对韩合作的战略性调整，希冀能融入整个战略布局之中，带动园区全面转型升级。

第二节　山东韩国产业园区发展的实践经验

经过多年的努力与建设，山东韩国产业园区已经实力初现，渐成气候。尤其是"一带一路"战略和《中韩自由贸易协定》的签订，如同劲风吹来，簇拥园区发展进入崭新境地。综观发展，细数举措，园区发展应该说是有其经验可鉴，有其规律可循。希冀通过总结与归纳，为山东乃至我国国别园区建设提供一定的启示与参考。

一、立足地缘优势率先打造对韩合作园区

发挥优势，抢占先机是市场竞争的重要策略与选择。韩国园区在山东率先起步，也秉承了这一原则。开放初期，要迅速打开局面，提高对外合作成功概率，山东选择了先近后远，先易后难的路子。韩国作为山东的近邻，往来历史源远流长，且产业互补性明显，有着天然的合作优势，因而成为山东首选的合作伙伴，而国别园区建设也成为山东园区合作的目标国。发挥地缘优势建园，一是往来距离较短，合作交往有时间与速度保证；二是投资贸易便利，节约合作成本；三是地区毗邻，人文相通，交流沟通相对顺畅；四是历史渊源可消除民间交流障碍，有利于扩展招商层面；等等。鉴于此，山东对韩率先发力，开启园区合作之路。实践也证明，韩国园区在山东的发展是良性的，势头是向上的，其作用也是肯定的。既有利于对韩传递合作的热情与意愿，也有利于培育试点，推动对韩合作发展，对山东半岛制造业基地建设、山东经济强省建设都展示了较好的引领与示范效应。

二、发挥国别园区优势合理园区选址布局

国别园区具有它独特的优势，所以在一些国家，都热衷于建设具有国别特色的园区，以鲜明的园区个性展示于众，以独特的产业优势吸引市场目光。韩国园区作为山东率先打造的国别园区，也正是看到了其优势，并且紧紧依托区位优势，合理选址，首先在青烟威布局。这不仅是因为青烟威处于对韩开放的最前沿，拥有地缘优势，还因为这一地区无论从对外开放理念上、产业对接能力上、整体投资环境上、制造业体系建设上、人文积淀与发展上等多个方面都拥有最优良的条件，与韩国进行园区合作可能有更大的张力，更少的阻力。实践也证明，青烟威是山东对外开放发展的引擎，是山东产业发展的核心区域，在这里先行布局园区无疑是最佳选择，起到了猛虎添翼、锦

上添花之效果。

三、培育产业配套优势积极吸引韩资聚集

园区起步时期，由于起点低，实力弱，投资环境吸引力明显不足，导致园区大项目进驻少，也不可能专注韩资。因此，园区产业杂乱，资本国别众多，既不能突出园区国别特色，也缺乏产业的集聚能力与条件。随着时光流转，园区顺应形势变化进行了不断调整，将产业链招商提上重要位置，着力培育园区的产业配套能力，为大资本展示了产业对接与整合发展的良好预期与前景。实践也证明，良好的产业配套条件是园区产业规模迅速集聚，产业实力迅速提升的重要因素。目前，青烟威地区韩国园区产业配套环境不断优化，吸引了韩国一些行业的领军企业，带来了更多的大资本投资意向。不仅是高端制造业，还包括诸多现代服务业、绿色智慧型产业项目都在积极洽谈之中，使得园区的投资规模不断扩展，投资内涵不断丰富，产业结构趋于优化。

四、彰显人文优势着力构建园区文化特色

园区需要产业作支柱，还需要文化作支撑。山东韩国园区不仅注重了产业环境的建设，还注重了园区文化的建设；不仅注重普适文化的建设，还注重特色文化的建设。即把韩国特有的文化元素更多地引入园区，在理念、礼仪、习俗、艺术、饮食、住宅等体现韩国传统文化的诸多方面给予重点关注与投入，营造一个既适合韩资运行，又适合韩商活动的仿生环境。与此同时，园区还注重了中韩文化的融合，将山东特色的文化根植园区并寻求最佳融合点，用文化的融合引领资本的契合，形成既有文化特色，又有文化竞争力的园区。实践证明，特色园区文化建设确实有利于良好园区文化氛围的形成，有利于融洽和谐人际关系，人文优势的培育成为山东与韩国园区合作的黏合剂与促动力。

五、园中建园防范市场风险

国别园区有它独特的优势，但也有它先天的缺陷。由于资本的来源地相对集中，风险也就相对集中，受国家动荡的牵扯与影响相对于其他园区更为明显。如果投资来源国经济上发生动荡甚至危机，园区很可能会陷入一损俱损的境地；如果投资来源国发生政变或与我国交恶，国别园区就会面临投资整体撤离的危险。有鉴于此，韩国园区大多采取了"园中园"模式，园中建园，使得园区既有支撑力又有协调力可以依靠，即便遇到经营风险或者撤资风险，还有兄弟园区可以求助，还有中心园区可以仰仗。比起势单力薄的"孤岛"园区，可以抵挡住更多的风险冲击，最大限度地降低损失。

六、顺势而为借机而上

顺昌逆亡，借势成长，这是历史发展的规律，也是山东韩国园区走过的轨迹。尤其是园区发展到了今天，在机遇与挑战并存的形势下，园区依旧是抢抓机遇，借势而上，在积极应对挑战的进程中求得发展。目前，园区面临全面转型升级的新任务，"一带一路"和"中韩自贸区"建设为其展示了新的发展机遇与方向。因此，顺应"一带一路"的战略发展，借助"中韩自贸区协定"签署有利时机，加速韩国园区的发展，是我们顺势而为的又一次选择。面对新形势，山东积极响应，大手笔调整与布局韩国园区，使其更具规模、更有气势，更为合理与和谐，大大刷新了园区平台面貌，为山东与韩国经贸合作跃上新的层面做好了铺垫。

第三节　山东韩国产业园区发展的制约因素

韩国园区在山东对韩经贸合作中发挥着重要作用，但与其他类型园区相比，其引擎力、导向力、辐射力还显薄弱。如果将山东对韩合作比作一片海的话，韩国园区仅仅是海中的浪花，尚未形成浪潮，更难以居位潮头。这说明，受多种因素的制约，韩国园区尚未走向成熟，尚未从同行走向引领。园区建设存在的不足主要表现在以下几个方面。

一、园区发展不平衡

尽管山东设立了多家不同层面的韩国园区，政策导向相对统一，但发展水平却不尽相同。沿海地区园区发展较快，尤其是烟台、青岛、威海、日照等园区，在区域发展中占据了一席之地。但中西部园区发展相对滞后，有些园区甚至只是空架子，没有进入实质性运作。发展较慢园区的主要原因在于招商理念与对外开放度相对滞后，对韩商以及韩国文化的熟悉程度和接纳能力不尽如人意，态度上心生畏难，行动上望而却步，成为园区发展的羁绊。

二、部分园区产业定位不明确

鉴于园区建设初期起点和门槛设限较低，主导产业定位模糊，大量低水平、低效益产业项目进入园区。表现为产业层次较低，多为服装、食品、化工、家电等传统加工业，缺少明显的技术溢出效应；产业同质化明显，由于园区选择性较小，大量相同产业项目进入，形成园区内部产业竞争大于产业整合，带来了资源浪费和自相竞争；项目产业关联度较低，产业与产业间、产业环节与环节间缺乏对接与合作的可能，制约了园区的规模扩张和效益增长。

三、部分园区龙头带动力不强

鉴于多数韩国园区缺少大企业集团运营所需的必备环境与条件，包括设施现代化条件、产业配套化条件、人力资源供给条件、营商网络化条件、社会服务体系建设等条件，使得园区服务内容、效率，以及规范化程度难以满足大企业需求，制约着与大资本有效对接。这就决定了韩资大项目只能在区外徘徊，继而大多转向条件较好的国家级开发区和投资环境优越的省级开发区，导致园区缺少产业链运作的带动力量，影响了园区的发展与壮大。

四、园区文化国别氛围不浓

打造园区的特色竞争力不仅要突出韩国产业特色的培育，还需要韩国特色的园区文化建设。而山东有些韩国园区，特别是一些小规模园区，在发展中往往关注更多的是园区产业投入产出率和项目经济效益，相对淡漠了文化建设，削弱了园区韩国特色的另一支撑要素。园区建设伊始，在规划与设计上，韩国文化色彩较为浓郁，涉及民族元素也较多。但随着产业的广域化发展，韩国产业投资比重下降，文化特色也随之淡化，使得园区国别氛围缺少个性，韩资企业在园区内难以寻找到精神寄托和民族文化感受，相对削弱了园区对韩商的亲和力与凝聚力。

第四节　山东韩国产业园区发展的前景展望

目前，《中韩自由贸易协定》已正式实施，园区合作作为协定中的应有之义也随之提上日程，中韩两国共同发力，实行"两国双园"共同推进模式，这也意味着山东韩国园区发展进入了天时地利人和，万事俱备的最佳时期。抓住时机，勇登高峰，实现新的飞跃是园区必须也是必然的选择。因此，我们在总结经验，寻找不足的同时，要紧贴"创新"这一时代主题与潮流，认真勾画新的发展思路与发展蓝图，倾力培育山东对外开放新动能。

一、创新园区发展思路

新发展要有新思路，新思路要集中体现新形势，依据建设"一带一路"战略平台和中韩自贸区框架下园区合作的目标要求，创新性地规划园区未来。一是加快园区拓展扩容。包括科学理性布局园区增量，大视野、高起点规划新建园区，培育园区核心与领军力量；集约化整合园区存量，加快旧有园区空间与产业调整，遵循产业链规律，推进核心园区与卫星园区之间的有机衔接，走错位发展，园园协作的路子。二是深化园区发展内涵。顺应大数据时代，将更多具有引领力、辐射力、创造力的产业、技术、人才吸纳进园，构建高端产业为主体、高新技术为核心、高层人才为支撑的新型园区，力求保持园区产业的高端性与前沿性。三是谋求园区双向发展。"引进来""走出去"两条腿并行有利于实现彼此产业互补的最佳化和利益的最大化。《中韩自由贸易协定》有关条款也确定"缔约双方应致力于推动指定产业园内企业的相互投资"，这对于山东无疑也是利好，积极谋求对韩境外园区建设，可有效提升山东境外投资规模与水平。

二、创新合作共赢意识

追求投入与产出最优化是资本本质，也是韩国园区产业合作的动因与目标，园区发展的活力与可持续性也源于此。因此，在未来发展中，韩国园区要进一步解放思想，强化互利共赢理念。一是坚持合作包容、互利互惠原则，协调彼此合作中的利益关切，保证双方利益处于合理空间，在谋求自身利益的同时兼顾合作方合理利润水平，在谋求园区发展中促进投资合作企业发展。二是树立明确的规则意识，尊重市场规律和国际惯例，尊重企业自主权利，增强园区知识产权保护意识和能力，切实保障合作双方权利与义务。三是创新园区合作方式，扩大内涵增长力，努力优化园区运营成本，为韩资展示更大的盈利前景。四是维护好彼此间的合作诚意与感情培育，在矛盾与纷争的处理上，讲求多元平衡，求同存异，在新型中韩经贸合作框架下营造园区有机合作、协同发展的和谐局面。

三、创新园区营商环境

随着形势的变化和需要，不断创新园区营商环境优势也是韩国园区未来发展的重要任务。一是园区硬环境的优化。在新的形势下，园区硬环境建设也要与时俱进，重心要从过去的"九通一平"迅速转换到与园区转型升级相匹配的产业配套环境、生态环保环境、产权保护环境、大数据环境、文化环境建设上来，构建更具适应性和舒适度的立体环境，提升环境的现代化与商务性。二是园区软环境的优化。重点是优化园区管理机制和完善园区服务功能。在坚持"精简、统一、效能"标准化建设的基础上，继续探索和改革园区管理机制，加大管理体制、管理环节和管理程序的优化创新，打造轻型、精干、精细化管理机构，提升管理的国际化与规范化程度；继续强化服务理念、丰富服务内涵、创新服务方式，实时问需企业，增强服务的主动性、针对性和及时性，体现服务的人性化、便利化，用服务体现园区价值，营造适宜韩资运作和成长特点的综合投资环境。

四、创新园区产业链招商

在未来发展中，园区要致力于产业链运作，必须创新招商方式，坚持宁缺毋滥。一是明确招商目标重点。围绕园区产业定位招商，根据园区主导产业进行发展规划和政策设计，重点引导产业带动力和产业关联性较强的资本进入；围绕园区主导企业招商，选择并紧盯目标企业，在摸清大企业家底与特点的基础上，有针对性地进行招商策划与包装；围绕关键技术招商，根据技术市场的细分与考察，捕捉与鼓励具有产业超前性和带动力的高新技术项目进园。二是创新招商引资方式。首先要科学招商布点，面向韩国大资本聚集的城市、面向拥有良好合作体验的地区、面向两地人际交往频繁友好的地区等，有重点、有效率地进行布设，善于另辟蹊径，拓宽招商渠道；其次创新招商技术手段，搞活委托招商、突出个性招商、抓好网络招商、利用较优势招商，多方式结合，多特点叠加，尽快扩大园区大项目吸引力，构建园区产业链招商格局。

五、创新园区产业与文化特色

特色就是竞争力。在未来发展中，园区依旧要坚持以韩国特色建园立区，彰显园区个性魅力。一是大力培育园区产业特色。根据园区的地域条件、资源禀赋、产业基础、品牌影响、市场格局、人才等要素条件合理确定园区主导产业，围绕主导产业进行对韩产业连接，鼓励"一园一业，一业带多业"的运作模式，改变目前"千园一面"的状况；产业培植要以韩资为主要支撑，为韩资设计专项政策与举措，吸引韩资产业规模化集聚，促进山东对韩经贸合作通过园区载体向全方位、宽领域、高层次迈进。二是大力营造园区文化特色。园区要以韩国特色产业培育为抓手，倾力打造园区特色文化，引入更多的韩文化元素，包括理念、价值观、规则意识、行为习惯等深层面的文化，并注重与齐鲁文化的融合，形成鲜明的园区特色文化视觉冲击，打造以产业带文化建设，以文化促招商引资的韩国特色园区。

第六章

山东与韩国人文交流与合作

中韩两国几千年前就有了悠久的交流历史，在这段交流历史中，韩国和山东的交流占了大部分。1992 年中韩两国建交，早在建交前就开始了民间合作，过去的 24 年来，人文交流与合作得到飞速发展，两国人民之间的交流也非常密切，目前每年大概有五百万人次互相来访，其中三分之一是与山东交流。发源于山东的儒家文化，以及孔子、孟子、孙子、墨子等哲学家、思想家、军事家，韩国人也非常熟悉和了解，因此感觉跟山东更为亲近。韩国驻青岛领事禹仁植先生用了个比喻，山东就好比是韩国的"对门"。

第一节　山东与韩国人文交流与合作实践

一、地理上的相邻，浓厚的文化基础

韩国和中国共处于东亚文化圈，早在战国时期，随着汉字在朝鲜半岛的传播，儒家思想也开始在朝鲜半岛传播。到了李氏朝鲜时期，儒家思想已成为朝鲜半岛的正统思想。而在中国，自汉武帝"罢黜百家，独尊儒术"之后，"儒家思想"一直作为封建统治者统治人民的工具，对中国人民和社会产生了深远的影响。可以说，中韩两国人民的社会文化都根植于儒家文化。山东继承了儒家文化的命脉，是孔孟之乡，同时也是墨子、孙子、荀子等诸多圣贤

的故乡，因此可以说山东是人文学的宝库，自古就是中韩人文交流的重镇。

（一）山东是儒学文化的重心

儒家思想由春秋时期孔子创立。孔子是鲁国人，讲学也在鲁国，因而，鲁国在春秋时期就成为儒家思想的中心。儒学的地域特色也越来越浓。特别是作为儒学的原生地——山东的儒学特色突出出来。"邹鲁守经学"，为学谨严，遵循师法奠定了山东地域性儒学的特征。近代以降，儒学的存在状态发生了根本性变化，儒家思想在意识形态领域的一尊地位不再。在西方坚船利炮和各种思潮的冲击下，儒学地位一降再降。特别是在西学冲击下，传统经学解体后，传经之儒已经走入历史，儒学的传承只能是对儒家思想的重新诠释和创造。由于交通条件和通信技术等的发展，儒学的地域性存在变得模糊了。然而，居"圣人之地"的山东人却依然凭借对儒学的固守欲保持儒学"圣地"的显赫地位，利用一切机会试图重振儒学。例如，民国初期康有为、陈焕章等发起孔教运动时，劳乃宣、卫视贤在青岛发起尊孔文社，王锡蕃等人在济南发起孔道会，孔祥霖等在曲阜成立曲阜经学会，与北京的孔教会遥相呼应，支持孔教运动。1912 年在上海创立的孔教会，其总部迁址北京后，又于 1914 年迁址曲阜，形成了北京、曲阜两个活动中心。这些事例都为山东这块儒学"圣地"维护儒学提供了证明。[①]

（二）儒学文化在韩国深受爱戴

韩国是目前世界上儒教传统保留得最完整的一个国家。儒家文化到底是于何时传播进入朝鲜半岛的，学术界对此问题尚有争议，有学者则是把儒家文化在朝鲜半岛的传播过程分为了两个大的阶段。第一大阶段是公元 14 世纪末之前，14 世纪末程朱理学的传入是该阶段结束的标志。在这一阶段中，汉唐儒学在朝鲜半岛得到了传播和发展。不过，此时的儒学并没能确立起其主导意识形态的地位。第二大阶段是在 14 世纪末以后，这一阶段是在高丽王朝的末期时，朝鲜半岛开始有了朱子学的传入。到了李朝，则又确立了"崇儒

---

① 徐庆文：《略论山东儒学的地域性特征》，《烟台大学学报（哲学社会科学版）》2011 年第 1 期。

排佛"的统治政策，由此，儒家思想便确立了其在朝鲜半岛长达五百余年的绝对的统治性地位。在悠久的历史进程中，儒家文化从外来文化发展成为朝鲜民族的传统文化。朝鲜半岛的儒学一开始主要是学习和吸收中国儒学，但是发展到了后来逐渐实现了儒学的本土化和民族化，甚至还成为朝鲜这个民族所必不可少的精神支柱。正如韩国儒学研究领域的泰斗崔英辰在其著作中所指出的那样，"朝鲜王朝是因为成功地实现了儒教（性理学）理念的社会化，才能得以在长达五百余年的时间里就有效地整顿、治理了国家。当然，这也是儒教文化的影响力至今仍然保存在现代韩国社会的原因之一"。

韩国是个尊孔的国家。在韩国，孔子的名字几乎家喻户晓，深受爱戴。孔子"为国尽忠，敬信节用，爱民如子，人伦之中，忠孝为本"的思想已融入韩国人的基因，成为国家发展和人生道路的精神能源。韩国人对孔子敬仰有加，每年 2 月和 8 月，都要按照传统方式在文庙举行"释典大祭"来纪念孔子。在韩国有专门儒教大学成均馆，它源于中国元代的太学、国子监。成均馆还设有专门的儒学大学和儒学大学院，以培养儒学研究和教育方面的专门人才。在成均馆内，不仅供奉着孔圣十哲和中、韩两国的历代儒家圣贤，而且至今完整地保存着李朝以来的春秋两季释奠礼。成均馆还在每月的初一、十五行焚香礼，以表达儒者们对先圣崇敬之心。韩国的企业界领袖对成均馆都非常重视，比如韩国三星集团每年都向成均馆投入成千上万的资金。除成均馆大学外，韩国各城市都有乡校。乡校是韩国历代传承儒教、祭祀孔子与圣贤的地方，可以说是为了祭祀孔子与诸圣贤、教育并感化地方百姓而由国家设立的教育机构，相当于中国古代的文庙。

每年寒暑假，乡校都会为中小学生开课，教他们忠、孝、仁、爱等道德规范和各种行为准则，学生们必须要穿着传统韩服上课，学习书写汉字，体验传统游戏和传统音乐，还要体会茶道、行礼、饮食礼节等生活礼节。截至 2014 年，在韩国大约有 234 所乡校和 186 所书院。如今，乡校仍然发挥着地方儒教教育中心的作用。儒教在当代韩国，不是象牙塔的专属物，也不只是经书里圣贤的只言片语，而是活生生的日常生活本身。

二、韩国文化的传播载体及表现形式

纵观韩国的历史，可以说韩国文化是在本民族传统文化的基础上融合其他外来文化要素而形成的一种复合型文化，它具有鲜明的多元化、融合性特征。韩流作为韩国的大众文化，显然也具有这样的特征。

韩流是从 20 世纪 90 年代后半期开始中国和东南亚华侨的年轻人为主掀起来的韩国的大众文化热风，主要是指通过韩国的视频、音乐、热门明星和韩国的大众文化模仿的社会文化的现象。最初在中国使用韩流这个词是在 1999 年 11 月 19 日的《北京青年报》上。在 2000 年 2 月 H. O. T 的演唱会受了高人气追捧后开始广为使用。韩流这个单词的来源是在中文中西伯利亚的寒风"寒流"与"韩流"同音异义，于是"韩流"便流传开来。从中国人的角度来看韩流是"韩国的大众文化在中国的普及"，对中国 10 多岁、20 多岁的年轻人有着不少影响的商业的产物。韩国的固有文化是由电影、电视剧、音乐和传统食品等构成的，以韩流文化为中心的文化产品，尤为重要。韩流意味着暂时性的，但是只算成一时的流行也很难。因为韩流已扩散到大众文化、广告、文学和时尚等各个方面，不只是文化交流，更是韩国文化的进一步世界化。总而言之，韩流是包括韩国的大众文化在内，只要喜欢上韩国有关的任何商品，其结果都是会拉动韩国的经济发展。

韩国文化的表现形式也为各式各样：一方面，韩剧制作精良。韩剧中的主人公多为平凡的小人物，这些小人物的生活背景和生活经历与我们颇为相似，拉近了主人公和观众的距离，我们仿佛在主人公身上找到了自己的影子，使我们找到了一种归属感。另一方面，韩国明星在"韩流"发展的过程中发挥了不可估量的作用。韩国对歌手、电影演员的选拔非常严格，这些歌手、演员都是在经历了精挑细选，接受了多年的培训后才得以登上舞台的，所以韩国的明星演艺综合素质较高。韩剧的男女演员大都是俊男靓女，并且韩国偶像推陈出新的速度很快。据调查，中国观众喜欢的外国明星中，韩国明星高居榜首。

总的来说，"韩流"是社会学家对韩国文化风靡、流行的一种统称，就是浸透韩国特有文化气息的纯粹的韩国式生活方式。不仅受到政府的大力支持和媒体的宣传，还受到韩国企业的支持和韩国民众的保护，在社会上兴起的一系列追逐韩国产品和文化的现象。它作为一种文化现象，不仅为韩国带来了实实在在经济效益，也发挥了文化软实力的作用，让人们对这个原来的"隐士国家"改变了印象，加强了韩国自身的文化魅力。现在韩国已经成为世界五大文化产业强国之一，"韩流"使历史上的文化小国成为亚洲的文化输出国。"韩流"吹到哪里，带有韩国特色的风土民情、价值观就流到哪里，在那里以难以估计的文化魅力和经济竞争力迅速形成热潮，并为韩国打了一幅隐形的广告。"韩流"从本质上来说是一种"文化流"，更确切地说是一种大众文化流，文化是一个国家的象征，文化外交是一种形象政治，即一个国家在国际舞台上设计自身的象征。韩国政府通过"韩流"这种文化外交形式，很大程度上实现了在国际社会中提升国家形象的目的。甚至在某种程度上，韩国正在设定"亚洲美"的标准。[1]

三、山东与韩国历史的同源性

山东历史的变迁是一个曲折的过程。尤其是在被侵略和殖民统治的时期，山东人民经历了相当艰苦的时期。1840 年，中国的大门打开后，领土主权不断丧失，清王朝的腐朽与西方列强的勾结，使山东成为任人宰割的羔羊。山东人民进行了长期抗侵略斗争，国内外矛盾并存使山东近代史成为较长的抗侵略史。矛盾最深化且时间最长的是八年抗战。日本在侵略的同时，在文化意识上也进行严格的控制，从教育和思想上同化人民，实行亲日文化和从日思想的教育，从精神上瓦解民族意识，以日语为基础进行日式教育和日式文化推广，脱离母语和本民族传统文化。这种强制性的殖民文化和本国传统文化之间存在着冲突和矛盾。因此，在殖民统治时期，与民族和文化相关联的重要活动也成为打压的重点对象，日本从各方面统治思想行为。与传统文化相关的节日活动也都成为被禁止的行为，以日式生活法则来进行殖民统治，传统节日曾面临过一段较为艰难困苦的时期。

同样，韩国的历史变迁过程也较曲折。由于韩国是一个国土面积较小的

---

① 朴爱花：《从"韩流"看中韩文化交流》，延边大学硕士学位论文，2008 年。

国家，在受到地理环境和外部条件的制约下，在综合国力较弱的时期，它是以附属国的形式依赖于大国而存在的。同时，它也会受到大国的侵犯和挑衅。这种情况使得韩半岛的局势动荡不安，同时，还为韩国的历史增添了较长期的英勇抗侵略史。虽然韩国进行了抗日义兵战争和国权恢复运动，但都无法阻挡韩半岛成为殖民地的命运。1895 年，日本政府强迫韩国人民使用西方的公历，废除旧式的农历和传统节日习俗。1910 年韩半岛沦为殖民地。1911 年日本政府在韩国禁止民族教育，还要求殖民地的人民学习日语，崇拜天皇。1919 年 3 月 1 日，韩国人民成立的爱国团体也进行了独立斗争和民族运动。为了恢复国权还进行了多次武装斗争。直到日本宣布投降之前，日本对韩国的残酷统制才得以解除。由于日本掌控了韩国的政治、经济大权后，进行掠夺和高压政策，对韩国人民造成了极大伤害。因此，韩国现今对于日本的仇视和敌对仍是十分强烈且明显的。[1]

　　面临着帝国主义的殖民侵略，山东与韩国都遭到了严重的创伤。无论在政治、经济还是文化上，都受到了破坏，具有民族文化代表的传统节日也受到了限制。两地人民的节日生活受到了干扰和阻碍。通过两地人民的英勇反抗，在获得到了民族独立的基础上，也捍卫住了本民族的民族文化和传统习俗。虽然，两地在被统治时期，传统节日都受到了阻力，不能得以正常地发展。但在失去传统节日之时，两地人们才会异常地感受到本民族文化和民族意识的重要性，而且人们的团结意识也会被强烈地激发出来。民族文化是一个地区的灵魂，我们在守卫家园的同时，也要守卫我们的民族文化。

四、山东与韩国饮食文化的融合

　　山东和韩国的饮食取向以小麦、大米和大豆为主食，广选食料。鲁韩两地蔬菜和水果的取用兴趣也基本一致，酒、茶饮料都有相同的根源。炸酱面从山东半岛传入韩国已有一百多年了。

　　1882 年朝鲜发生了壬午军乱，为了收拾局面，朝鲜向清朝发出了派军邀请。清朝旋即向朝派出了以吴长庆为统帅的 3000 名规模的军队，随军进入朝

---

[1]　姜莹：《中韩同源节日对比研究》，黑龙江大学硕士学位论文，2012 年。

鲜的,还有 40 多名军役商人。这些军役商人便是近代旅韩华侨（以下简称"韩华"）的始祖。1899 年 9 月,清政府与韩国签订了平等互利的《大韩国大清国通商条约》,确立了两国平等的外交关系。依据通商条约的规定,为保护在朝居民的人身与财产安全,清政府在仁川设置了领事馆,并派遣出了全权代表。清政府在仁川设置的领事馆,在当地被称为"清馆"。随着领事馆的设立,清朝官员的入驻,中国商人、劳工的大量涌入,以中国人为服务对象的中餐馆应运而生。由于 90% 的"韩华"来自山东,中餐馆多为山东人所开,经营的自然是山东料理。中餐馆的出现,使得当地韩国民众有了接触中国饮食的机会。他们吃腻了清汤寡水的传统饮食,一接触到素有中国四大菜系之一美名的山东大菜,便被其讲究的用料、丰富的种类、可口的味道所折服。一时间,中餐馆顾客盈门、生意兴隆。精于买卖的山东商人从中看到了商机,便推出了以码头工人和鱼市场小商人为对象,既便宜实惠吃起来又方便的炸酱面。炸酱面正是在这样的时代背景下登陆朝鲜半岛的。

（一）弘扬山东半岛饮食文化

炸酱面作为山东饮食文化使者,拉近了山东半岛和朝鲜半岛的距离。在韩国,一说到华侨就会联想到山东,一提到炸酱面,也会想到山东。朝鲜末期,潮水般涌来的白菜商人也好,饮食商人也好,全都是山东人。因而,中国菜便是山东菜,中国白菜也就是山东白菜。在韩国,炸酱面是当之无愧的山东饮食代表。国内对炸酱面的发源地争论不休,似乎以北京发源地之说最为有力,其次是山东。可是韩国人却普遍认为山东是炸酱面的故乡。韩国民间流行着一个对中国饮食熟悉程度的判断基准,很说明问题:如果认为"中国没有炸酱面",那么对中国饮食的认识尚处"初级阶段";认为"中国也有炸酱面",那么对中国饮食的认识水平属于"发展阶段";如果认为"中国本土炸酱面与韩国的不同",就进入了"深化阶段";认为"韩国炸酱面来自中国山东"的话,便达到了最高的"成熟阶段"。这个判断基准未免失之偏颇,但我们从中可以看出炸酱面在韩国人心目中独一无二的特殊地位。

（二）炸酱面成韩国象征

炸酱面不仅丰富了韩国的饮食,带来了韩国饮食结构的变化,而且成了韩国文化不可分割的一部分。2006 年，韩国文化观光部在"疆土与自然""历史""社会与生活""信仰与思考""语言与艺术"五大领域中选出了 100 种文化现象作为国家象征，炸酱面与泡菜等 10 种饮食并列其中。民族自尊心超强的韩国人能选定源自中国的炸酱面为其国家象征，说明炸酱面在韩国人生活中占据着十分重要的地位。不少旅居海外的老韩侨记忆深处都珍藏着对炸酱面的美好记忆，正如对泡菜和大酱汤的眷恋那样，能吃上一碗故乡的炸酱面成了他们梦寐以求的夙愿，因为在他们心目中炸酱面是和祖国紧紧联系在一起的。

（三）饮食文化促进山东半岛和朝鲜半岛的海上贸易

《中朝商民水陆贸易章程》的签订为两国之间的贸易往来提供了法律依据。从 1883 年 3 月起，中朝正式海上通航。上海招商局广济轮定期驶行于上海—烟台—仁川航线，打破了长期海禁所带来的沉闷局面。1886 年，日本邮船公司开通神户至天津航线，途经釜山、仁川和烟台，年内共航行 64 次，使烟台同朝鲜间贸易逐渐增加。如果说清朝大部分时间里，由于海禁等原因，中朝海上贸易通道只能以民间的、半地下的形式出现的话，那么，清末在胶东烟台与韩国仁川之间却存在着一条中朝政府共同维护的合法的海上通道。

"韩华"在仁川开设中餐馆，经营炸酱面等山东料理，必然需要大量的原材料。蔬菜可以通过在当地种植来解决①，可是面粉和佐料等因为当地不生产，必须依靠进口。由于海上交通的便利，"韩华"的故乡——以盛产小麦、花生、大葱、大蒜而闻名的山东半岛自然就成了中餐馆的原料基地。正是来往于烟台和仁川之间的商船将大批的面粉等原材料输送到了朝鲜半岛。因而可以说，山东半岛和朝鲜半岛之间的海上通道为朝鲜半岛输送了炸酱面文化，反过来炸酱面文化在朝鲜半岛的发展与壮大，客观上又促进了山东半岛和朝鲜半岛的海上贸易。

---

① 早期"韩华"中，租地开菜园的占不小的比例，华侨们种的菜主要供给中餐馆，同时也卖给当地百姓。他们从山东带去了大白菜等各种蔬菜种子和先进的栽培技术，客观上促进了朝鲜半岛蔬菜种植业的发展。

第二节　山东与韩国人文交流与合作成效

一、山东与韩国旅游合作具备潜力

（一）旅游协作势头强劲

韩国自 1989 年正式全面开放出境旅游市场，此后中国成为韩国出境游的重要目的地，接待人数持续增长。1992 年两国建立正式外交关系后，两国间的旅游交往更加密切。到 1998 年，中国已超过美国成为韩国仅次于日本的第二大目的地。2014 年 7 月，习近平主席访韩期间用"好邻居"类比中韩两国关系，提出中韩要做实现共同发展、致力地区和平、携手振兴亚洲、促进世界繁荣的"四个伙伴"。互办旅游年活动是两国元首着眼于两国关系大局，共同作出的决定。2015 年 1 月 23 日，韩国"中国旅游年"开幕式在首尔举行，中国国家主席习近平、韩国总统朴槿惠专门发来贺信。习近平在贺信中说，希望双方以互办旅游年为契机，全面扩大旅游合作和文化互鉴，为促进双边关系发展、增进人民友好感情作出新贡献。朴槿惠表示，希望两国国民更多互访，增进友谊和信任，使两国成为更加亲密的邻邦。国务院副总理汪洋在开幕式致辞时说，希望中韩双方以互办旅游年为契机，开启两国旅游合作和人员往来的新时代，在两国人民之间架起通往友谊与合作更加宽广的桥梁。

山东因其特殊的地缘结构，一直是韩国旅华市场的首选目的地。从整个市场份额上看，相当于全国的 1/6 强。从山东自身的情况看，韩国市场在山东整个入境市场中也具有举足轻重的地位。自 1988 年起，成为中韩民间贸易和文化交流的桥头堡，1992 年两国建交后韩国游客超过日本，成为山东首要的国际游客客源地，占山东入境游市场的 1/3[①]。山东多城市注重开发高尔夫旅游资源，2001 年威海市成功举办了"中国·山东韩国旅游洽谈会"，吸引

---

① 王晨光：《开发韩国旅鲁市场的战略思考》，《山东经济战略研究》2002 年第 12 期。

了山东省旅游界 300 多人和韩国旅游界、航空公司、高尔夫俱乐部的 100 人分别在威海、烟台、青岛的指定球场打了高尔夫球，以此为契机，来访威海市的韩国游客大幅度增长。2001 年接待韩国游客共计 7.6 万人次，比前一年增长 26%，其中韩国游客 6000 人次。高尔夫旅游业总收入达 1800 万元人民币，其中四个国际旅行社接待了 50 多个韩国高尔夫旅游团队，初次打出了威海高尔夫旅游的品牌，为威海旅游业的发展增创了新的优势。目前烟台、青岛的高尔夫旅游业也发展迅速、更加全面。特别是烟台，烟台龙口市的南山国际高尔夫球会的兴起带动了整个烟台乃至整个山东省高尔夫旅游业的发展。但比起硬件设施，其软件环境还有待于提高。巨大的投资建造了很多优秀的球场，其可接纳人数多达 240 万，但目前接纳的人数还不到一半。从客源上看，目前威海、烟台、青岛等地高尔夫球场的主要客源是韩国和日本的球客。2015 年 2 月 25 日，中韩双方完成中韩自贸协定全部文本的草签，中韩自贸区谈判全部完成，作为中韩自贸协定先试先行省份，山东省各级旅游部门抢抓机遇，纷纷赴韩国开拓入境旅游市场。2015 年 6 月 2—8 日，山东省旅游局组织济南、烟台旅游局，赴韩国宣传推介，深化多层次的旅游项目合作，并与韩国旅游业界签订多项合作协议。山东旅游业界还积极拓展合作空间：烟台市旅游局正与韩国仁川现代游船有限公司沟通，争取海上旅游项目合作；淄博潭溪山景区与韩国"仙村"度假村达成了初步合作意向。①

（二）免签政策引爆韩国游

2014 年 9 月 15 日韩国法务部颁布了外国人中转游客免签入境制度的扩大实行方案，方案将免签入境的时间由原来的 72 小时延长至 120 小时，同时免签入境的区域根据抵达机场也有了相应的扩大，免签机场已经达至 6 个，分别是仁川国际机场、金海国际机场、襄阳国际机场、清州国际机场、务安国际机场和大邱国际机场。青岛地区适应的免签入境机场主要以仁川国际机场和釜山金海机场，自方案公布后山东地区部分旅行社就免签商品进行了推广，2015 年开发更多的免签商品线路，以满足市场需求。为了吸引自由行游客，韩国政府扩大了多次签证的签发对象范围。从 2016 年 1 月 1 日起，年龄在 17

―――――――――

① 张文政：《中国开拓韩国高尔夫旅游市场初探》，《江苏商论》2008 年第 1 期。

岁以下、55 岁以上、本科毕业或在读的中国公民可申请多次签证，最长有效期从过去的 5 年延长至 10 年，每次允许停留期也从 30 天延长至 90 天。此外，韩国将继续免收中国团体游客签证费至 2016 年年末。2015 年 5 月韩国暴发 MERS 疫情，中国游客锐减。为重振旅游业，2015 年 7 月韩国政府暂时免收中国团体游客签证费。该政策时限曾先后延长两次，此次为第三次延长，将从 2015 年年末延长至 2016 年年末。

二、山东与韩国的教育交流与合作

（一）中国与韩国留学生交流规模和层次不断扩大

近年来，随着中国经济的发展，综合国力的不断提升，特别是中韩经贸关系合作的日趋紧密，韩国的大多数家长纷纷把目光从欧美国家转向中国，一些家长为了培养子女，不惜夫妻分居，或者举家迁往中国居住，为的是让孩子从小接受中国文化的熏陶。通过 2000—2015 年这 15 年来华留学的部分数据我们可以看出：2000—2003 年这 4 年间，韩国来华留学生持续增长，到 2003 年韩国留学生占全部来华留学人数的比例达到 45%。之后的 2004 年开始有所下降，从 2005 年至 2006 年又开始有所增加，到 2006 年韩国来华人数达到最高值，占到全部来华留学人数的近一半。2006 年开始源于美国的"次贷危机"开始逐步显现，2007 年 8 月席卷美国、欧盟、日本等主要金融市场。韩国也不例外，受金融危机的影响，从 2006 年开始，韩国来华留学人数不断降低。加之美国金融危机之后的人民币不断升值，这对在华韩国留学生的生活也产生了不小的影响。由于在华韩国留学生的生活费大部分是由家庭汇来，每月虽然电汇的韩币没有减少，但是由于汇率的变化，导致每月生活费减少不少，生活费的减少也让不少韩国留学生开始过"紧日子"，不仅减少了聚餐和逛街购物的次数，同时很多原本只想好好读书的学生也开始盘算寻找各种兼职工作。留学成本的增加使得来华留学的韩国学生人数近几年不断降低。与来华留学韩国学生人数近几年持续走低的情况相反，随着中国综合国力的增强和人民生活水平的不断提高，加之人民币持续的升值，中国赴韩留学人数近几年呈现出不断上升的趋势。2008—2015 年我国赴韩留学人数一直处于上升的趋势，人数不断增加，占赴韩留学总数的一半以上，中国已成为赴韩留学人员的第一输出国。韩国教育部统计数据（以 2015 年为准）显示，赴韩留学的外籍学生共 8.49 万人，其中，中国留学生 4.8 万人（56.7%）。另一方面，韩国出国留学的学生达 21.95 万人，赴中国留学生 6.35 万人（28.9%）。

此外，随着韩国社会逐步步入老龄化社会，众多的大学面临着招生压力增大，招生定员无法维持的现状。因此，越来越多的韩国大学将招生市场投向中国，近几年来越来越多的韩国大学来中国举行留学博览会和招生说明会，以提供奖学金、安排勤工俭学的形式吸引优秀的中国学生赴韩国留学。部分韩国大学为吸引优秀的中国学生赴韩学习，采取了多种方式。例如，韩国顺天乡大学在中国举行韩国语演讲大赛和作文比赛选拔优秀中国学生赴该校学习，邀请获奖中国学生的导师赴韩国学习先进的授课方法，并为中国学生在韩的学习、就业进行培训。

（二）山东与韩国合作办学项目的开展

目前山东与韩国在专科、本科、研究生领域开展了灵活多样的合作办学；部分高校在汽车产业、旅游管理、美容专业、数字媒体、国际贸易、流通物流等专业与韩国开展强强联合，使大批学生得以出国深造，山东与韩国合作办学的开展有利于我们学习韩国先进的教学理念，利用韩国优秀的教学资源为我所用，促进我国教育的现代化发展。随着中韩两国友好合作关系的不断深入和发展，两地的合作办学层次也会不断提高，合作的领域也会不断扩大，深度也会继续加深。通过山东与韩国合作办学的开展强化了国际化人才培养的理念；开发了中外联合培养人才的新方案；培养了国内外急需的专业人才，拓宽了毕业生的就业空间；促进了国内相关专业的学科建设；培养和锻炼了一批专业化的教师师资队伍。特别是近年来，国内一些高职院校与韩国在 IT、造船、钢铁、汽车等优势产业进行合作办学，定向培养人才，培养了一大批高素质的技能型人才，这些学生毕业后直接进入在国内投资的韩资企业工作，实现了院方与企业的零距离接触，这样院校与企业可以共同研究制定人才培养方案，确定新专业，确定教学内容和培养方式，企业直接介入职业教育的全过程，在教育的各个阶段贯彻企业的人才理念，实施企业用人的教育方略，直接培养企业急需的、适用的、有竞争力的优秀人才。

（三）山东与韩国教师交流与合作

2004 年中国第一所海外孔子学院在韩国首都首尔正式成立，此后，孔子学院在韩国如雨后春笋般先后成立起来，国家汉办每年通过汉语教师公派项目支持在韩孔子学院的汉语教学工作。建立校际友好关系的中韩高校，每年也按照交流协议的内容，开展教师交流与合作。以山东师范大学为例：山东师范大学与韩国又石大学合作共建的又石大学孔子学院于 2009 年揭牌，每年山东师范大学均向该孔子学院派出包括中方院长在内的 4—5 名汉语教师；每年山东师范大学还组织音乐、美术、体育方面的优秀教师赴韩展演、举行两校优秀美术作品展览、开展双方优势体育项目的交流；山东师范大学与韩国江南大学每年选派优秀教师赴对方举办教师作品展览；山东师范大学还向文化部设在首尔的中国文化中心常年派遣教师 1 名①；山东师范大学还向顺天大学、又石大学、蔚山大学等多所开设中文系的院校派遣知名汉语教师；与顺天大学地衣生物实验室进行定期的学术成果交流，所有这些教育领域的交流与合作将优秀的中华文化传播到了韩国，加深了韩国各界对中华传统文化的认知，加深了两国人民业已存在的深厚感情，扩大了山东师范大学在韩国的影响，提高了在韩国教育界的知名度，加深了与韩国各高校的交流与合作，取得了积极的成果。这些外派教师在韩国在完成自己分内的工作以外，还积极努力提高自己的学历层次，利用业余时间攻读韩国知名高校的硕士、博士研究生学位，将韩国高校先进的教学理念和优秀的教学资源介绍到了国内，也在一定程度上促进了山东师范大学的学科办学水平和提高了办学质量，起到了一石二鸟的作用。②

三、山东与韩国文化产业互助发展

中国自"十二五"以来，把发展文化创意产业作为国家重大发展战略之一，再把文化创意产业发展成为国家的支柱性产业。目前全国各地的文化创

---

① 吴锡路：《中韩教育交流与合作》，山东师范大学硕士学位论文，2012 年。
② 李胡玉：《韩国语人才培养对接青岛社会产业链的研究》，《北方文学》2014 年第 4 期。

意产业都在以空前的速度蓬勃发展。学界认为，今后十年将是中国文化创意产业的黄金时代。就山东与韩国的文化创意产业而言，韩国的发展相对较早，已经走在世界的前列，在高端原创和终端营销方面都具有明显的比较优势；而山东的文化创意产业起步较晚，就目前情况来看，在许多方面还属于未开垦的处女地，空间广阔，资源丰厚，存在着巨大的市场潜力。再加上两地政府都在积极促进文化创意产业的国际化，这便形成了互补型合作的良好态势。因此，山东与韩国双方都在充分利用相互间的"比较优势"，深入开展互补型合作。

（一）合作开发影视业

影视业是韩国文化创意产业的强项。目前，韩国已经是继法国之后第二个有能力与美国抗衡的电影生产大国。韩国的影视业，不仅具有先进的发展理念和战略谋划，同时还具备完善的市场营销机制，并且形成了与旅游、服饰、餐饮、化妆品和电子产品等产业的相互融合、相互带动的良性循环体系和不可分割的商业链条。具体到山东而言，山东与韩国隔海对望，不仅具有独特的地理位置优势。同时还有极其丰厚的影视文化资源；得天独厚的自然风光和风俗文化，每年都吸引着近百个影视剧组前来拍摄外景；文登正在建设中韩影音创意基地，拥有中国舒适度最高、山东省最大和最高级别的摄影棚，可接待各种类型的电影、电视剧和大型综艺类节目的拍摄，并且能够为影视剧组提供高品质的专业工作空间和全方位的配套生活服务；2014 年 7 月习近平总书记访问韩国期间，中韩双方正式签署了《中韩关于合作拍摄电影的协议》，其中规定，中韩共同制作的影片，在两国都可以作为国产电影上映，并享受各自国内对国产电影的保护政策，不再受进口影片条件限制。由此一来，必将极大地促进中韩两国在影视领域的深入合作，预计很快就会出现一个中韩合作拍摄电影的热潮。山东威海与韩国在影视业的合作乘此东风快速推进，可以在文登中韩影音创意基地的基础上，进一步展开全方位合作，并以此为龙头带动全省的影视业发展。山东与韩国双方，要整合比较优势，联合制定发展战略，共同打造具有国际竞争力的影视合作联盟，把山东发展成为中国和东北亚独具特色的国际影视拍摄制作中心。

（二）合作开发文化旅游业

山东与韩国在地缘优势十分明显，已经受到了双方政府的高度重视。2013 年年底，威海市与韩国旅游发展局签署了合作协议，并且共同策划推出了旅游产品——"威韩连线"，已经取得了良好的效果。在韩国，无论是旅游景点的设计还是旅游商品的开发，都紧紧围绕展示本民族的传统文化精心策划与打造，从而使一些看似不太重要的景点都能成为特别火爆的旅游热点。相比之下，山东的旅游资源虽然很丰厚，景点也很有开发价值，但大多还处于粗放经营阶段，比如海驴岛、烟墩角还有海草房，都是非常珍贵的特色旅游资源，现在都还没有得到很好的开发，基本处于自然状态。在旅游购物品的开发方面，山东的基础也很薄弱，本地开发的旅游纪念品非常少，而韩国的旅游购物收入已经接近旅游总收入的 2/3。因此，在旅游产品的营销方面，韩国的经验具有极大的借鉴意义。他们特别善于在影视作品中非常自然地融入旅游景点的"植入性广告"，从而获得"井喷"式的宣传效应，韩国的许多景点都是通过影视剧的广告效应打响的，山东与韩国在文化旅游业方面的互补性合作空间很大，应该全面展开合作，特别是要把旅游业与影视业的合作联系在一起，统筹策划，充分发挥影视与旅游的相互促进效应。双方可以共同策划拍摄一系列以山东旅游景点为背景的影视作品来促进旅游业的发展。如果中韩两国合作拍摄一部反映山东优越的生态环境和山东人崇高的环保意识的热播作品，随着影片的上映，这些景点很有可能会成为人们争相前往的旅游目的地。当然，这还要取决于编剧与导演的水平，但是，充分利用影视与旅游的联合效应，是韩国发展旅游业的成功经验，也是促进山东旅游业升级转型的重要参照。

（三）合作开发文化养老业。

"文化养老"是一种体现传统文化与当代人文关怀的养老方式，它是在老年人的物质生活需求基本得到保障的前提下，"以满足精神需求为基础，以沟通情感、交流思想、拥有健康身心为基本内容，以张扬个性、崇尚独立、享受快乐、愉悦精神"为目的的高品位、高境界的养老方式。韩国保健社会研究院 2014 年 7 月发布的一份研究报告认为，韩国到 2018 年 65 岁以上人口将占全国总人口 14.3%，如果继续保持现在的生育率，到 2100 年韩国 65 岁以上的人口将达到总人口的 48.2%，由此推算，届时每 100 名劳动人口需抚养 109 位老人，人口老龄化形势十分严峻。近几年，中国特别重视发展养老服务产业，先后出台了多项政策和文件。反观山东，有世界最适宜人类居住的范例城市，是道教文化的发祥地，拥有深厚的养生文化和优越的自然环境，养生条件世界一流，但养老产业的发展却不尽如人意。据《中国老龄事业发展报告（2013）》显示，"老年人口消费规模 2010 年已达到 1 万亿元，预计到 2020 年将达到 3.3 万亿元"。现在全国的空巢老人已突破 1 亿，要求入住养老机构的老人占全国老年人总数的 5%，而全国养老机构的床位仅占老年人口总数的 0.48%，缺口极大。这还仅仅是就床位而言的，高品位、能够满足老年人的精神文化需求的养老机构更是少之又少，市场供给严重不足。[1] 为响应国家号召，积极发展养老事业，2015 年，山东力明职院邀请韩国知名老年服务与管理机构——韩国消费者评价委员会老人福祉委员会委员长洪大龙（HONG DAEYONG）先生与韩国医疗福利委员会代表 PARK KANGMIN、韩国全球医疗旅游协会总代表理事 CHOI 等一行 7 人赴山东力明职院考察访问。韩国考察团利用两天时间先后参观了该山东力明职院位于泰山脚下占地 5000 亩、建筑面积 135 万平方米、总投资近 80 亿元的泰安新校区和颐养天下国际健康孵化示范园区及国际养老温泉健康城、济南校区的三大博物馆与艺术馆。双方就共同发展养老产业等关心的问题进行深入交流探讨，并达成多项合作意向。现在山东文登市已经打出了"中国长寿之乡""滨海养生之都"的城市名片，并被誉为"中国老年人宜居宜游城市"。文登市委市政府把文化养老产业作为带动经济转型升级的主要产业，这一发展定位是非常准确的，不仅文登市要这样做，整个山东都应该树立这样的意识，不仅要做"中国老年人宜居宜游地区"，而且要做东北亚乃至全世界著名的老年人宜居宜游区域。要大力发展先进完善的文化养老产业，与最适宜人类居住的范例城市相匹配。而要实现这一点，争取国际合作，尤其是与韩国的合作是一条非常重要的途径。

---

① 刘明：《威韩文化创意产业合作发展策略研究》，《人文天下》2014 年第 8 期。

第三节　山东与韩国人文交流与合作存在的问题

一、互信欠缺，了解不深入，尚存在一定程度的偏见

虽然历史上有过良好的互动和交流，但 1910—1945 年，韩国沦为日本殖民地，这期间中韩交流受到很大阻碍。20 世纪 50 年代，中韩在朝鲜战争中分属于不同的阵营，兵戎相见；战争结束后，南北分裂，中韩两国的关系又是"冰冻三尺"，恩怨和隔阂越积越深。可以说，在八十余年的时间里，中韩交流几乎长期中断，而这期间两国又发生了很多变化。韩国走上了快速发展的资本主义道路，中国则在社会主义的道路上步履蹒跚。韩国在 20 世纪 70 年代创造了"汉江奇迹"，而彼时的中国由于三年困难时期和"文化大革命"等导致经济严重滞后。如此的经济落差让韩国人以为中国非常贫穷落后，甚至带着"有色眼镜"来看待当今的中国。在这种情绪影响下，韩国媒体对中国的负面报道非常多，而对中国改革开放后取得的经济成就却鲜有报道。这在很大程度上影响了韩国民众的判断力和认知力，更加滋长了对中国的不信任、不了解。同样，中国人对韩国的了解也仅仅局限于以韩剧、流行音乐等为代表的流行文化层面，对于韩国的历史过往、民族情结、心理思维等则缺乏必要的了解。这些都导致两国在经贸往来或其他交流方面存在障碍。

二、高校的教育存在弊端

山东的大部分高校（包括高职院校）虽然都设立了韩国语专业，但就目前的实际情况来看，大部分高校在韩国语人才的培养上存在着诸多的不足和弊端。课程设置上，目前各高校的课程设置似乎和社会及学生的需求产生了明显的矛盾。理论课的比重过多，而实践课、应用课的比重却相对较少。目前国内韩国语专业课程设置中韩国语精读课程（初级韩国语、中级韩国语）是最多的，一周 8—12 课时，传统的精读课重视讲解单词语法等基础理论，

许多学生苦读4年，但还是"哑巴式韩国语"，实际交流中很难应用自己所学的知识。教学方法上，还是以传统观念为指导培养人才，教学方法保守落后。片面强调语音、词汇、语法等基础理论的训练，将大部分精力倾注在语言理论的教育上，轻视实践技能。但值得注意的是，语言除了发挥认知功能以外，还在很大程度上发挥着社交功能，而对这种传统形式的教学方法，导致学生只具有"读写能力"，而缺乏"听说能力"，最终学生到了社会之后无法实现韩国语的交际功能。培养方案上，只是盲目地强调要培养出"听说读写译"综合能力的复合型人才，而没有立足地方以及本校的特点，缺乏针对性，实际上没有修订出真正切合地方以及本校实际的行之有效的特色的具体计划和方案。另外，还存在培养定位不够合理，培养方向单一、课程设置保守及培养出的毕业生不符合社会需求等方面的诸多问题。

三、高层次的学术交流明显不足

据中国驻韩国大使馆教育处的统计，已有111所国内知名高校与韩国的近百所高校开展了教育交流与合作，这还不包括开展教育交流与合作的专科、高职、小学、初中、高中学校。这些建立友好交流关系的教育机构开展了丰富多彩的学生交流，如互派本、专科生到对方学校学习，学分互认，互相减免学杂费；在相关专业开展"2+2"双学位合作项目；开展"3+3"本硕连读项目；开展自费生的相互派遣交流。这些学生交流项目的开展为两国高校的青年学生提供了海外学习的经历，丰富了他们的知识面和阅历，为将来的就业提供了有利的条件，也为两国高校进行高层次的学术交流奠定了人才基础。但是，目前中韩两国主要开展学生的交流，高层次的学术交流还没有广泛地开展起来：如研究生领域的合作培养、高水平国际学术研讨会的开展、优势学科知名教授的相互交流、高水平学术论文的相互交流等。近几年随着两国教育交流与合作的深入，研究生领域的交流与合作也开展起来，但开展的范围与程度还都有所局限。

目前，山东与韩国两国开展交流与合作的主要领域局限在人文社会科学领域，而在自然科学领域开展的教育交流与合作不多。两地校际交换学生之间的交流也主要局限在韩国语、汉语言文学、贸易等领域，而在自然科学领域没能进行广泛的交流与合作。相对于赴美国、日本、欧洲等发达国家留学的学生，来华留学的韩国学生的素质普遍较低，他们在专业知识的掌握、英语或者汉语交流方面都存在着问题，特别是来山东进行研究生领域学习的学生，由于不能和国内导师较为顺畅地交流，最终有很多学生不能顺利地学习和毕业。此外，国内部分高校甚至包括名校在内，近几年为了追求经济利益和社会效益，片面地追求国际学生的比例，毫无选择或者低要求地录取相当一部分在韩国高考落榜甚至社会上的学生来学习，这对高校的发展不会有很大的帮助，反而会出现各种各样的问题。[①]

四、文化交流不对等，有些交流为单向

虽然中国电影《卧虎藏龙》《英雄》《十面埋伏》等功夫大片纷纷涌入韩国市场，但中国现实题材的影视作品却很少输入韩国。除了少数几个华语电视台播放中国古装剧外，其余的则鲜有见到。与之形成鲜明对比的是，韩国影视剧近年来一直充斥着中国各大频道，甚至央视。虽然这与韩国政府对本国市场的保护有关，但也对中国现实题材的影视剧的质量和出口竞争力提出了严格要求。另一方面，虽然"韩流"和"汉风"经常被媒体津津乐道，但仔细分析后，情况却不容乐观。中国人喜爱或迷恋韩流文化，很大程度上是出于精神需求，原因诸如韩国电视剧制作精美，韩国音乐更接近流行风格，韩国化妆品、服饰精致时尚等，这在很大程度上符合了中国人的审美价值观，满足了精神文化需求。而韩国流行的汉风则很大程度上是对汉语的学习，实为"汉语风"，这种现象主要是出自韩国人对汉语的工具性和目的性需求。随着中国经济的崛起和中韩关系的快速发展，越来越多的韩国人认识到韩国经济将会大大依赖于中国。在严峻的就业压力和市场竞争下，许多人开始学习汉语，这在很大程度上是迫于生存和发展的需要。不可否认，韩流的成功让韩国对自身文化的定位非常自信，他们更追求文化的自主性和独立性，这也对中国文化的改革和创新提出了严峻挑战。

---

① 吴锡路：《中韩教育交流与合作》，山东师范大学硕士学位论文，2012 年。

五、民族主义及历史问题的政治性介入

首先，山东作为一个发展迅速的大省，但许多历史研究工作有待拓展，历史研究明显滞后，科研成果少，影响了民众对自己地区相关问题的认识，也势必影响到包括韩国人在内的外国人对山东相关领域的认知。山东还缺乏与大省形象相适应的文化外交战略。目前，山东对传统文化的挖掘工作做得不能令人满意，文化创新工作严重缺乏活力。人们往往强调韩国文化与齐鲁文化属于中华文化圈，但是对有别于中国文化的韩国文化特点的研究十分欠缺，这就制约山东对韩国的文化产品出口。无须多言，韩国文化在齐鲁大地的流行和推广，与韩国方面对山东社会和山东文化的充分了解是分不开的。

其次，韩国文化产业较为成熟、发达，注重文化外交，韩国政府对本国市场保护严格。山东文化产业化水平低，传统文化有待挖掘，现代文化有待塑造，创新工作滞后。韩国注重文化建设以弘扬传统民族文化精神。政府在政策和财政预算上支持文化建设，通常文化部门获得的可支配预算占全部预算的5%左右，仅次于国防和教育的开支。大量资金的投入，保证了主要文化部门的正常运转。韩国在短短几十年，从一个贫穷落后的农业小国发展成为举世瞩目的新兴工业化国家，跻身于经济发达国家行列，文化是韩国经济成功的深层底蕴。

最后，两地有历史恩怨和隔阂，社会制度和发展道路不同，有些媒体报道有失客观公正，缺乏责任感。由于部分韩国媒体对山东的错误解读，造成韩国人对山东的认识存在误解。虽然山东与韩国交流日渐频繁，甚至在两地分别出现了"韩流"滚滚、"汉风"阵阵的文化交流的繁荣景象，但事实上，韩国民众不仅对山东的了解相当肤浅，甚至对山东的认知还存在很多误区。[①]20世纪50年代，两地在朝鲜战争中分属不同阵营，兵戎相见，严重影响了两地关系的正常发展。朝鲜战争后，又隔绝和对峙了将近四十年，可谓是"冰冻三尺"，不可能瞬间即可化解所有的恩怨和隔阂。在资本主义道路上发展的

---

① 李爱华：《走出冷战：世界大势与中国对外战略》，济南出版社1997年版。

韩国不理解新中国的社会主义制度，对当代山东的真实社会情况知之甚少。韩国一些媒体由于认识的偏见和对庞大邻国高速发展的恐惧，不惜歪曲事实真相，对山东进行不负责任的负面和错误报道，使得普通韩国民众很难了解山东现代化建设的伟大成就。媒体尤其是网络媒体在报道韩国时，有时也有失公允，许多网友出于对韩国媒体和民众的不满，常常将韩国作为恶搞的对象，攻击韩国的言论也随处可见。有的网络媒体为了攻击韩国，不惜编写、传播假新闻（比如网上最受争议的"韩国称孙中山是韩国人、孔子是韩国人"），这种做法已经偏离了新闻媒体的基本准则，应该给予纠正。[①]

第四节　以深化人文交流与合作促进山东与韩国经贸合作的可行性方案

由于文化已经渗透到现代经济运行过程中，山东与韩国的文化交流大大推动了两地经贸领域的交流与合作，促使双边合作关系不断加强，相互依赖不断加深。"文化先行，贸易随后。"韩国流行文化在齐鲁大地上广受欢迎，为韩国商品进入山东市场提供了机会；从另一方面看，它也提高了韩国经济界对山东的关心程度，使彼此都成为双方重要的贸易伙伴。

一、文化先行，贸易随后

文化进出口贸易是全球服务贸易的重要组成部分，文化出口在各国的经济社会发展中发挥着越来越重要的作用。山东的文化出口近年来增长很快，但总量和规模仍然偏小，图书出版、电影、音像制品的比例更低，与山东作为一个文化资源大省的地位很不相称。山东应该全民动员，多方努力，政府、企业和广大民众都应该积极投身于本省文化的建设，扩大省文化产品的出口。通过文化出口促进山东的"文化软实力"。现在山东与韩国文化交流主要是韩国的大众流行文化输入山东，相比之下，山东的文化产品出口到韩国的比较

---

① 张连锋：《论中韩文化交流的发展》，山东师范大学硕士学位论文，2009 年。

少，很不对称。我们应该结合实际，运用有效方式把山东先进的文化及文化建设的最新成果介绍给韩国。和韩国方面加强合作，积极开展类似 2006 年在韩国举办的"感知中国"大型文化宣传活动，为韩国人民更好地了解山东和山东的文化提供方便。韩国已经成为新兴工业化国家，韩国人每年在旅游方面的支出占有很大的比重，山东还可以与韩国大力发展旅游领域的合作与交流，吸引更多的韩国人来山东旅游，让他们亲身接触山东，感性地了解山东和山东各地丰富多彩的中华文化。

进一步加强媒体交流，增进两国国民的认知度。媒体是当今信息社会的重要渠道，对两地的发展具有举足轻重的重大作用。通过影视和大众媒体，介绍两地的传统和现代文化，感受两地文化的亲密性和相互差异，提高共同享有的能力，例如儒学文化、鲁韩商道、生活风俗、衣食住文化、物质文化和非物质文化遗产等。中韩建交以来，双方媒体在促进两国关系发展、推动民间友好以及增进相互了解等方面作出了巨大努力，媒体交流在增进双方认知度中发挥了重要的作用。媒体的交流与合作使地区的全新面貌，尤其是改革开放多年来所取得的成就，比较完整地展示出来，有助于韩国国民对山东发展的理解；山东媒体对韩国的报道，不仅加深了山东人民对韩国的亲近，而且从中吸取了许多有益的经验。要加强网络信息的管理和正面引导，更多地释放正能量，妥善解决因互联网而引发的矛盾。同时，我们也希望媒体在报道的时候，做到真实、客观、公正。

二、开设相关人才教育课程，加强经贸合作

在国际竞争越来越激烈的今天，国家之间的联系越来越多，在这样的国际大背景下，适应国家经济社会对外开放的要求，培养大批具有国际视野通晓国际规则能够参与国际事务和竞争的国际化人才成为各国的必然选择，山东与韩国政府近年来也把大学的国际化发展上升为发展战略，体现了两地政府对培养具有国际视野人才的高度重视交流与合作，培养适应两国发展需要的国际人才更为迫切和重要。在山东的韩资企业，他们需要大批精通韩语和韩国文化的中国当地人才，这样才能更好地让韩国的企业融入中国社会，获取更好发展机会，让学生通过在中韩高等教育区自由流动，体会两国政治历

史社会与文化之间的异同，在交流中增进了解，开拓国际视野，避免传统教育带来的狭隘性、封闭性和隔离性。通过中韩高等教育区培养的具有国际视野的复合型人才正是在华韩资企业和在韩中资企业所急需的人才。提高两国经济贸易合作水平经济的交流与合作是两国交流合作的核心。中韩两国均是亚洲地区乃至全球的重要经济体，中国占世界第二位，韩国占世界第十四位，2015年两国GDP总量接近12万亿美元，两国GDP占世界的比重不断上升，然而两国之间的贸易水平还有较大提升空间。中韩两国在进行自由贸易协定（Free Trade Agreement，以下简称FTA）谈判期间，在很多领域仍不能达成一致，双方的交流沟通和共同研究仍需要加强。由中韩国两国教授学者共同研究出版的《中韩经济文化交流的诸问题与未来展望》一书中提出，树立中韩经济合作新计划，必须创建两国科学研究基地，以提高科技创新力。通过中韩高等教育区建设可以为研究基地培养更多的研究人员和经贸人才，弥补两国的智力资源不足，为双方教育科技经济实现跨越式发展提供智力支持，提高以经济领域合作为核心的全方位的交流与合作水平。

三、服务设施配套一体化，提供生活便利

完善的市场机制和法制体系是企业正常经营和公平竞争的重要保障。高标准的硬环境是吸引外资的基础，优化服务的软环境是吸引外资的核心。相对于硬环境，韩国企业更为关注的是法治和政策的稳定性、连续性。随着山东省经济的发展，山东"硬件条件"虽得到很大的改善，如公路、港口、水电等基础设施配套设备得到改善，但省内政策对韩国企业和韩国人缺乏稳定性和连续性。因此需要按照市场经济的规律招商引资，对外资的审核应从长远出发，以提高质量和效益为重点，借鉴发达国家的经验，完善外资企业准入制度和退出制度，设立技术门槛、环保门槛、信用门槛，加强对韩国投资的甄别和筛选。严格检讨检查各地方政府的招商引资政策，缩小给予外商企业的一些过分优惠的政策，促使形成一个理性而不是恶性竞争的招商引资的环境，政府部门严格按照市场规律和法律制度办事，保证对韩国企业和韩国人政策的连续性和稳定性，继续完善法制环境、政策环境、市场环境、管理环境，营造一个良好的投资环境。

全方位完善服务体系建设，对外企的服务体系建设至关重要，比给予优惠政策更能让外企长久发展。因此，对于在山东韩国企业，可以借鉴苏州工业园区、昆山对外企的管理经验，一是积极给予投资产业引导。定期发布产业投资指南，引导韩国企业投向高新科技产业、节能环保产业、现代服务业、先进制造业、信息技术、金融、新材料、新医药、商贸物流等产业。二是积极落实《中日韩投资协定》，相互简化出入境手续，对韩国企业和韩国人给予国民待遇，给予韩国企业、韩国人在居住、就医、就学等方面与山东省企业或人员同等待遇，支持韩国企业在财税、投融资、土地利用等方面享受与山东企业一样的扶持政策，鼓励韩国企业进入山东基础设施建设、公用事业领域，参与国有企业和各类企业的并购重组。三是积极开展两地经济管理规则、产业标准等方面的合作，加强与韩国进出口贸易、食品标准及安全等相关领域的相互认证，探索建立和完善地区标准、技术法规、知识产权标准等方面的对接①。四是积极帮助韩国企业融入当地社会，承担社会责任。企业要向长久发展，必须要承担一定的社会责任，赢得消费者和社会舆论的认可。因为企业生产的产品最终要由消费者使用，如果企业没有建立起良好的社会形象和声誉，被大部分消费者认可，那么其产品不会有高的市场占有率，企业很难取得长久发展，在市场经济中很难立足生存。因为未来企业竞争将步入社会责任竞争的新时代，企业要走向市场、走向世界需要得到社会和消费者的认可，必须提高对履行社会责任问题的认知度和自觉性。②

四、成立研究咨询中心，为企业进行项目调研和推介

（一）加强对企业内部研发活动的支持

韩国 20 世纪 80 年代以来为了应对发达国家的技术封锁，加强了自主研发能力，除了增加政府的 R&D 投入、加大基础研究投入力度外，还通过财

---

① 《山东半岛蓝色经济区建设中日韩地方经济合作示范区的框架方案》，《山东省人民政府公报》2012 年 7 月 23 日。
② 朱光伟：《在鲁韩国企业的政府管理问题研究》，山东大学硕士学位论文，2013 年。

政、金融等优惠政策鼓励企业设立研发中心、增加 R&D 投入、加强人员培训、企业联合开发等，政府公共研究机构也与私人研究机构进行联合开发，比如 1992 年作为加强制造业竞争力的一项政策，政府和民间合作开发了 919 项核心技术。这种自主研发活动，一方面提高了韩国的产业科技水平，促进了加工贸易结构的提升，另一方面也创造了良好了创新环境，吸引跨国公司在技术密集型产业投资。山东省目前的加工贸易 70% 左右是跨国公司进行的，可以说跨国公司的经营战略直接影响到山东省加工贸易转型升级的实现，如果山东省不加强自主研发能力的话，很可能被跨国公司锁定在低层次的劳动力密集型产业、简单的加工组装出口上。作为突破这种困境的一个重要措施，可以设立技术进步基金、增加优惠政策贷款以及其他金融、财政措施鼓励企业内部研发活动，这样不仅能够激励现有企业的研发活动，还可能吸引跨国公司来山东设立研发中心。

（二）合理开发利用本地人力资源潜力

韩国加工贸易结构不断升级的一个重要原因是能够合理开发、充分调动本国人力资源，20 世纪 60 年代经济发展初期靠廉价优质劳动力获取劳动力密集型产品的比较优势，20 世纪 70 年代选定的六个战略产业也考虑到了本国人力资源优势的发挥，以后又靠发展职业教育、高等教育、内部培训提升本国工人的技术能力，为技术引进、吸收、改造以及工艺创新等提供了人才储备，以致韩国的一些蓝领工人职位短缺，靠引进国外"研修生"补充。在本国劳动力成本上升以后，利用发展中国家的廉价劳动力加工组装，而把本国技术工人、研发人员引导到高档次产品、零部件的生产上。在开发利用本地人力资源方面，山东一些地市也做了有益的尝试，比如，威海市通过引进外地务工人员保持传统劳动力密集型产品的价格优势，通过加强当地青少年的职业技术教育培养技术密集型行业所需的技术工人。通过科学规划，向乡镇村转移劳动力密集型行业，在市区保留、引进技术含量高的行业和产品生产。这实际上是合理利用了本地人力资源的梯度特征，这样做，既有利于解决就业问题，也主动为加工贸易的转型升级创造了条件。①

国家协调国内企业的集体行动，投入研发的关键环节，加快企业积累研发的经验，提高研发的能力。由于企业之间竞争的存在，都不愿意共享与产品竞争相关联的信息，但在一般的知识和技术上，相互之间可以交流和共享，到那时缺乏一个产学研共建的平台，政府可以授权行业协会作为代表，在自愿参与的企业和大学之间建立战略联盟，开发基础技术，产学研相结合，合作进行测绘分析国际市场上已有的产品，联合研究和开发关键技术和先导型应用技术等，在联盟成员之间建立一个可以共享资源的数据库，国家投入一部分资金和建立公共实验室来鼓励和支持这种合作研发和建设数据库。联盟依托大学和科研机构，研发的项目和课题以开发企业产品为导向，对外国的前沿技术和先进产品进行研究和分析，并根据国内情况和国际情况加以改进，帮助企业建设自己的技术和产品数据库，促进企业积累研发经验、提升研发能力。企业加强研发力度离不开政府提高投入较大比重的研发费用，根据世贸组织的相关规则，发展中国家加入世贸组织以后，政府不可以再以进口替代的角度对国内的相关企业给予关税补贴，但是可以继续给予企业研发性的补贴。因此政府可以把进口替代优惠的关税政策转变为支持企业自主研发活动的优惠政策，比如，企业自主开发出来并申请获得知识产权的汽车产品，给予生产者在产品的生产阶段免税政策，鼓励生产，给予消费者在产品销售阶段免税政策，在销售阶段对消费者减免税收，鼓励购买，为企业打造良好的市场环境，逐渐提高汽车行业的综合竞争力。另外，政府利用相应的诱导性政策和强制性政策，比如，汽车行业进入方面，规定新进入者必须是自主研发的自主品牌，这种标准比传统的标准更严厉但是操作简单，可以限制盲目投资和重复建设，而且事实证明民营企业拥有更强的研发和创新能力，有利于形成技术进步的竞争格局，从而促进汽车产业的实质性发展。②

① 王建、陈宁宁：《韩国加工贸易政策及对山东省加工贸易转型升级的启示》，《山东经济》2007年第4期。
② 张天行：《中韩FTA对中韩汽车产品贸易的影响及对策研究》，中国海洋大学硕士学位论文，2014年。

五、饮食文化，促进农产品流通

中韩自由贸易协定自 2015 年 6 月签署以来，中韩贸易更加频繁。中韩自贸协定是中国迄今为止，涉及国别贸易额最大、领域范围最全面的自贸协定，整体农水产品税目中的 30%、贸易额的 60% 被列入为减免关税对象，这些产品将分为立即免除和 5 年、10 年、15 年、20 年等不同阶段递减关税。这意味着今后更多物美价廉的中国食品会进入韩国，韩国百姓餐桌上的中国食品也会越来越多起来。为抓住发展机遇，山东省商务厅在韩国举办的出口农产品质量安全示范省推介会，取得了良好的成效。此次山东出口农产品质量安全示范省推介会是山东省首次面向境外重要农产品出口市场的整体宣传推介，也是中韩自贸协定全部文本草签后地方政府首次在韩国举办的贸易促进活动。有关专家同时提醒，开展对外贸易要注意防范风险，要吸取兰陵大蒜等事件的教训。[①] 山东在发展对韩农产品贸易时可以借鉴兄弟省份已有的诸多与韩国相关的涉农知识产权案例，从而建立一整套有效的预先防范机制，避免遭受不必要的损失。

（一）采取有效措施，推进农产品地理标志与商标保护工作

首先，发挥专业合作社和中介组织的服务功能。农产品行业协会、农技推广机构、农民专业合作组织可以作为农产品地理标志或商标的申请主体。农产品地理标志证明商标注册人依法享有地理标志使用的管理权，承担对地理标志农产品的生产指导和质量管理的责任。其次，加强技术指导各级农业主管部门。要积极组织农产品行业协会、农技推广机构和农民专业合作组织。引导生产者严格按照特定的生产规程生产地理标志农产品，及时制定地理标志农产品标准和生产规程，开展地理标志标示产地条件的评价和相关产品的检验检测工作。引导和支持农业龙头企业和农民生产、经营地理标志农产品。最后，加强地理标志标识的使用管理。为保证已注册地理标志和商标农产品的品质信誉，避免农产品地理标志和商标标识出现混乱，各级商行政管理机

① 赵春晓：《农产品出口韩国前景看好》，《农业知识》2015 年第 26 期。

关和农业主管部门要积极指导注册人规范使用、管理农产品地理标志和商标标识。

（二）加大植物新品种权的申请泼展、保护力度

制定更加完善的配套政策和激励措施，提高植物新品种权的申请量。应当进一步简化品种申请和授权的程序，加快审批、授权的速度，使申请人的合法权益得到及时的保护，如修订申请格式的版本，① 删除重复的内容；简化对农作物品种的数量性状的描述内容，要突出主要的性能和特点；根据不同生态类型和区域，选择适当的测试点以尽可能地降低测试的费用和工作量等。加大对品种权人的保护力度把对品种权的保护范围从过去单纯保护品种权的销售权扩大到许诺销售权、出口权和进口权等。打击侵权者在境外生产、繁殖授权品繁殖材料然后通过进口在境内销售侵权品种的不法行为。同时，应当建立有效的惩罚性赔偿金制度，以加大对品种权人的保护力度。

（三）充分运用韩国既有的知识产权立法保护机制

山东要做好对韩国既有法律体系的研究和利用工作。建立可行性的司法代理制度，掌握 1998 年韩国制定的《生命工学领域专利审查基准》以及"转基因序列电子申请制度"和"转基因序列基础数据及生命工学检索体系"。韩国农林部根据《种子产业法》对植物新品种权进行保护，山东也要进一步发展与韩国农林部门间的合作关系，以便利农产品知识产权保护。

（四）在 WTO 争端解决机制下做好农产品知识产权保护

山东在处理与韩国农产品知识产权纠纷时应接受该组织在协调各成员之间贸易或与贸易有关的争端方面的非诉讼强制力，使其拥有类似国内法意义上的强制管辖、裁决和制裁等一系列权力。

---

① 岳帅伯：《山东与韩国农产品贸易中的知识产权保护分析》，《科技信息》2010 年第 21 期。

第七章

山东与韩国地方政府合作

山东与韩国地方政府合作是一种以地方政府为主导的跨国界、跨区域的政府合作形式。当前，"一带一路"、中韩自贸区战略正在推进，山东与韩国地方政府应该抓住这不可多得的历史良机深化双方合作，这不仅带动山东与韩国地方政府合作的深入延续发展，而且对带动山东与其他国家和地区开展地方政府合作具有较强借鉴意义。自中韩建交以来，得益于优越的地理位置、人文习俗相近等优势，山东与韩国地方政府合作日趋密切，成效明显，但是在山东与韩国地方政府合作过程中，存在诸多问题。探讨山东与韩国的地方政府合作，对区域和自贸区的理论与实践都具有重要的意义。

第一节　山东与韩国地方政府合作的实践与经验

作为中国最早同韩国进行商贸往来的省份并担当了中韩两国共同发展中轴作用的山东，与韩国文化相通、习俗相近，并且有着优越的地理位置优势，为双方地方政府合作提供绝佳便利。山东与韩国地方政府合作的历程可大体分为四个阶段。第一阶段是中韩建交前。1987 年 12 月，卢泰愚当选韩国总统。他以政治家的敏锐眼光预见到中国在世界上愈加重要的影响和地位，决定打破韩国与中国长久隔阂的局面，从而顺应时代发展与中国进行合作。1988 年 3 月 1 日，卢泰愚召见韩国著名华人社会活动家、祖籍山东的韩晟昊。其后经过多次交谈，双方决定先以山东为基础、借民间贸易之名进行往来，并派韩国组成经贸团赴华考察，拉开了韩国与山东地方政府合作的序幕。这是互相探索和了解的最初阶段，一直持续到中韩建交。第二阶段从中韩建交后到 20 世纪末，山东与韩国地方政府合作在实践中探索。双方地方政府结成了若干友好城市，韩国驻山东总领事馆开馆，开通航运海运航线，该阶段的双方合作互相摸索和融合，并取得一定的进展。第三阶段是 21 世纪初到 2015 年，山东与韩国地方政府合作形成全面合作关系。双方地方政府举办韩博会、论坛、洽谈会等活动，互动交流不断，交往不断深化。第四个阶段是从 2015 年至今，山东与韩国地方政府合作纵深发展。2015 年，《中韩自由贸易协定》签署，并创新性地引入地方经济合作条款，特别提出将山东的威海市和韩国仁川自由经济区作为地方经济合作示范区，发挥示范和引导作用，建立了省部级协商机制，为双方地方政府的合作提供了更加优异的交流条件，双方合作渐入佳境，发展趋势更是蒸蒸日上。

在双方地方政府的不断努力和推动下，山东与韩国的贸易、投资、旅游等各项合作取得重大进展。2015 年，山东对韩进出口总额为 322.5 亿美元，占山东对亚洲全部贸易总额的 27.5%，居山东第一位。韩国已成为山东第一大境外游客来源地、第二大外资来源地、第二大贸易伙伴。当前，山东已经开始试运行统一的电子口岸，在沿海港口和海关特殊监管区全面推行实施"三个一"，即一次申报、一次查验、一次放行通关模式；山东对韩贸易初步形成了以威海、烟台、青岛等沿海城市为枢纽的中韩"空运速度、海运成本"黄金通道。可以预见，未来山东与韩国地方政府的合作将取得更加瞩目的成绩。而这些无不归功于山东与韩国地方政府良好的合作，主要体现在以下几个方面。

一、建立了合作机制

山东与韩国地缘相近，基本处于同一纬度上，两地相距最近处只有 90 海里。自从中韩建交以来，以省长为首的领导人主动出访，山东各级地方政府积极发展与韩国地方政府的沟通交流，合作机制逐步形成。一是建立了省部会商机制。中韩建交以来，山东在位省长赵志浩、李春亭、韩寓群、姜大明、郭树清等都带领团队对韩国有关地区进行了实地访问。赵志浩省长在 1994 年

7月访问韩国时专程访问庆尚南道，双方签署《关于在山东省内建设庆尚南道专用土地成片开发区域的基本协议》，此时协商机制处于萌芽时期。其后，李春亭、韩寓群省长均到韩国进行访问，与韩国地方政府建立了良好合作关系。2003年10月，山东省委书记张高丽与京畿道道知事孙鹤圭签订了关于加强合作的会谈纪要；姜大明省长在2012年7月访韩期间拜会了首尔特别市市长朴元淳、京畿道经济副知事李在律、全罗南道知事朴晙莹，并分别签署了友好合作备忘录，合作机制逐步形成。在2015年8月，郭树清省长拜会了韩国国会议长郑义和，会见了韩国产业通商资源部部长尹相直，双方签署了经贸合作谅解备忘录，建立省部会商机制。正是由于各位省长在韩积极与当地政府部门进行交流协调，与韩国产业通商资源部建立省部会商机制水到渠成。2016年7月，第一次山东省与韩国省部级联席会议和第一次山东—韩国交流合作在济南举行，韩国产业通商资源部副部长禹泰熙率领过400人的企业代表团参加以"中韩FTA时代鲁韩经贸合作方向"为主题的会议，效果显著。二是双方地方政府的有关部门建立了教育、环保、经贸、旅游等合作机制。2012年10月，旨在整合两省道教育资源，促进高校交流与合作和高层次人才往来的"山东—京畿高校合作联盟"成立大会在济南召开，将整合两省道教育资源，加强教育领域的合作，为两省道和两国间的发展输送人才；其后，2013年9月，韩国京畿道教育监（教育厅厅长）金相坤与山东省教育厅会见签署了《友好交流协议书》，进一步加强合作。2014年11月，山东省环保厅主办的山东省—首尔市环境技术合作论坛在济南举行，双方环保部门签署了《关于合作改善大气质量的谅解备忘录》。从2002年起，山东商务厅主办的国际性品牌展会韩博会，被誉为韩国本土之外最大规模的韩国商品主题展，至今举办6次，将进一步深化山东与韩国在金融、电子商务、流通、产业园区、自由贸易示范区建设等方面进行互动合作，共同推动山东与韩国在新业态、新模式和重点项目领域的对接合作。山东省旅游局已与京畿道、庆尚南道、忠清南道、忠清北道、全罗南道、釜山广域市、仁川广域市、光州广域市与世宗特别自治市签订了《旅游友好合作协议》，将加强在旅游资源开发、市场开拓、互送游客、旅游商品开发、旅游人才教育培训等领域的交流与合作。三是建立了地方城市间规范化、制度化的交流机制。青岛市商务局已先后与韩国釜山、大田市签署了经济合作伙伴关系协议书，并完成青岛—釜山、青岛—京都经贸理事会的设立，双方各设立秘书处，为政府部门、经济团体、企业间搭建起经贸合作交流的直接平台。东营市与韩国杨州市于 2008 年建立友好往来关系，先后签订了《中国东营市与韩国杨州市缔结友好交往城市关系意向书》《中国山东省东营市与韩国京畿道杨州市互派公务员协议书》《中国山东省东营市与韩国京畿道杨州市教育交流协议书》《中国山东省东营市与韩国京畿道杨州市互派公务员补充协议》，两市在经济、贸易、科技、文化、体育、卫生、教育等各个领域开展了丰富多彩的交流与合作。特别是自 2012 年两市《互派公务员协议书》签订以来，两市已互派公务员赴对方政府部门交流研修，项目实施进展顺利，取得了良好成效。

二、设立代表处

2002—2004 年韩国连续 3 年成为山东省第一大贸易伙伴，双方经贸往来进一步拓展和深化。2004 年全年对韩进出口总值 126.2 亿美元，比 2003 年增长 30.9%,[①] 成为山东省第一大进口来源地、第三大出口市场。山东也成为韩国企业家投资中国内地最多的省份，截至 2004 年年底，韩国在山东的投资达到 102 亿美元，约占韩国对华投资的四成左右，为推动中韩关系持续发展作出积极贡献。随着山东对韩"走出去"的规模与步伐不断扩大，为了进一步密切和加强与韩国地方政府的沟通联系，宣传推介鲁韩双方投资营商环境，为双方企业开展投资贸易活动提供服务，积极打造鲁韩经济发展新的增长点，2005 年 1 月，山东省政府在汉城（现称首尔）设立驻韩国经贸代表处。

作为山东与韩国经贸交流与合作的窗口，代表处为扩大山东省与韩国地方政府的合作提供了保障和方便条件，促进山东与韩国地方政府合作关系不断发展。代表处的主要职能包含以下几项内容：一是加强调研，及时了解和报送韩国经济动向、经贸政策、产业转移趋势、海外投资的第一手信息，提出促进山东省与韩国经贸合作发展的工作建议；二是密切跟踪韩国重点产业和 30 家世界 500 强跨国公司、行业龙头大企业集团，围绕高新技术、现代制造业、节能环保、现代农业和现代服务业等领域，积极开展重点项目的招商

---

① 海关综合信息资讯网，见 http：//www.china - customs.com/customs/data/2005/6515.htm。

引资；三是搞好贸易促进工作，提供贸易信息，协助企业开拓市场，解决贸易纠纷问题；四是积极推动有条件的省内企业"走出去"，到韩国开展经济和技术合作，为优势企业在韩国上市提供支持；五是促进和建立与韩国政府部门、地方政府、经济团体、金融机构、新闻媒体间的交流与合作关系，及时做好省情宣传，提高山东的知名度和影响力；六是协助和组织安排高层出访活动，承办重大经贸活动；七是积极邀请韩国经贸团组来山东进行投资贸易考察和洽谈；八是与我国驻韩国大使馆经商处保持联系和沟通；九是协助省直有关部门和各市开展对韩国经贸合作，联络山东省各市驻韩国经贸代表机构，提升整体工作效果；十是承办省政府和省商务厅交办的其他重大事项①。2005 年，山东与韩国的贸易额比 2004 年增长了 30%，韩国投资跃居山东首位，代表处发挥了不可替代的作用。

韩国也重视与山东的交往合作。1994 年 9 月 12 日，韩国驻青岛总领事馆开馆，这是新中国成立以来韩国在山东省开设的第一个外国总领事馆。该馆的设立，对加强山东与韩国地方政府的合作尤其是韩国对山东的投资合作起到了积极的促进作用。当前，山东正在积极融入国家"一带一路"战略，深度参与中韩自贸区地方合作，打造中韩地方合作核心城市地区，为双方深化交流合作开辟了新空间。韩国驻青总领事馆将推动山东与韩国各城市在更广领域开展合作，携手开创互利共赢新局。2015 年 9 月，韩国京畿道政府把办事处设在潍坊市经济开发区，并分别在潍坊市滨海开发区和潍坊经济开发区投资建设京畿道—潍坊韩国（经济区）产业园，韩国最著名的商业龙头企业东大门商业共同体将在潍坊市独资建设韩国城高端商业项目。

三、加强友城建设

通过大力实施国际友好城市拓展战略，山东与韩国二十余个城市建立了友好合作关系。友好城市作为对外交流的主要载体，已成为山东与韩国交往的重要途径。友好城市活动也从最初的双边合作发展到多边合作，合作的内容从政治、经贸拓展到文化、教育、人才、城市建设、环境保护等诸多领域，

---

① 山东商务网，见 http：//www. shandongbusiness. gov. cn/public/html/news/201407/316740. html。

对推动双方共同繁荣起了很大作用。根据"突出重点，全方位、高水平扩大对外开放"的总体要求，山东选择韩国地方重点友城的重点产业，建立高效顺畅的联系渠道，健全工作机制，完善具体措施，实施优势互补、互利双赢、共创繁荣的原则，与韩国的一些重要城市结为友好城市。目前，山东与韩国庆尚南道、京畿道建立了两个省级友城（见表 7 – 1）。其中，山东省政府和京畿道政府于 2000 年 4 月签署了友好交流合作协议，2009 年建立了友好省道关系，积极推进"山东省与京畿道大学交流协议机制"构筑工作，并从 2013 年起，开始互派公务员进修团，加强两地之间的行政交流。从地市级层面来说，除济宁市与枣庄市尚未与对方建立地方政府合作关系，其他地市已与韩国的水原市、大邱市、广州市、三陟市、群山市、安养市、泰安郡、丽水市、唐津郡、军浦市、始兴市、宜宁郡、高阳市、金浦市等建立了市级友好城市 18 个（见表 7 – 2）。此外，还建立了胶南市与庆山市、平度市与九老区、莱州市与北济州郡、乳山市与河南市、荣成市与瑞山市 5 个县级友城。

　　随着友城交往的纵深发展，2005 年 9 月，山东省政府和韩国驻青总领事馆在共同主办了"第一届中国（山东省）—韩国城市经济交流会议"（又称"中韩 8 +8 城市会议"），双方围绕"合作、发展、共赢"的主题发言，决定每年在 16 个城市轮流举行，建立起中韩 16 个城市间更高层次、更具推动力、更加务实的合作长效机制，全面提升中韩地方城市多领域的合作，进一步提升整体竞争力。2007 年 5 月，金文洙访问山东期间首次提出了成立友城联合体的构想；2008 年 5 月，姜大明与金文洙在青岛签署了成立两省道友城联合体的协议书；2009 年 12 月 11 日，山东省与京畿道正式结为友好省道关系。2011 年 8 月，友城合作取得了更进一步的发展，在济南举行的山东—京畿友城联合体大会上，围绕"搭建中韩次区域交流平台，共创山东—京畿友城合作新局面"主题，举行了友城联合体领导人会议、山东—京畿发展论坛等活动，通过了《2011 山东—京畿友城联合体共同宣言》。山东—京畿友城联合体正式建立，开启了友城合作的新模式，搭建了资源共享的友城联合体平台。友城之间将不断完善交流机制，在产业、交通、贸易等领域开展更多更深入的合作，推进鲁韩地方政府合作的交流发展，努力创造双赢的友城合作关系。

表 7-1 山东与韩国地方政府设立的省（道）级友城

省市	韩国省（道）	签字时间	地点
山东省	庆尚南道	1993.09.08	济南市
山东省	京畿道	2009.12.11	京畿道

资料来源：根据山东省人民政府外事办公室（http：//www.sdfao.gov.cn/col/col40/index.html）网站资料整理而得。

表 7-2 山东各市与韩国地方政府建立的市级友城

山东省（市）	韩国市	签字时间	地点
济南市	水原市	1993.10.27	济南市
青岛市	大邱市	1993.12.04	青岛市
淄博市	广州市	2003.12.05	淄博市
东营市	三陟市	1999.03	三陟市
烟台市	群山市	1993.11.03	烟台市
潍坊市	安养市	1995.05.08	潍坊市
	牙山市	待签	
泰安市	泰安郡	1997.04.23	泰安郡
威海市	丽水市	1995.02.27	威海市
日照市	唐津郡	2007.04.23	唐津郡
莱芜市	抱川市	待签	
临沂市	军浦市	2011.01.19	临沂市
	镇海市	2003.10	镇海市
德州市	始兴市	2005.05.18	始兴市
聊城市	宜宁郡	2001.06	宜宁郡
滨州市	高阳市	2006.04.28	高阳市
	任实郡	2014.02.21	
菏泽市	金浦市	2005.06.28	金浦市

资料来源：根据山东省人民政府外事办公室（http：//www.sdfao.gov.cn/col/col37/index.html）网站资料整理而得。

友城工作取得了巨大的经济效益。以青岛、烟台为例，青岛与韩国 6 个城市结为友城，韩国也成为青岛缔结友好城市最多、交流最为密切的国家之一。在青岛落地的韩资项目达 1 万个、投资额超过 152 亿美元，居全国同类城市首位①。2015 年青岛与韩国进出口贸易总额为 77.9 亿美元，占山东对韩贸易总额（322.5 亿美元）的比重达到 24.2%；青岛对韩国的投资额也达到 2.4 亿美元。烟台已与韩国仁川、蔚山、群山、原州、安山等 5 个城市缔结友好城市关系，烟台市 2015 年新引进韩资项目 73 个，实际使用韩资 2.2 亿美元②。对韩贸易额突破 110 亿美元，占山东对韩贸易总额的比重达到 34.1%，居山东首位。

四、发挥贸促会作用

贸促会属于半官方半民间性质的组织，由于具有特殊性、灵活性，它可以绕开一些比较敏感的问题，以民间组织的身份出现，对外开展往来。贸促会对推动山东与韩国地方政府的合作起着重要的作用，在官方不方便出面的地方，通过贸促会比较容易进行。近年来，贸促会主要做了以下工作。一是举办韩博会。自 2012 年起，每年举办一届，已经举办了 5 届。其主要是山东省贸促会等共同主办，其他部门等参与协办。二是举办论坛。2015 年 6 月，山东—韩国合作发展论坛是中韩自贸协定签署后首个双方共同举办的经贸论坛，自贸协定将为鲁韩地方政府合作带来新的机遇，未来山东要不断扩大对韩贸易，最大限度实现通关便利化，扩大双向投资，实现互联互通，让鲁韩企业得到实惠。三是加强外联调研。2016 年 4 月，山东省贸促会率"山东省贸促会推动中韩自贸区园区建设访问团"赴韩国首尔、仁川访问，就中韩 FTA 框架下加强两国"双园双区"建设、推动鲁韩经济进一步融合等事宜进行了专题调研考察。特别指出的是中韩未建交时，青岛市贸促会就在 1988 年以民间身份组成山东省第一个赴韩经贸考察团，就一些具体合作项目签订了备忘录。四是密集交流互访。山东省贸促会注重对韩经贸网络建设，积极加强与韩国工商界的沟通与联系，全面加强对韩经贸交流。当前，贸促会共与几十余家韩国商协会组织建立了联系，并与多家商协会组织签订了友好合作

① 《中韩合作交流的青岛破冰人》，《人民日报》海外版 2015 年 10 月 8 日，见 http：// paper. people. com. cn/rmrbhwb/html/2015－10/08/content_ 1619150. htm。
② 《烟台市多措并举抓好招商工作》，山东商务网，见 http：//www. shandongbusiness. gov. cn/public/html/news/20160722/365001. html。

协议。五是推动定期交流机制化。以青岛贸促会为例，青岛贸促会与仁川商工会议所、群山商工会议所建立了企业家理事会，并与韩国仁川商工会议所实现了企业家代表团互访。青岛市贸促会积极充当牵线搭桥的使者，举办每年吸引近百家韩国企业携产品前来参展的青岛进口名品展，同时，组织青岛企业主动"走出去"参加国际展会成为其开拓国际市场最有效的方式之一。

第二节　山东与韩国地方政府合作存在的问题

山东与韩国地方政府合作在双方的努力下已取得突破性进展，然而，在由共识到实质合作的进程中，双方政府间的合作仍充满各种挑战与困难，面临着许多制约因素，主要表现在以下几个方面：

一、合作制度化水平不高

山东与韩国政府合作要求有一定的制度作为保证。然而，在山东与韩国合作中，政府合作制度存在明显的不完善和滞后等问题。首先，从山东与韩国地方政府合作的组织体系结构上看，虽然目前已与韩国产业通商资源部建立了省部会商机制，但是有待进一步健全其组织体系。而山东—韩国经贸合作论坛、友好合作联席会议、经贸洽谈会等组织，更多地属于一种非官方、非正式、非强制性的协商性组织，问题解决能力较弱，同时组织较为松散、规格较低、权威不足。其次，由于松散组织机构的不完善使得相应的决策、监督和协调体制不完善和滞后。例如2014年12月山东临沂兰陵县2200吨大蒜遭韩国退回的事件。事情的起因是2014年11月韩国政府通过招标进口山东临沂兰陵县产的大蒜2200吨，货物由裕隆食品公司代理出口。12月初，按照标书规定，由官方质检机构韩国农水产食品流通公社专职质检人员对大蒜进行检验、监装，检验内容大蒜质量检查合格的大蒜进行装箱运输，然后发货；12月中旬，货物到达韩国釜山港口，由韩国食品医药安全处和韩国农管所分别进行货物检验；韩国食品医药安全处负责对大蒜进行动植物检疫，农管所负责大蒜的质量检验，但是农管所表示，质量检验不合格，重缺点大蒜超标,要求返送货物①。关于出口合同的文书,中方只翻译了比较关注的合同内容,因此造成了本次的事件。后来,由山东省商务厅介入,启动应急机制,就大蒜退运事件照会韩国驻青岛总领馆,退运大蒜组织内销等,问题得以解决。而一开始蒜农与韩国政府方面的沟通都通过大农农产公司进行。事后,为了防止类似事件再次发生,韩国农水产食品流通公社(aT)在山东青岛设立了旨在缓解韩中间贸易摩擦的"国营贸易支援中心"。此次事件如果有相应的制度保证文本全部翻译,或者有相应的事前预防制度与措施,事后有关机构与韩方协商沟通,蒜农损失可降至最低或者完全避免。承担着山东与韩国合作中决策和协调功能的经贸合作论坛、友好合作联席会议等,实际上这些只是一个开放式的研究、交流和沟通平台,并不是真正的决策和监督机构,制定的规章制度对各成员单位没有强制性的约束力,需要进一步加强其权威性。

二、多数交流活动不深入

不可否认,双方政府间进行了很多层面的交流活动,但是大部分地方政府间交流活动还没摆脱友好层次,因此需要进一步提升交流活动。当前,除青烟威合作较为深入,其他地市的多数地方政府合作大都停留在表面,如旅游、人文等领域,而在涉及实质性利益问题时,则难以达成共识。青岛、烟台、威海由于地理位置关系与韩国地方政府互动合作密切,成效明显,但是其他城市虽然建立了友城关系,进一步的经济、文化、贸易活动等几乎没有深入开展。比如以引资为例,有的项目山东地方政府有意向与对方合作并欢迎来考察,但是由于不同于国内的体制,韩方不能对民间经贸活动直接施加影响,因此,除非企业自身愿意,否则政府无法率领企业界人士到访,认识的偏差使得不容易达成合作项目,其实韩国的一些民间知名人士在合作上有更深远广泛的影响。由于双方地区经济差别大,双方经贸合作的契合少、合

---

① 《2200 吨出口韩国大蒜被退回 蒜农质疑质检不符合流程》,新华网,见 http://news.xinhuanet.com/fortune/2015-02/01/c_1114205483.htm。

作少。双方在共同的产业领域比如农业、贸易、商业等了解程度不深，因而双方重视程度不够。在合作中，急于求成，服务欠缺，使得合作不能顺利进行。

三、地方政府合作面临竞争

中韩 FTA 是目前中国对外正在进行的自贸区谈判中覆盖领域最广、涉及贸易额最大的自贸区。《中韩自由贸易协定》的签署对于山东经济的进一步开放，有利于山东产业的转型升级，有益于山东经济结构调整，对于山东各级转换政府职能，深化山东对外开放等，都非常有意义。但是，对于其他省的意义同样重大。随着中韩自贸区协定的签署，众多其他省市看到了其中的巨大潜力与意义，纷纷利用自身优势积极与韩国地方政府进行合作，山东面临竞争压力。目前，除山东（2015）外，韩国还与广东（2010）、陕西（2012）、四川（2015）、江苏（2016）四个省建立了中国政府的高级别合作机制，并将加强与这四个省级政府合作。2015 年全国 GDP 总量排名第一的广东已经在首尔举行了 6 次韩国—广东发展交流会，排名第二的江苏在经济、贸易、产业、能源等领域与韩国地方政府扩大全方位交流与合作。当前，江苏已成为最具经济活力的长三角韩资密集区。山东与韩国地方政府的合作面临来自国内的较大冲击，这就需要山东在充分分析与掌握当前形势的情况下，依靠自身优越的地理位置优势与雄厚的经济实力，通过不断深化与韩国地方政府经贸联系与合作，在竞争中脱颖而出。

四、地方政府间合作力度不够

虽然山东与韩国的地方政府一直努力推进合作，举办不同类型的出访、论坛、展会等交流活动，以此增强彼此之间的合作，但是地方政府在合作面上也比较狭窄，政府的合作力度欠缺，彼此之间没有协调得很好，2008 年韩资集体撤离说明这一问题。地缘毗邻的山东曾是韩国老板的投资天堂，当时国内约有韩资企业 46000 家，其中 1/3 在山东，从 2000—2007 年间，共有 8344 家韩国企业在青岛投资，其中 2.5% 的企业（206 家）已经非法撤离，尤

以 2007 年的情况最为严重，非法撤离的企业多达 87 家，占撤离企业总数的
42.2%[1]。以上统计并不包括胶州、烟台为数不少的韩国老板半路撤离事件。
另一组公开数据显示，韩国企业正以每年减少 500 家的速度"撤离"山东[2]。
韩资撤离的原因从企业自身来说是企业可行性研究不足，短期行为严重；企
业缺乏竞争力，抗风险能力差；不注重本土化经营，管理水平低下[3]。但与双
方地方政府合作力度不大有一定关系。如果双方地方政府加强对韩资企业的
监管与沟通，山东引资时加强对企业的相关审核——多引进有竞争力而不是
30 万—50 万美元之间的中小型企业，收紧贷款条件，增强税收监管，加强对
工人合法利益的保护，那么韩资撤离完全应该可以避免。双方地方政府应团
结起来，定位长远合作，深化彼此间的了解和沟通，加强交流，并带动产业
间的交流和合作，这样使双方经济发展更加顺畅。

第三节　加强山东与韩国地方政府合作的对策

"一带一路"战略的实施与《中韩自由贸易协定》的签署，为山东区域
经济发展和对外开放的整体格局提供了新的机遇。对山东产业升级、经济结
构调整有重要意义，对于山东加强与其他国家地方政府合作有着示范作用，
对提升山东开放型经济水平有着深远影响。山东也积极抢抓这一机遇，全面
深化山东与韩国的地方政府合作，借势提升对外开放水平，从更高的起点、
更大的视野、更新的角度开展行动，依托中韩自贸区推动山东与韩国地方政
府的纵深合作。

---

[1]　金南顺、陈丕方：《韩资企业撤离中国的深层原因分析》，《济南大学学报（社会科学版）》
2009 年第 1 期。

[2]　《日韩企业撤离中国：山东日企比 10 年前少了一半》，搜狐财经，见 http：//business.sohu.com/
20150228/n409213323.shtml。

[3]　刘晓宁：《韩资非法撤离山东的原因、影响及对策分析》《山东经济》2008 年第 5 期。

一、完善合作机制

山东与韩国地方政府合作的制度安排涉及多层面的内容并具有重要意义。机制的最大功能就是为实现合作创造条件，保证合作的顺利进行。机制对于合作的顺利进行有着非常重要的作用，尤其在地方政府合作中更加重要。因此，应从战略层面加快建立和完善山东与韩国地方政府合作的协调机制，促使山东与韩国地方合作的制度化和常态化。首先，把山东与韩国地方政府合作纳入"一带一路"框架下进行制度建设，推进山东与韩国地方政府合作与"一带一路"等机制的沟通，促进各地方政府之间的相互借鉴、相互协作、相互促进，从而为山东与韩国地方政府合作构建良好的合作制度环境。其次，创立制度化的多层次的组织机构。有效的组织是制度变迁的关键。组织的安排方式可正式也可非正式，可强制性也可非强制性。因此，基于山东与韩国地方政府合作实际情况和成功的区域合作实践经验，目前山东与韩国合作的首要任务是建立起具有强制性约束力的多层次的区域性组织机构：第一，可以借鉴大湄公河次区域政府合作模式建立"山东与韩国地方政府联合管理委员会"作为山东与韩国地方政府区域内的综合性权威机构，可与省部会商机制共用一个班子，建立多种协调机制、共同制定政策、协商解决问题、汇报双方协调和进展情况等；在其领导下分设相应的协调机构、仲裁机构和参谋机构等职能性机构，并把已成立的双方合作论坛、山东与韩国联合专家组、山东与韩国智库峰会等纳入到其旗下。第二，在山东与韩国地方政府内建立相应的管理机构，如"山东与韩国地方政府合作秘书处"，其主要职责是负责本区域内的具体事务，同时接受"山东与韩国地方政府联合管理委员会"的指导。第三，成立以项目为导向的项目管理机构。其主要职责是围绕山东与韩国地方政府合作项目进行具体的领导和管理，如"海底隧道领导小组"。这样便形成了一套具有立体架构的组织机构，从而为山东与韩国地方政府合作提供组织保障。总之，在山东与地方政府合作建设的进程中，以合作协商为出发点，以常态化的制度建设为核心，实现双方地方政府的良好合作。

二、深化友城合作

一座城市对外交往需要一个国际交流平台，国际友好城市就是这样一个平台，如果没有国际友好城市平台会缺失双方和多边交流合作的支点。通过友好城市间的经贸交流活动，推动双边及多边的经济共同发展，这是经济全球化进程的一个主要趋势，也是各国城市寻求自我发展、自我完善和提高综合竞争力的有效途径。友好城市经济交流，要在优势互补、互惠互利的基础上，不断拓宽双边优势产业的交流与合作，实现共同繁荣。友城是国际化的实践者、推动者、参与者，也是（城市）国际化受益者。选择友好城市应注重实效，突出经贸特点，通过友好城市（建设）对经济社会、商贸有实质性的促进。应依据自身特色，不断创新交流方式、加强深度合作、扩大合作规模，推动山东城市走向国际化。

中韩自贸区的签署给友城工作带来了前所未有的发展新机遇。山东与韩国有其独特的地理优势，省友协通过民间交往，配合国家总体外交和省外事工作，推动发展山东同韩国的友好合作交流。友城部应树立"项目友城""大友城"的理念。用项目推动友城发展，用友城推动项目实施。让友城和项目互动起来。以友城为平台，整合社会资源进入，营造各取所需、多方共赢的局面，达到友城事业效益最大化的终极目标。根据山东特点与优势发展友城，在经贸、教育、文化、科技、工业、农业等领域寻找相似性与互补性进行对接，实施项目跟进，最终形成上下联动、左右互动的聚合效益，实现立体式发展。加强双方领导和工作人员之间的交流互访，友城间相关政府部门建立比较紧密的合作关系，形成更有效的合作机制，可以在经济合作潜力较大的友城，成立双边经贸合作委员会，以商务、经信委、中小企业局等经贸部门为成员单位，指定联系人，定期交流信息，探讨共同感兴趣的具体合作方式和内容。加强双方在共同产业领域如农业、商业、贸易等行业的交流。加强友城交流中、长期计划的制定和实施，加强对有关行业的需求进行调研，挖掘合作潜力，组织安排一些互访交流项目，通过结为友好行业组织、签订友好交流协议、定期互访等加强交流。选择产业上具有互补性，在交往实力上具有同等性，把友好城市从官方交往推向全社会、全方位的交往。建立出访达成合作意向的跟踪服务机制、加强交流中达成的出访协议及有关情况跟踪，建立合作机制。同时，积极寻求与友城的有关商协会、中介组织、金融机构、跨国公司、中小企业和华人华侨团体建立友好合作关系。

三、优化合作环境

山东与韩国地方政府合作的目的是为了发展，而发展尤其是经济的发展主要依靠企业，完善的市场机制和法律体系是双方成功合作的保障。应注重政府机构、企业、财税、金融、投资等的改革，共同推进通关便利化，推动双方企业与"一带一路"、自贸协定战略相衔接，营造国际化、法治化营商环境，为双方加强交流、提升竞争力、深化合作创造更加广阔的空间。一是成立产业合作委员会，以双方的经济、贸易、产业、金融、资源管理等方面的政府管理部门为主体，吸收专业学者和企业家参与，从政府层面保证产业合作的顺利实施，改变产业合作缺乏系统和影响力的领导组织机构的局面。二是加强基础设施建设。推动建立一个运输合作机构，并探索改进提高的方法，需要进行以下工作。首先，中韩铁路轮渡项目建设。当前已经选好地址，中方为山东烟台港四突堤、韩方轮渡港址为韩国仁川港，其对促进山东与韩国地方政府合作，加快经济发展和人员往来具有积极作用。其次，开展烟大铁路轮渡扩展项目建设，又称作环渤海铁路轮渡，分别由德州—东营城际、东营至潍坊（滨海）城际、潍坊—烟台城际三段城际铁路组成。环渤海高铁建成后，将进一步拉近韩国地方政府与潍坊、东营、滨州等市的时空距离，使得山东对韩国合作从沿海至内地逐步推进，从而加强内地与韩国地方政府的进一步合作。最后，打造山东与韩国的物流基地。依托现有港口、城市和产业聚居区，互相建立合作关系，交换贸易信息，形成港口城市间交通网络等。建设各种功能完善配套的物流园区，推进山东与韩国地方的运输合作。构建双方物流企业、物流园区的联系和合作，打造中韩物流合作平台，建立物流企业信息反馈机制，构建区域性物流快速反应机制。

四、拓展合作领域

山东应加快推进供给侧结构性改革，努力将自贸机遇转化为山东发展转型升级新动力，积极推进建立新的政府间合作项目，全面提升山东与韩国地方政府间的合作水平。一是加强新兴产业合作。山东高度重视发展新兴产业，出台了《关于加快培育和发展战略性新兴产业的实施意见》（2011 年）、《战略性新兴产业发展"十二五"规划》（2012 年）等，将新材料、新一代信息技术等作为重点发展的战略性新兴产业。韩国同样重视新兴产业发展，制定了《未来增长动力落实计划》（2014 年），促进了韩国新兴产业的快速发展。因此，双方要加强新一代信息技术产业、新材料产业、新能源和节能环保产业、生物产业、高端装备制造业为主的新兴产业的合作，实施产业链招商。二是加强服务贸易合作。积极探讨双方在物流、电子商务、标准互认、医疗美容、时尚创意、影视文化等领域的合作项目，并对金融业实施重点突破。韩国金融业发达，山东应与韩国地方政府的金融机构、投资机构和有关的中介服务机构等进行合作，建立良好的沟通协作机制，积极争取在山东设立鲁韩跨境投资创新政策试验区，对于涉及境内面向韩国创新业务的企业境外贷款、发行债券等在试验区内先行先试；积极与韩国各类银行、保险、财富管理、第三方理财、金融顾问、私募基金等机构合作，实施对韩本币结算，优化货币使用效率。三是深化全方位交流合作。深入开展鲁韩地方政府人员的互访交流，建立长期友好合作关系，组织凸显"山东角色"的鲁韩商贸国际会议活动；为山东开展双边贸易和双向投资的企业和机构提供服务平台；积极打造中韩自贸区框架下地方经贸合作示范城市，为落实中韩自贸协定开展地方经贸合作探索经验。随着往来的增多，积极推动双方地方政府间在教育、医院、社区等进行多层次的国际合作，因地制宜建设山东与韩国地方政府的国际学校、国际医院、国际社区等。双方政府在合作中应提供一站式便利化服务，随时提供对方需要的优质信息，积极实行更便利的优惠政策，通过举办会展、组团海外拓销、论坛、专门信息渠道等加强山东与韩国地方政府合作。

第八章

山东与韩国环保合作

随着国民经济快速发展，人民生活水平不断提升，国内生态环境问题逐渐凸显，环境保护开始成为人们关注的焦点。环保产业以减少环境污染、提高资源利用效率为目的，兼有以环境产品、工程与服务促进经济发展与转型的作用，受到世界各国国家战略的重视，已逐步发展形成一个庞大的产业市场。目前，国际环保产业已成为一个多行业、跨领域的综合性产业，但针对环保产业发展规律的研究尚不深入。本章以鲁韩环保产业合作为重点，对环保合作发展历程进行了回顾与分析，对其成效与启示进行总结，有利于了解和把握鲁韩环保产业发展规律，为山东省环保产业的继续发展、鲁韩环保产业的继续合作提供相关政策支持。

第一节　山东与韩国环保合作历程回顾

西方国家环保产业起步于20世纪70年代，80年代后期环保产业趋于成熟，污染治理的技术装备进入规模化的应用阶段。韩国的环境保护产业与世界环保产业发展基本同步，环保产业结构逐步实现合理化发展。我国环保产业起步晚于世界环保产业发展，20世纪80年代国民经济的快速发展，环境问题被忽略。自20世纪90年代起，环境污染引起的问题慢慢凸显出来，随着社会—经济—环境协调发展的意识逐步加强，环境保护开始受到国家相关部门的重视，但由于政府考核体制的问题，环境保护并未取得较好的成果。进入 21 世纪，随着奥运会和世博会申办的成功，国家对于解决环境问题的投入不断加大，我国的环保产业开始迅速发展。

国内外环保产业发展的不平衡为我国环保产业进行国际交流与合作提供了条件。我国对环境治理的力度不断加大，出台的相关政策也越来越完善，而且环保产业作为一个战略性新兴产业，兼具了推动国民经济转型发展的作用，国内各省市对推进环保产业发展具有很高的积极性。山东作为我国东部沿海的人口大省，国民经济亟须转型发展，对环保产业发展需求极大，具有巨大的环保产业市场，吸引着世界各地环保企业前来合作。韩国借助地理优势，以及近二十年的合作基础，成为山东省环保产业国际合作的重点国家，总结鲁韩合作的经验与教训，将为进一步协调山东环保产业市场发展，促进环保产业国际合作提供借鉴。

表 8 - 1　我国环境保护政策的演变

年份	政策名称	重要内容
2001 年	关于加快发展环保产业的意见	要求各地区和有关部门把环保产业作为重点发展领域，培育新的经济增长点。
2007 年 2011 年	节能减排综合性工作方案	强调继续加大对节能减排的政策与基金支持力度，推进环保产业健康发展，提高其在国民经济中的比重。
2010 年	国务院关于加快培育和发展战略性新兴产业的决定	第一次明确提出将节能环保产业作为七大战略性新兴产业之一予以重点支持，并指出产业发展的总体方向。
2011 年	关于环保系统进一步推动环保产业发展的指导意见	详细明确了环保产业各重点领域所应发挥的作用。
2012 年	"十二五"节能环保产业发展规划	设定五年内节能环保产业的多项发展目标，详细列出了环保产业发展的重点领域与关键技术，并启动实施与环保产品和服务相关的重大工程。
2014 年	《中华人民共和国环境保护法》修订通过	这部法律增加了政府、企业各方面责任和处罚力度，被专家称为"史上最严的环保法"。
2015 年	中华人民共和国国民经济和社会发展第十三个五年规划纲要	将加强生态文明建设首度写入五年规划，列为"十三五"规划的十个目标之一，说明生态文明建设将在未来的经济社会发展中占据十分重要的地位。

资料来源：作者整理而成。

一、政府间环境保护国际交流回顾

（一）鲁韩政府间合作取得突破

2000 年，随着奥运会的申办成功，国家开始加大对环境污染的治理力度。2002 年 10 月，《中华人民共和国水法》正式颁布实施，水价全面上调，污水处理的稳定收益为企业所青睐，污水处理产业的成长空间也对资本产生较强的吸引力。此外，从 2001 年起，新的绿色 GDP 核算体系开始构建，中组部与国家环保局联手，在部分省份将环保方面的指标纳入干部考核体系。可以说，21 世纪初始，从官方到民间对于环保产业的需求力度与重视程度不断增强，这推动了我国环保产业的快速发展。

在此背景下，山东省开始探索环境产业的国际合作。2002 年，山东开始构建与世界环境保护沟通和合作的桥梁，成立了山东省国联环境保护对外合作中心，搭建了环境保护国际合作的技术服务和咨询平台，并成为山东省绿博会国际招展与组织工作的唯一机构。2004 年 9 月，山东省绿博会（山东省生态省建设高层论坛暨绿色产业博览会）在青岛国际会展中心成功举办。在参展的国际企业中，韩国企业尤为重视和积极。韩国环境部次官朴仙淑亲临现场，韩国企业展位达到 78 个，占整个国外展位总数的将近一半，展会当天即签订了 2.4 亿元的项目协议。在此次展会上，韩国发出了对于山东省环保市场的强烈需求信号，并希望能够建立官方合作与交流的平台。首届绿博会成为鲁韩环保产业合作的契机，双方后续的合作不断深入，绿博会也成为鲁韩环保产业交流最主要的平台。

（二）政府间合作层次不断深化

2005 年 3 月，山东省与韩国建立了独立的官方合作平台——山东省—韩国环境保护合作事务委员会。依托"绿博会"的举办，双方政府就环保交流、促进鲁韩环保企业合作，构建了官方沟通渠道，为鲁韩双方环保产业研发、配套资金筹措、鲁韩企业的交流与合作提供了官方平台。2010 年，在山东省—韩国环境保护合作事务委员会会议上，山东省专门组成了由 6 家企业参加的环保产业代表团赴韩进行产业交流与合作洽谈，韩国有 40 多家企业参会，鲁韩环保企业间达成多个合作意向，从而推进了鲁韩环保产业的民间交流与合作。2013 年，在济南召开了鲁韩环境政策及环保产业发展研讨会，对鲁韩双方环保产业政策、产业技术、产业发展需求等方面进行了详细的探讨。在鲁韩双方政府支持下，鲁韩环保产业合作不断向深层化发展，政府成为推动鲁韩环保国际合作的服务者。

（三）政府间合作领域不断拓展

2012 年，山东省制定了《山东省 2013—2020 年大气污染防治规划》，对环境保护的治理更加严格，逐步建立了全省环境质量报告，并将环境指标严格纳入官员考核体系。鲁韩双方在山东省—韩国环境保护合作事务委员会的基础上，于 2014 年 3 月成立鲁韩大气合作咨询委员会，开始开展环境监测方面的合作，实现了三维的监测体系。2015 年 4 月，山东省召开了中韩钢铁行业大气污染防治示范项目技术交流会，在韩国环境部韩中大气污染防治基金的支持下，双方开展了钢铁行业大气污染防治示范项目，并取得了较好成果，此项目就是在鲁韩大气合作委员会的主导下顺利实施的。2015 年 12 月，鲁韩双方政府开始就绿色金融、环保服务业等领域的合作达成意向，鲁韩双方在环保产业合作的内容不断丰富，开始向环保产业服务领域拓展。

二、山东与韩国环保产业合作发展历程

鲁韩环保产业合作在山东省环保产业国际合作中，属于起步早的。从整体上来看，鲁韩环保产业合作以政府主导为主，环保产业合作中的市场作用尚不明显。鲁韩环保产业合作发展与山东省环境保护政策推动与实施，以及山东省环保产业发展历程紧密相关，这是鲁韩环保产业合作的特色。总的来看，鲁韩环保产业合作发展可分为以下三个阶段，具有明显的环保产业发展和产业政策调整痕迹。

（一）鲁韩环保产业合作起步阶段（2000—2005 年）

我国环保产业虽然在"九五"期间以高于国民经济增长率两倍的速度发

展，但是总量上依然难以和国际环保产业发展水平相比。2000 年，全国环保产业总产值已达到1080 亿元，但相对于发达国家来说，环保产业依然属于幼稚产业。山东省作为经济大省，其对环保产业发展的需求是随着全国对环境污染治理的重视而不断加大的。21 世纪初，山东省人口密度大，环境污染问题开始凸显，虽然对环保产业发展具有强烈的需求，但如何推动环保产业这一新兴产业，并没有经验可循。而且前期，我国对环保产业政策等的研究零散，多是对国外环保产业发展经验的借鉴，对于国内环保产业发展规律缺乏深刻、系统的认识，基本上是哪里存在问题，即从哪里入手的"拿来阶段"。在此背景下，寻求环保产业国际合作也尚处于摸索阶段，更多的是尝试和试验。鲁韩产业合作更多的是建立在相互沟通的过程中，双方在相互信任的基础上，对环保产业的相关政策、环保产业技术等的交流与合作。鲁韩环保产业合作分散在少数合作项目上，环保产业合作的实质性内容较少，处于鲁韩产业合作构建起步阶段。

（二）鲁韩环保产业合作拓展阶段（2005—2010 年）

鲁韩双方政府在相互信任的基础上，不断推动鲁韩环保产业合作平台的构建与鲁韩环保产业合作交流的深入。2005 年，在首届山东省绿博会之后，建立了鲁韩环保产业合作交流的官方平台——山东省—韩国环境保护合作事务委员会，为推动鲁韩环保产业合作快速发展提供了助力。官方平台的建立为鲁韩双方提供了信息、人员和产业交流便利，鲁韩环保产业不再满足于在产业政策交流上，韩国企业与中国企业的交流深入发展，鲁韩环保产业合作开始有了实质性进展，鲁韩双方企业签订的项目成倍增长。韩国与山东的环保产业的合作不再停留在"拿来阶段"，民间交流形式更加频繁、多样，环保产业产品贸易形成，技术方面的合作也开始取得突破。

（三）鲁韩环保产业合作全面发展阶段（2010 年至今）

经过十多年的发展，我国的环境保护逐步实现体系化，环保产业所涉及的内容与范畴逐渐完善，环境污染等政策开始逐步实现标准化，环保产业发展政策也在不断调整中适应产业自身发展的规律。在此背景下，鲁韩环保产业合作内容更加丰富，产业合作领域也更加深入，鲁韩合作向全面化发展。

从鲁韩环保产业合作的内容来看，由最初对污水处理业的合作开始不断地向垃圾焚烧、固废处理、土壤修复以及大气污染治理等各个方面拓展开来。2015 年，召开了鲁韩钢铁行业大气污染防治示范项目技术交流会，在韩国环境部韩中大气污染防治基金的支持下，双方开展了钢铁行业大气污染防治示范项目，并取得了较好成果。鲁韩双方就绿色金融、环保服务业等领域的合作达成意向。鲁韩环保产业合作不再局限于技术合作、产品贸易等方面，而是将环保产业合作推向环保产业全产业链，鲁韩产业合作领域更加多样化和全面化。

第二节　山东与韩国环保合作的成效与启示

一、山东与韩国环保合作的主要成效

（一）构建了环保产业国际合作模式

从鲁韩环保产业合作的发展历程来看，韩国是山东省环保产业发展过程中产业合作最早、合作最为紧密的国家。鲁韩环保产业合作已有十几年的历史了，在促进鲁韩环保产业合作的摸索中，形成了一套较为有效的环保产业国际合作模式。目前，鲁韩环保产业合作已经建立了以官方交流为指导，以市场交流平台为基础，政府—平台—民间多层次交流与合作模式。在此基础上，山东省将鲁韩环保产业合作模式推广开来，逐渐与日本、美国、澳大利亚等国家相继建立了成熟的环保产业合作关系，促进了山东省环保产业国际合作的多样性。近年来，随着我国对解决环境污染治理问题投入力度的加大，鲁韩环保产业合作不再仅限于产品贸易和技术合作方面，鲁韩环保产业合作在绿色金融、环保产业服务业领域的尝试，也逐渐扩展到与日本、欧美等国家间的合作。

（二）环保产业市场角色有所转变

在环保产业发展前期，由于国内环保产业规模太小，环保科技落后，我国的环保企业虽然数量众多，但规模太小竞争力较弱，环保产业庞大的市场被外国合资企业所占有。2000—2005 年，国内企业所占有的环保产业市场份额仅为 1/4，山东省环保产业同样面临着产业规模太小的局限性，环保产业市场表现不容乐观。在鲁韩环保产业合作中突出表现为：早期双方更多以项目承包的方式达成合作意向，且山东多为买方。2010 年之后，随着环保产业的快速发展，山东省已经成为我国最大的环保产业市场，山东的环保企业也迅速发展起来，在产品市场中，中方不再单一地扮演买方角色。鲁韩环保产业合作中不再是单方面项目的签约，而是鲁韩双方的企业同时参与进来开展多重合作。环保产业技术不再以单一的引进、改进的方式形成交易，而是以鲁韩企业共同参与环保技术攻关，共享成果的形式存在。中方在市场上的环保产品已经可以向韩国、日本、欧洲等国家出口。

（三）环保产业技术实现重大突破

在鲁韩环保产业合作过程中，山东省的环境问题有其独特性，并不能将韩国的环境保护措施完全引用过来，"拿来主义"并不能对山东省的环保产业发展提供长久有效的支持。因此，从 2010 年开始，鲁韩合作交流不再局限于官方，也不再局限于单独项目的承包上，鲁韩环保企业开始相互交流，尤其是在环保产业技术方面，韩国的企业开始与山东省环保企业合作，共同研发相关技术，有针对地进行技术攻关。经过多年发展，山东已拥有较多具有实用价值的环保产业技术，尤其是淄博市已经拥有一批高水平的环保企业，其研发的无毒催化剂、节水坐便器、高温蒸煮医疗垃圾处置系统等技术与产品已处于国际领先或先进水平。在鲁韩合作过程中，环保科技的交流一直是鲁韩环保产业合作的主体，并以环保产业技术项目交流举办专门研讨会，促进鲁韩双方在技术交流方面的沟通与合作。

（四）为环保产业发展提供助力

环保产业是社会公益性高技术产业，是综合性的新兴产业，其产业发展具有独特性。韩国的环保产业发展在 20 世纪 90 年代后期趋于成熟，具有一套较为成熟的环保产业发展模式。鲁韩环保产业的合作发展，为山东省发展环保产业提供了最直观的样本，也为山东省环保产业发展提供了实践支持。国际上环保产业发展的 BOT 模式和 TOT 模式，都可以在鲁韩环保产业合作中找到。从环保产业特性以及山东省环境污染治理的特点出发，BOT 模式和 TOT 模式的实施有其局限性，山东省环保产业发展模式尚需创新。在鲁韩日益密切的环保产业合作中，双方对环保产业发展模式的探索将为山东省环保产业未来发展继续提供行之有效的助力。

二、山东与韩国环保合作经验与启示

近十年来，鲁韩的环保合作紧密，也取得了较为显著的成效。总结鲁韩环保合作的经验，能够为鲁韩环保的深入合作提供更好的帮助，为鲁韩在环保方面的进一步合作明确方向。

（一）鲁韩环保合作的经验

鲁韩环保合作更多地集中在环保产业中，较为成熟的合作经验集中在产品贸易和技术合作方面，双方合作经验可以归结为以下几点。

1. 鲁韩长期合作建立在良好沟通的基础上

山东省环保市场、产品需求以及技术需求等并没有特定的标准，也没有一个成熟的模式为鲁韩环保合作提供参照。鲁韩环保合作发展十多年，而且合作越来越紧密，离不开鲁韩双方的良好沟通。从最初建立官方交流机构，双方就山东各项环保政策变化通常在第一时间就能够进行相互交流与沟通，这有利于韩方及时掌握山东省环保市场的变化，为作出各种调整提供了便利。每两年进行一次的"绿博会"，能够及时促进鲁韩产品贸易的对接，保证了鲁韩双方合作的利益。民间交流渠道的构建，能够对鲁韩环保合作中的各种隐患提出警醒，为解决各种难题集思广益，为鲁韩环保合作保驾护航。

2. 鲁韩长期合作离不开互信互利

在第一届"绿博会"上，韩国不仅在展会当天签下了 2.4 亿元的项目，山东省—韩国环境保护合作事务委员会也于第二年建立，可见鲁韩双方在环保产业合作方面的诚意与信任。在山东省环保产业起步阶段，省内环保产业规模与市场需求不对等，山东省积极地将环保产业市场向外推出，也成为韩国环保企业所开发的主要市场。在历届"绿博会"中，韩国与山东省签订的环保产业项目交易额都能占到前列。从官方合作、平台交易到民间交流的多层次、逐步深化的形式来看，鲁韩双方在环保合作中的互信互利是维持十数年紧密合作的基础。

3. 鲁韩长期合作离不开成果共享

山东省是我国最大的绿色产品市场，市场需求复杂多样，因此对于产品多样性要求比较高，且省内地域条件各异，环境污染治理问题复杂，对于技术要求较高。为了应对复杂的市场需求，产业技术成为限制市场发展的瓶颈。在鲁韩环保长期合作中，针对山东省的环境污染治理中存在的问题，山东省多次组织了技术攻关，鲁韩环保企业共同参与攻克技术难关，双方在技术、人才方面互通有无，研究成果共享，从而达到双赢的目的。

（二）鲁韩环保合作的启示

从鲁韩环保合作的发展历程来看，鲁韩环保合作是一个探索的过程，在相互信任的基础上，共同努力克服困难，同时各取所需，实现双赢的结果。韩国环保产业发展相对成熟亟须开拓新的市场，山东省环保市场尚需开拓，鲁韩环保长期合作的实践与经验为环保国际合作提供了参照，为山东省推动环保国际合作提供了启示。

1. 要符合环保产业发展规律

我国环保产业虽然发展迅速，而且被列为国家战略性新兴产业，但对于我国环保产业发展规律的认识并不清晰。国外环保产业发展早于我国，但所谓的"后发优势"并不能为我国环保产业发展提供捷径。山东省作为我国最大的环保产业市场，面临更加复杂多变的环境污染治理问题。山东省是我国东部沿海人口大省和经济大省，地域条件差别较大，即使同样的环境问题也难以用统一的方式进行治理。鲁韩环保合作中能够及时对环境污染治理问题进行沟通，鲁韩双方共同组织技术攻克难关，是鲁韩双方共同努力适应市场需求的表现，是双方共同探索环保产业发展规律的表现。

2. 以重点项目推动合作深入发展

近十年来，山东省逐步加大对环境污染治理的力度，对于环境治理的标准也在探索中逐步建立，环境标准逐步量化。作为合作的另一方，韩国如何与山东省环境污染治理的步伐相契合，是鲁韩环保合作的难题。从近年来鲁韩环保合作来看，以重点项目的形式推动鲁韩合作是整合鲁韩双方环保资源的重要途径。根据山东省对于环境治理问题与韩方相关部门协调，整合双方优势以及各自市场需求设立重点项目，通过重点项目实现有针对性的、专业性的合作，可以更加集中有效地解决问题，提高环保国际合作效率。

3. 要不断向多领域合作拓展

从鲁韩环保产业合作内容来看，目前产品贸易和技术合作虽为主要内容，但也应该意识到山东省环保产业新市场需求不断涌现。目前，山东省内环保产业已形成一定的规模，在产品贸易中不再处于被动地位，省内环保产品的竞争力也大幅度提升。尤其是随着技术难题的突破，在传统的环保产业中，如除尘、消声及污水处理等方面的技术开发与研究已达到国际先进水平。整体来看，省内环保产业在环保产业链初级阶段市场已趋近成熟，环保产业亟须向具有高附加值、高技术含量的环保产业链高端、环保服务业转移。因此，鲁韩环保合作内容开始出现绿色金融、环保服务业的内容，以适应鲁韩环保市场的变化，为鲁韩环保继续合作奠定基础。

第三节　深化山东与韩国环保合作面临的机遇与挑战

鲁韩环保合作多年，建立了良好的合作基础。未来随着山东省对环境污染治理规范的建立，鲁韩环保合作空间将会进一步提升。随着市场环境的变化，以及市场需求的转变，鲁韩环保合作也将面临新的问题与挑战，未来鲁韩环保合作机遇与挑战并存。

一、山东与韩国深化环保合作的潜力分析

(一) 面临资金合作的新需求

从目前山东省环境污染治理的各种政策来看，环保产业投资领域涵盖了

环保产品的生产、环境污染治理工程建设、环境技术咨询服务、废弃物循环综合利用、自然生态保护修复等各个方面，环保产业作为一个具有公益性的产业，政府资金的投入远不能满足现有环保产业发展的需求。单一的融资形式限制了环保产业的发展，山东省环保产业发展急需新的资本的融入。而从国际上环保产业发展采用较多的 BOT 模式和 TOT 模式来看，解决资金问题依然是解决环保产业发展的重要内容。韩国具有环保产业融资的经验，2014 年基于大气污染项目，鲁韩环保合作在绿色金融方面的探索将为鲁韩未来合作中进行资本合作提供参考。

（二）急需高端技术方面的合作

我国将环保产业列为国家战略性新兴产业，又在 2015 年将生态文明建设列入国家"十三五"规划中，对于政策驱动型产业来说，我国对环保产业发展极为重视。目前来看，在污水处理、噪音和除尘等装备设施方面，已经具有了一定的技术储备，并拥有一定的知识产权，但是环保产业作为驱动国民经济转型的新兴产业，环保产业链初级阶段的成果与环保产业发展的目标尚不匹配。目前省内环保产业集成化、专业化、标准化程度低，关键性技术尚待提升。尤其是促进省内环保产业向高附加值、高技术含量产业链高端转移，更需要环保技术的积累与发展。韩国具有较多的环保产业研究机构，且国内环保技术已发展较为成熟，需要开拓新的市场。同时，山东省环境污染治理的特殊性与本地性，使得韩国环境污染处理技术难以直接应用。鲁韩在环保技术需求上的互补性，将成为未来鲁韩环保合作的重要内容。

（三）环保服务业发展的新需求

从整体上来看，由于缺乏国家层面上对环保产业发展的宏观规划和指南，造成环保产业发展与实际需求相脱离的形式，环保产业技术与市场信息传递不畅。随着生活水平的不断提高，消费者的消费意识逐渐转变，但由于科技成果转换率低、环保产品信息难以扩散等原因，造成消费者难以获得产品信息与消费市场难以寻找消费者的困境。因此环保产业急需一个专业的系统化、多功能、全方位、大规模的咨询服务队伍。另一方面，山东省已逐步建立了环境质量通报系统，尤其是对于干部考核机制的改变，强调对环保重视的同时也加大了对环境监测需求。从环境监测产业结构来看，环境监测仪器从市场途径获得的渠道较为畅通，而运营维护环节相对薄弱，且与环境监测需求发展不对等。因此环保产业要想向纵深发展首先要解决环保服务业这一弱项，这为鲁韩环保合作指出了新方向。

（四）合作向环保相关领域拓展

目前来看，鲁韩环保合作更多地集中在环保产业合作方面。未来在鲁韩合作相互信任的基础上，鲁韩环保合作不应局限于环保产业自身，应该包含更多的内容。鲁韩环保合作具有十数年的基础，相互之间建立的信任是极为难得的，因此可以在此基础上开展更加全面的合作，如海洋环境共同监测、共同治理，大气、海洋等大环境环保数据共享，环保文化交流与合作等，从而在更大范畴建立合作，为鲁韩环保合作不断注入新的内容，进一步深化鲁韩环保合作，挖掘鲁韩环保合作更大潜力。

二、深化山东与韩国环保合作面临的机遇

（一）具有友好的国际相处环境

山东省与韩国交往历史悠久，两地一水相隔，在文化认同和生活习惯方面具有融通性。韩国与山东省的合作不仅仅局限在环保产业，山东省是韩国投资的大省之一，鲁韩之间的合作交流具有较好的基础。2014 年 7 月，习近平主席对韩国的国事访问，是对朴槿惠"心信之旅"的回访，双方良好的互动使得中韩关系成为建交以来最好时期。两国发展方向相融相通，共同利益不断扩大，在良好的国际交往中，更容易加深彼此的信任，促进双方环保产业的合作，为鲁韩环保产业发展增添新的动力、开辟更加广阔的空间。

（二）环保产业合作空间巨大

随着《大气污染防治行动计划》《水污染防治行动计划》，以及新环境保护法的实施，山东省在环境治理方面不断取得成果，环境质量得以改善。从环境保护工作的推进与环境保护惩罚不断严格的趋势来看，随着山东省环境

治理工作的推进，未来 5 年，山东省在大气、水、土壤等环保产业市场的需求将进一步扩大，一个蓬勃发展的环保技术与产业市场日渐形成。"十三五"期间，我国提出了以提高环境质量为核心，从改革环境治理制度入手，通过环境的改善来促进我国产业转型。山东省也相继制订了最为严格的环境保护制度，从而对鲁韩环保产业合作提出更高要求。山东省在环境治理中，拥有南水北调、淮河治理、环渤海湾碧海行动计划、两控区等国家重点工程，也为鲁韩环保产业合作提供了较好的机遇。

三、深化山东与韩国环保合作面临的问题与挑战

（一）鲁韩环保产业对接难

目前，山东省环保产业体系已经形成，环境质量标准也相继建立，山东省的环保产业发展不再处在"拿来"阶段，环保产业规模扩大，环保产业结构复杂，环保产业技术需求更加多样化。原来由政府主导的环保产业，逐步引入市场化调节机制，市场对于资源配置的能力开始发挥。与环保产业发展逐步完善不同，我省的环保产业服务体系相对薄弱，尚处于完善和发展阶段，造成环保产品与环保消费之间存在不对等性。山东省环保产业发展的复杂性，为鲁韩环保产业对接带来了难度。目前山东省已就环境质量提出了 11 项标准，低颗粒物排放标准甚至是地方标准首发，鲁韩双方合作中要及时沟通，韩国环保产业要实现与中国环保产业的对接，则需要更高的环保技术保障。

（二）环保产业市场竞争逐渐激烈

目前，山东省环保产业经过对重点项目攻关，在环保科技方面取得了重大突破，环保技术水平得以大幅度提升，部分技术达到国际领先水平，韩国的技术领先优势不再是绝对优势。山东省环保产品的开发与销售，逐步得到市场的认可，与韩国相似的环保产品之间具有市场竞争关系。韩国目前在脱硫、脱硝以及除尘方面的技术与设备，在双方企业合作中进行展示和寻求市场，而山东省在污水处理、大气污染、除尘等方面的企业也有类似环保产品的推出。鲁韩环保产品在某些方面存在重合现象，环保产业市场竞争逐渐激烈。

（三）国际壁垒尚难突破

从目前环保产业国际通用的 BOT 模式和 TOT 模式来看，不管是环保基础设施的建设，私人运营还是资本的回收，都与国家经济安全密切相关。但鉴于对参与对象的审核机制尚不完善，考虑到国家安全问题，即使在国内企业的选择上也多采取谨慎态度，国际企业的介入将更加困难。目前讨论较多的 PPP 环保产业基金筹措模式，理论上可以实现政府资本、社会资本和环保企业三方利益共赢，但由于环保产业，尤其是环保产业基础设施的公用性，对于外资，尤其是外国政府资金的进入更加谨慎，这对国际环保产业合作形成较大的壁垒。

第四节　深化山东与韩国环保合作的思路与对策

山东省环保产业化和市场化趋势逐渐明显，政府的主导作用将会进一步削弱。在未来鲁韩合作过程中，鲁韩企业受市场作用的影响将会加大。在深化鲁韩环保产业合作方面，双方合作的重点将有所侧重。鲁韩在环保技术方面的合作将向高端转移，重点是整合鲁韩双方科技资源共同突破环境难题。在环保产业领域的合作将向绿色金融、环保服务业方向拓展，快速兴起的环境监测业将促进鲁韩向第三方运营维护的方向发展。

一、深化山东与韩国环保合作的重点领域和方向

（一）加强关键技术的突破，促进环保产业链向高端转移

通过一轮又一轮的环保产业关键技术攻关的完成，山东省在环保科技方面虽然有了新的突破，但并不能满足山东省环保产业进一步发展的需求。因此尚需提高关键性技术水平，例如在大型电厂脱硫装备、工业废气净化装置、PM2.5 等细粒子监测设备的研发和生产以及固废重点处理装备等方面，省内技术储备与国际科技水平差距较大。另一方面在大型污水处理厂和污泥处理

的成套设备多是国外进口，造价和处理成本较高，亟须具有自主知识产权的技术装备。鲁韩具有环保产业技术合作的基础，可以进一步加强关键技术的合作，促进中国企业与韩国科研机构的合作，以研究成果共享的形式，突破环保产业向产业链转移的瓶颈。

（二）尝试资本合作方式，突破国际资本壁垒限制

山东省对于环保产业的投资涉及环保产业各个领域，环保投资需求巨大，政府所投放的资金逐渐难以满足环保产业的发展。不同于其他产业，环保产业具有公共物品的属性，高投入、高风险但不一定具有高回报。环保产业具有一批中低利润的项目，PPP 环保投资模式可以解决这一难题。韩国具有环境治理的经验，可以尝试作为"环保企业"、作为 SPV 机构构成，实现鲁韩社会资本的融通，实现政府资本、社会资本和环保企业三方的利益共赢。目前山东省大气污染一期项目中，对绿色金融的资本合作方式的探索也是突破国际资本壁垒的尝试。

（三）拓展环保服务业，弥补环保产业短板

山东省环保产业体系逐步完善，但环保产业服务业发展迟缓与现有的环保产业发展形势难以匹配。市场中为环保产品和环保企业服务的专业机构和咨询部门很少，环保产品与消费者双方之间存在隔阂，产品进入市场后难以尽快找到消费者，而消费者虽有环保意识却不知如何选择产品。环保服务业的发展，需要具有丰富环保经验的专业人才队伍，以及系统的、专业的咨询体系。韩国具有全面的环保服务业发展经验，具有成熟的服务业发展模式。鲁韩合作向环保产业服务业拓展，既能弥补山东省环保产业发展的短板，也能发挥韩国环保产业具有的优势。

（四）扩展环保合作内容，加强合作紧密度

扩展鲁韩环保产业合作内容，能够间接为鲁韩环保产业合作提供助力。鲁韩环保产业合作具有十数年的基础，相互之间建立的信任是极为难得的，可以在此基础上开展更加全面的合作，如海洋环境共同监测、共同治理，大气、海洋等大环境环保数据共享，环保文化交流与合作等，从而在更大范畴

建立合作，为鲁韩环保合作不断注入新的内容。通过为鲁韩环保合作注入新的内容，能够促进鲁韩合作的信任度，从而加强鲁韩合作的紧密程度，为鲁韩环保产业的合作奠定更加稳固的基础。

二、深化山东与韩国环保合作的推进策略

（一）做好项目规划，以重点项目实施推进鲁韩环保合作

根据环保产业发展需求，科学地规划重点项目，通过重点项目的推动，推进鲁韩环保产业合作的深化。建立重点项目库，实现资源利用的专项性，强化现有资源的集聚，利用资源的整合提高资源利用率。作为重点项目，可以边推动项目实施，边对环保产业发展模式进行验证，以此积累实战经验。同时由于项目的灵活性，在项目推进过程中及时修正错误，组织难题集中攻克，为鲁韩环保合作积累第一手资料。

（二）建立高效沟通方式，增进鲁韩环保合作的信任度

从鲁韩合作来看，互利互信是双方持续合作的基础，而互利互信是建立在双方不断沟通的基础之上的。山东省环保产业发展迅速，在对复杂的环境问题研究中，不断地调整政策措施，使得环保产业政策变更的周期变短。将山东省环保产业政策调整及时与韩方沟通，为韩国对山东省环保市场变化提供参考，是双方互信互利的基础。从近年来山东省环保产业发展来看，山东省环保产业涉及水、大气及土壤等各个方面，但每年会针对环境质量状况选择侧重点，韩国在山东省市场也能够紧跟山东省环保产业政策的调整，说明鲁韩在环保产业合作中的沟通是及时有效的，在未来合作中应继续保持。

（三）构建产业交流平台，加强鲁韩环保产业合作的协调度

目前来看，山东省环保产业体系逐步完善，环保产业可以依据所涉及的对象对产业进行细分。随着各个方向研究的不断深入，单一环保产业交流平台难以满足逐渐专业化的环保产业发展需求。在现有的环保产业交流平台基础上，以环保主题设立细分的交流平台，更有利于专项环保产业问题深化研

究与合作，不断推动鲁韩合作深化发展。

（四）加强人才技术交流，加强鲁韩环保合作的凝聚力

山东省环保产业经过十数年的摸索与发展，在不断对环境问题的攻关中，逐步培养了自己的环保专业人才，也获得了一些可喜的成果。但与韩国相比，在技术研发的成熟度，以及科技人员的经验方面存在不足，加强鲁韩在环保产业方面的人才交流，有利于提升山东省环保产业技术人员的专业技能。山东省环保产业起步相对晚于韩国，环保产业发展缺少熟练的技术工人，加强与韩国在人才培训方面的交流与合作，能够更好地促进鲁韩环保产业技术的通用性，有利于加强鲁韩产业合作的凝聚力。

（五）促进民间交流积极性，推动鲁韩环保合作深层次化

山东省与韩国合作具有区位优势，在人文环境与生活习惯上认同度都比较高，为促进民间交流提供了良好的条件。首先，实现鲁韩环保企业的直接交流与对话，双方企业交流的直接性，有利于明确双方环保产业市场需求，双方的技术难点以及双方可合作的突破点。其次，鲁韩民间行业协会交流，能够为保持行业自律提供帮助，增强鲁韩环保合作中双方企业的信任度。最后，鲁韩环保民间交流，可以促进新的环保内容的加入，对于环保产业的相关知识、行业数据间接地实现共享，同时能够促进环保文化、环保理念等相互影响。

第九章

山东与韩国金融合作

在东亚区域经济合作与中韩自由贸易区建设的背景下，得益于地理位置相近以及经贸产业互补，山东与韩国近年来贸易与投资往来较为频繁。据统计，截至 2015 年年初，在山东投资发展的韩资企业达到 5000 余家，青岛海关数据显示，2015 年上半年山东与韩国的进出口总额达到 956 亿人民币，占全省进出口总额的 13.6%，韩国已成为山东第二大贸易伙伴。尽管山东与韩国的贸易投资往来取得巨大发展，但是金融合作尚处于初级阶段，相比较庞大的贸易投资额，山东与韩国的金融合作存在较大发展空间。尤其是亚洲金融危机和美国金融危机之后，金融合作的重要性也日益凸显。鉴于此，我们将详细探讨山东与韩国金融合作的实践与经验，企图发现山东深化与韩国金融合作面临的有利因素与问题，在此基础上，给出山东与韩国深化金融合作的建议，尤其关注山东与韩国金融合作的重点领域与方向。

第一节　山东与韩国金融合作的实践与经验

山东与韩国在经济等方面往来频繁，在金融合作方面也有很多的实践与经验，在此，我们从山东与韩国金融机构合作的实践、山东与韩国资本市场开放的实践等方面探讨山东与韩国金融合作的实践，并从中总结经验。

一、山东与韩国金融合作的实践

总体而言，山东与韩国的金融合作方面的实践，主要表现在金融机构、金融业务层面的合作与交流，其主要目的是为两国企业提供更多的金融服务和金融资源，促进双方经济合作。

（一）山东与韩国金融机构合作的实践

银行业方面，山东省积极开展与韩国银行之间的合作，为企业提供更多金融资源和服务。2006年7月，伴随着韩亚银行（中国）烟台分行的前身青岛国际银行烟台分行正式入驻烟台，韩国银行业正式展开了与山东省地级市之间的业务合作。此后，山东与韩国银行业之间开展多种业务往来与合作，由于地理位置和经贸外来等多方面原因，目前山东与韩国银行业之间的合作主要集中在东部沿海地区。

第一，吸引韩国银行进驻，为国内企业提供了更多的融资资源，有助于缓解企业融资压力。据统计，2015年青岛共有34家外资金融机构，其中韩资银行机构占比最高，分别是韩亚银行、新韩银行、企业银行、釜山银行和产业银行5家。烟台市作为山东省内地级市中拥有韩资银行机构最多的城市，2015年韩资银行的资产总额为24.67亿元，各项贷款余额达到15.57亿元，较好地发挥了外资商业银行的作用。韩国友利银行于2013年在威海设立在山东省的首家分行，并已开展各项银行业务。

第二，积极开展韩元挂牌交易业务，为贸易企业提供更多便利。针对山东与韩国贸易往来多以美元结算为主的现状，山东省积极创新银行业务，开展韩元挂牌交易，实现人民币对韩元汇率的挂牌与直接兑换，降低贸易企业的汇兑成本和汇率风险。2011年，青岛成为国内首个韩元挂牌交易试点城市，截至2015年，青岛韩元柜台挂牌累计成交近3亿元人民币，年均增长80%，稳居全国小币种挂牌交易量前列。烟台也已批准中国银行、建设银行、韩亚银行、企业银行、烟台银行、烟台农商行等6家银行成为韩元挂牌银行，并开展实质业务，2015年6家银行累计挂牌交易8117笔，成交10970.58万元人民币。据统计，截至2015年10月末，全省共有17家银行业机构开展韩元挂牌业务，累积交易 5424 笔，成交金额 4.02 亿元人民币，交易额在全国包括新台币、韩元、越南盾、老挝基普在内的非主要储备货币的柜台挂牌交易中，居第一位。从汇兑成本来看，使用韩元结算大约可节约 2% 的汇兑成本，以此测算，自 2011 年试点以来，累积节省成本在 800 万元左右①。

第三，抢先试点银行跨境贷款业务，为企业融资提供便利。2015 年 7 月 17 日，人民银行总行同意青岛市试点开展韩国银行机构对青岛财富管理改革试验区内企业发放跨境人民币贷款业务。青岛市成为全国首个也是当时唯一一个允许境内企业从韩国银行机构借入人民币资金的试点地区。此次青岛获批跨境人民币贷款试点，为企业借用境外低成本人民币资金打开了政策通道。据了解，离岸人民币贷款利率平均低于境内基准利率近 2 个百分点②，预计此次试点全面推出后，可有效降低企业融资成本②。截至 2015 年，青岛市已有 25 家企业从韩国银行机构办理了 31 笔跨境人民币贷款业务，签约金额 26.5 亿元，实际汇入金额达到 23.3 亿元，平均贷款利率为 3.9%，累计为企业节约财务成本 5000 余万元。2015 年 10 月，人民银行总行提出将这一业务推广到山东省全省，2016 年 2 月，人民银行济南银行召开发布会，正式宣布山东跨境人民币借款试点地区由青岛扩展至全省③。

保险业方面，山东与韩国同样合作频繁。青岛市目前共有三星财险、现代财险和中航三星寿险 3 家韩资保险机构。中银三星人寿保险有限公司 2012 年 8 月在烟台设立中心支公司，主要开展人寿保险、健康保险、意外伤害保险等各类人身保险业务。在开业以来业务规模不断扩大，2015 年保费收入规模已经突破 1 亿元。作为政策性保险公司的中国出口信用保险公司烟台办事处，积极承办出口信用保险业务，为对韩贸易企业提供出口支持。2014 年，共支持 22 家企业对韩出口 13953 万美元；2015 年，共支持 16 家企业对韩出口 3916.11 万美元。

（二）山东与韩国资本市场开放的实践

目前，山东与韩国资本市场合作尚处于起步阶段，尽管面临双方资本市

---

① 《金融合作让中韩经贸"轻装上阵"》，《大众日报》2016 年 1 月 13 日。
② 《山东青岛获批人民币跨境试点可从韩国借贷》，中国证券网，2015 年 7 月 17 日。
③ 《中韩贸易五项金融合作首个成果在山东正式落地》，《金融时报》2016 年 2 月 4 日。

场制度差异等方面的限制，但是山东省一直致力于加深山东与韩国资本市场的合作，并鼓励山东企业到韩国资本市场上市融资。山东借助企业韩国上市说明会的方式展开与韩国金融证券领域的合作。青岛市以建设蓝海股权交易中心为契机，积极加大与韩国柯斯达克（KOSDAQ）市场的密切来往与合作，推进山东企业赴韩上市。威海市通过开展资本市场专题培训，加强分类指导和上市后备资源培育，召开企业董秘培训班、全市资本市场专题推进大会等措施，引导企业用足用好境内外资本市场。

二、山东与韩国金融合作的经验

中韩自贸区建设为山东与韩国的金融合作提供了良好的合作基础与政策环境，山东省各地市尤其是青岛、烟台和威海等与韩国交往较为密切的城市，紧跟国家政策，积极参与到中韩金融合作中。主要表现在：

（一）努力争取成为中韩金融合作的试点，实现政策先行先试，给双方金融合作创造更多的机会

在 2015 年年底，中国人民银行公布的五项中韩金融合作措施中，就有三项在山东省获得试点。包括在青岛市开展的企业自韩国银行机构借入人民币资金试点推广到山东全省、中韩双方在山东开展股权众筹融资试点和推进山东省区域性股权市场与韩国柯斯达克市场合作。青岛积极争取国家政策，先是青岛财富管理金融综合改革试验区获批，在此基础上，借助中韩自贸区建设的历史机遇，2014 年在国内率先开展中韩货币互换项下韩元贷款业务，2015 年 7 月青岛又成为国内首个允许境内企业从韩国银行机构借入人民币资金的试点城市，2016 年 2 月 1 日，山东省正式将这一业务在全省范围内推广，这也成为 2015 年 10 月国务院总理李克强访问韩国取得的五项成果中首个正式落地的金融创新政策。与此同时，青岛市借助蓝海股权交易中心积极推进股权众筹，并争取成为试点，打造成中韩的股权众筹平台。烟台主要是借助中韩产业园建设，首先在园区内争取更多国家政策，实现由园区到全市范围的业务推广，包括推动外汇管理、跨境人民币业务、离岸金融等方面先行先试。威海立足威海—仁川地方经济合作示范区建设，也在积极争取多项先行

先试政策，目前威海正在积极推动建立韩元现钞交易中心，借助实地调研与考察，已完成相关可行性研究报告，积极争取获得国家审批。

（二）积极跟进完善地方相关政策与措施，主动与韩国方面对接，较大范围内推动金融合作

山东省借助地缘优势以及长期以来与韩国密切的交易往来，对内跟进完善推动金融合作的政策与措施，对外则积极主动与韩方对接，推动金融深化发展。山东省一直重视中韩金融合作的推进，随着中国人民银行在山东青岛试点跨境人民币借款试点政策的正式公布，中国人民银行济南分行适时起草《业务试点管理办法》，规范业务开展办法，在开展积极宣传的同时对全省企业从韩国金融机构获取资金的需求进行全面调研，为试点工作的顺利开展奠定基础[①]。青岛市于 2015 年 6 月印发《青岛市进一步提升对韩国开放合作水平行动计划（2015—2016 年)》，全面规划推进青岛与韩国金融领域的合作创新。与此同时，山东省加强与韩国在金融合作方面的对接，推动金融深化合作。为加大韩资金融机构来青岛设立分支机构，青岛市依托财富管理金融综合改革试验区先后出台二十多条政策措施，优化政策环境。在中韩自贸协定谈判过程中，山东省包括济南在内的多个城市多次积极承办中韩自贸区谈判、中日韩自贸区谈判准备会议等多双边会议，并且举办一系列中日韩自贸区有关政府间磋商会议、官产学研论坛、学术研讨会等研讨活动[②]。2015 年 8 月下旬，郭树清省长赴韩国访问，重点就山东与韩国之间的经贸合作进行洽谈，并重点在金融等领域达成合作意向并签约[③]。同期，青岛金融相关人士在首尔参加中韩金融合作圆桌会议，双方紧密交流，在设立金融机构、拓展金融市场、创新金融业务、培养金融人才、构建金融合作机制五个方面达成合作共识[④]。2015 年 11 月 10 日，中韩两国领导人在北京宣布结束自贸协定实质性谈判的第二天，青岛立即联合山东省商务厅中韩 CEO 论坛，主题紧密围绕中韩

---

① 《中韩贸易五项金融合作首个成果在山东正式落地》，《金融时报》2016 年 2 月 4 日。
② 《山东深化与韩经贸合作塑造开放型经济新优势》，中国山东网，2015 年 9 月 15 日。
③ 《郭树清省长率团成功访问韩国》，山东商务网，2015 年 8 月 28 日。
④ 《青韩金融五大方面展开合作　韩国将在青设机构》，《青岛财经日报》2015 年 8 月 31 日。

经贸合作①。2015 年 12 月，青岛积极邀请韩国经济专家参加"金融家俱乐青岛金家岭财富管理沙龙"，共同探讨中韩金融合作问题②。

（三）勇于结合自身优势，主动创新金融服务，为企业提供便利

山东省在推进与韩国的金融合作过程中，勇于结合自身优势，以为企业提供便利的金融服务为目的，在政策允许范围内创新金融相关业务。青岛市在示范对韩人民币跨境使用基础上，进一步在本外币跨境资金池、人民币信贷资产跨境转让、金融产品互认买卖等方面进行探索和试点。烟台市借助中韩产业园建设，在政策允许范围内创新金融服务，推进离岸金融等方面先行先试，借鉴重庆做法，打造面向韩国的离岸金融中心；同时借助烟台上市公司较多的资本市场优势，推进基金管理中心建设，在扩大基金产业开放水平、建设双向股权基金、中韩合作互联网私募股权融资等方面展开探索与试点③。威海市积极引导银联商务、通联支付、银盛支付 3 家支付机构参与跨境贸易平台建设，探索新型跨境电子商务结算方式。探索设立针对韩资企业或中资涉韩企业的融资租赁公司、成立中韩投资基金，以及争取境外人民币资金回调使用、调拨韩元现钞等业务，推动中韩双方银行改进金融服务方式。推动在威海设立"股权众筹"，提供面向大众的融资服务。适时到黑龙江卢布现钞交易中心等地进行实地学习调研，为威海市韩元现钞交易提供指导和经验。

第二节　深化山东与韩国金融合作面临的有利因素与问题

东亚区域经济合作、山东与韩国长期以来的密切交往、中韩自贸区的推进都为山东与韩国金融合作提供了很多有利因素，但是从金融制度、金融市场发展等方面，双方存在很多的差异性，这些又构成了山东与韩国金融合作进一步深化的障碍。发现深化山东与韩国金融合作面临的有利因素与问题，

---

① 《山东深化与韩经贸合作塑造开放型经济新优势》，中国山东网，2015 年 9 月 15 日。
② 《中韩金融合作青岛先行试点举办财富管理沙龙》，《青岛早报》2015 年 12 月 28 日。
③ 《烟台拟建设区域基金管理中心》，《中国基金报》2016 年 2 月 29 日。

对于山东与韩国金融的下一步合作意义重大。

一、山东深化与韩国金融合作的有利因素

从地理位置、政治环境、经贸往来等方面来说，山东与韩国金融合作具备很多的有利因素，这些都有助于促成山东与韩国金融合作的进一步拓展与加深。

（一）东亚区域经济合作为金融合作提供有利的制度环境

东亚区域经济合作的加强，促使中韩金融合作的有效开展，主要包括签署货币互换协议、积极推动东亚区域债券市场建设、加强金融机构合作与业务往来等，中韩两国金融合作的基础，可以为山东与韩国之间的金融合作提供良好的制度环境。

首先，中韩两国在双边货币互换安排上达成共识。2000 年 5 月第九届"10 + 3"会议在泰国清迈举行，签署"清迈协议"（CMI），此后，中国与韩国正式建立了发生危机时相互资金支援的金融合作系统，并于 2002 年 6 月签订了 20 亿美元的货币互换协议[①]。2005 年 5 月在土耳其伊斯坦布尔的"10 + 3"财长会议上双方决定把中韩双边货币互换规模扩大到 40 亿美元，并且还将两国实际融资规模与 IMF 贷款规划脱钩部分比例由 10% 提高到 20%。2008 年 12 月中国人民银行和韩国银行宣布签署双向货币互换协议，规模为 1800 亿元人民币/38 万亿韩元（按 2008 年 12 月 9 日汇率计算），这是 2008 年经济危机以来中国人民银行第一次与外国央行签署的本币货币互换[②]。2011 年最新签订的互换金额达到 3600 亿元人民币/64 万亿韩元。

其次，中韩两国积极推动东亚区域债券市场建设。2003 年 8 月"ASEAN + 3"马尼拉财长会议，正式提出《亚洲债券市场倡议》（ABM1），强调建设区域债券市场。2003 年 6 月"东亚及太平洋地区中央银行行长会议"与国际清算银行合作成立第一期亚洲债券基金（ABF1），2004 年 12 月"东亚及太平

---

① 范爱军、魏巍：《中国与韩国金融合作的现状、问题与对策分析》，《山东工商学院学报》2007 年第 4 期。

② 王治华：《中韩金融合作存在的问题和对策》，《中国外资》2012 年第 2 期。

洋地区中央银行行长会议"又发起了第二期亚洲债券基金（ABF2），与此同时，包括中韩在内的东亚各国还一致设定亚洲债券市场倡议路线图，共同推进债券市场建设。

最后，中韩两国加强金融机构合作与业务往来。银行业方面，中韩两国银行以服务本国企业为基础，为两国贸易和投资往来提供便利。截至2012年年末，在华投资的韩资银行中共有法人银行6家、分支机构65家、代表处5家，法人机构总数占所有在华外资银行的1/7，中国的中国工商银行、中国建设银行、中国银行、交通银行和中国农业银行也先后在韩国设立分支机构①。保险业方面，韩国在华投资规模相对较小，截至2012年年末，在华保险公司有法人机构4家、分支机构10家、代表处12家，服务以财险为主，同样服务于在华韩资企业和韩国侨胞。证券业方面，为了促进两国资本市场的合作交流，2003年3月，韩国股票交易所（KSE）分别与上海、深圳交易所签署了合作备忘录，但是目前两国的资本市场开放程度还非常有限。

表9-1　截至2012年韩国在华金融机构统计

（单位：家）

形式	法人机构	分支机构	代表处	合计
银行	6	68	5	79
保险公司	4	10	12	26
证券公司	0	0	12	12
合计	10	78	29	117

资料来源：Lim Ho - yeol，"South Korea and China Face a New Era of Cooperation in Finance"，*Chindia Quarterly*，2012，pp. 79 - 85.

（二）山东与韩国之间的经贸往来为金融合作提供有利的合作基础

山东和韩国的贸易发展态势积极，贸易合作得到迅速发展。自1992年中韩建交以来，山东与韩国的贸易额不断扩大，韩国在山东的贸易地位日益重要。近年来，受2008年金融危机的影响，2009年山东与韩国之间的贸易规模有所缩小，随后几年贸易规模又有扩大趋势。2008年山东与韩国进出口总额

---

① 邓鑫：《中韩金融合作的现状与展望》，《国际金融》2013年第10期。

为 254. 26 亿美元，其中，出口总额为 131. 29 亿美元，进口总额为 122. 97 亿美元；2009 年山东与韩国进出口总额为 227. 95 亿美元，出口总额为 110. 89亿美元，进口总额为 117. 06 亿美元；到 2014 年山东与韩国进出口总额为328. 42 亿美元，出口总额为 138. 38 亿美元，进口总额为 190. 04 亿美元，相比 2009 年，出口总额和进口总额都有所增加，分别增加 27. 49 亿美元和72. 98 亿美元。从山东与韩国贸易往来的占比来看，在山东省当年进出口贸易中，山东与韩国的进出口总额和进口总额占比均在 10% 以上，出口总额占比除 2013 年为 9. 45%，2014 年为 9. 56% 外，其他年份也保持在 10% 以上。其中，2014 年按主要国家（地区）分海关进出口商品总值数据显示，该年韩国是山东省的最大进口国，是仅次于美国和日本的第三大出口地。

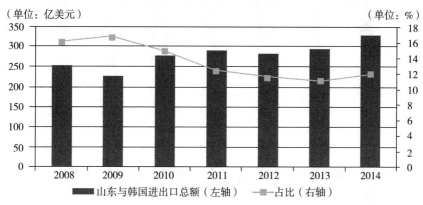

图 9 - 1　2008—2014 年山东与韩国进出口总额及占比
资料来源：历年《山东统计年鉴》。

韩国在山东的投资数据显示，尽管 2008 年金融危机后韩国对山东的投资减弱，但是韩资在山东外资中依然占据较高比重，山东是韩资的主要投资地。韩国在山东投资始于 1988 年，当年山东批准的韩资企业仅有 3 家，合同外资额 416. 3 万美元，1995 年批准韩资企业 509 家，合同外资额达到 6. 6 亿美元，超过一直对山东投资较为活跃的美国、中国台湾，跃居当年第 2 位[1]。但是2008 年的经济危机和全球贸易的疲软，导致韩国对山东的对外投资有所减弱，2009—2014 年的合同项目数远低于 2005 年的最高数值，2005 年为 3320 个，合同外资金额也低于 2005 年 113 亿美元的数值，实际利用外资金额也远低于

---

[1]　王乃静：《山东半岛城市群内日韩企业集聚的现状与发展对策探析》，《山东经济》2005 年第 1 期。

2007 年 37.21 亿美元的最高值。尽管如此，韩国依然是外商直接投资中投资较多的地区，2014 年，山东省批准韩资项目 418 个，合同外资 23.26 亿美元，实际到账 15.3 亿美元，截至 2014 年年底，韩国在山东投资实际到账累计 316.74 亿美元，合同项目个数位在各国对山东投资中居当年第 1 位，合同外资金额和实际外资金额均位居当年第 2 位，仅次于香港地区。另外，从表 9 - 2 和表 9 - 3 来看，韩国对中国的投资，很大比重发生在山东，2008—2014 年山东韩资所占比重均在 30% 以上。

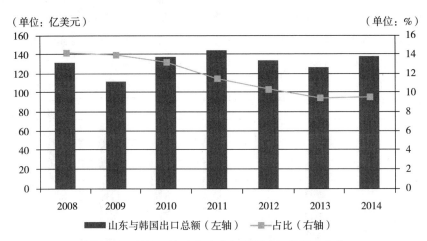

图 9 - 2 2008—2014 年山东与韩国出口总额及占比

资料来源：历年《山东统计年鉴》。

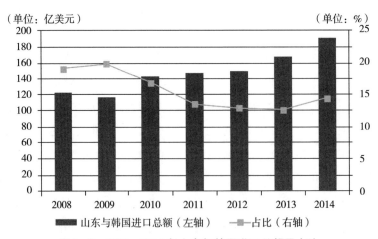

图 9 - 3 2008—2014 年山东与韩国进口总额及占比

资料来源：历年《山东统计年鉴》。

表 9 - 2　2008—2014 年韩国在山东投资情况

（单位：百万美元）

年份	合同项目个数	累计	合同外商投资金额	累计	实际使用外商投资金额	累计
2008	593	19725	98674	4320530	126483	2481825
2009	401	20126	86772	4407302	120565	2602390
2010	492	20618	155909	4563211	95056	2697446
2011	335	20953	103870	4667081	85479	2782925
2012	320	21273	235747	4902828	111452	2894377
2013	365	21638	219443	5122271	119996	3014373
2014	418	22056	232623	5354894	152990	3167363

资料来源：历年《山东统计年鉴》。

表 9 - 3　2008—2014 年山东与中国实际利用韩资比较

年份	山东实际使用韩资金额（百万美元）	中国实际使用韩资金额（百万美元）	占比（％）
2008	126483	313532	40.34
2009	120565	270007	44.65
2010	95056	269217	35.31
2011	85479	255107	33.51
2012	111452	303800	36.69
2013	119996	305421	39.29
2014	152990	396564	38.58

资料来源：历年《山东统计年鉴》与《中国统计年鉴》。

（三）山东金融改革为金融合作提供新的契机

近年来，为更好地加快金融发展，促进金融服务实体经济，山东省出台了一系列金融改革方案，山东省在金融和保险业方面的新改革和新举措，必然会为山东和韩国的金融合作提供政策规范，并可为双方金融合作提供思路。

2013 年 8 月 8 日，《山东省人民政府关于加快全省金融改革发展的若干意见》（也称为"山东金改 22 条"，以下简称《意见》）的正式出台。"山东金改 22 条"构建金融蓝图，金融业迎来快速发展期。此次金融改革是在吸收温州等地方金融改革经验的基础上，结合山东省地方特色提出的，内容涉及金融多个领域，尤其强调市场的重要性，并针对山东省金融发展实际情况，从五大方面提出了具体的 22 条措施，成为山东金融改革的重要文件和依据①。同时，《意见》还为山东省金融改革制定了具体实现目标和时间表，用以规范和督促山东省金融改革，包括现代金融体系建设的五年计划以及金融业增加值的实现目标等②。鉴于《意见》的实施与推动，《意见》建议启动金融创新发展试点，关于重视小微企业在实体经济中的重要性，通过优化信贷资金投向等手段，合理分配信贷资金，缓解小微企业借贷难的难题的重要举措，以及村镇银行 3 年内实现县域全覆盖的相关措施，同样有助于《意见》的快速推进。其中，"发展股权交易市场和建立要素交易平台""发展民营金融机构、规范引导民间融资和推进县域金融创新发展试点""建设济南区域金融中心和青岛财富管理中心"三部分内容，将成为拉动山东金融业未来发展的"三驾马车"③。

随着金融改革的推进，各地也加强金融创新，初步形成了各具特色的创新模式。2013 年 10 月 13 日，"13 新农债—沂蒙山、徒河 2013 年集合私募债券"在山东齐鲁股权托管交易中心发行，发行规模达 1000 万元人民币；10 月 28 日，为规范民间金融机构发展，山东省政府下发《关于进一步规范发展民间融资机构的意见》；11 月 6 日，齐鲁股权托管交易中心通过公司化改革，打造金融综合交易平台④；烟台市 10 月发布《关于进一步加快金融业发展的意见》，潍坊市则依据"山东金改 22 条"重要思想，于 12 月 10 日下发《关于进一步加快全市金融创新发展的若干意见》⑤。

针对山东省保险领域仍存在整体发展水平不高、覆盖面和渗透率不够、产品与服务创新能力不足、功能作用发挥不充分等问题，2015 年 4 月 15 日，山东省人民政府印发《关于贯彻国发〔2014〕29 号文件加快发展现代保险服

---

① 详见《山东省人民政府关于加快全省金融改革发展的若干意见》，《山东省人民政府公报》2013 年 8 月 25 日。

② 温跃、赵小亮：《山东出台金融改革发展意见 5 年初步建成现代金融体系》，《金融时报》2013 年 8 月 10 日。

③ 《山东经济蓝皮书——山东经济形势分析与预测（2014）》，社会科学文献出版社 2014 年版。

④ 《改革潮起齐鲁先——山东以改革创新打造发展升级新蓝图扫描》，新华网，2013 年 12 月 8 日。

⑤ 卢青：《潍坊发布"金创 33 条"山东金改进入全面落实阶段》，《证券时报》，2013 年 12 月 11 日。

务业的意见》（鲁政发〔2015〕9 号)①，给出了保险业在新时期经济发展中的全新定位，从运用保险机制完善社会治理体系、推动商业保险参与社会保障体系建设、积极拓展"三农"保险服务的广度和深度、充分发挥保险服务实体经济提质增效升级的作用、完善保险市场体系、优化现代保险服务业发展环境六个方面给出加快发展现代保险服务业的意见。

（四）中韩自贸区建设的顺利推进为金融合作带来重大机遇

一方面，中韩自贸区建设的顺利推进使山东与韩国之间的经贸往来更为便利，进一步为山东与韩国金融合作提供了基础和空间。2014 年 11 月 10 日，在两国领导人的见证下中韩自贸区结束了实质性谈判，谈判结果显示在货物贸易方面，未来二十年内，中国将对 91% 的产品品目，占进口额 85% 的商品撤销关税，韩国将对 92% 的产品品目，占进口额 91% 的商品撤销关税。双方承诺在协定签署后以负面清单模式开展服务贸易谈判，并基于准入前国民待遇和负面清单模式开展投资谈判。中韩自贸协定于 2015 年 6 月 1 日签订，并于 2015 年 12 月 20 日正式生效，首次降税随之而来，中韩之间的经贸往来进入一个新的阶段。

另一方面，中韩自贸区建设中金融合作工作的推进，为山东与韩国金融合作营造了良好的政策框架。在 2015 年中韩两国政府签订的自贸协定中，单独设置了金融服务章节，就国民待遇、市场准入、审慎例外等方面作出了安排，并就加强双方监管机构合作、在符合各自法律法规要求的基础上加速业务申请审批方面作出了承诺。11 月初，李克强总理在访问韩国期间，继续深化了中韩金融合作的共识，并在人民币业务、债券市场、资本市场等领域的合作方面取得了实质性进展。

二、山东深化与韩国金融合作存在和面临的主要问题

尽管山东省致力于加强与韩国之间的金融合作，以为经贸往来提供更多

---

① 《关于贯彻国发〔2014〕29 号文件加快发展现代保险服务业的意见》，《山东省人民政府公报》2015 年 4 月 15 日。

便利，但是却受制于缺乏有效合作机制、两地金融制度差异、金融合作涉及层面少等因素，阻碍山东与韩国金融合作的有效深化。

（一）缺乏有效的合作机制

在中韩自贸协定正式签署之前的山东与韩国的金融合作，多依托于中韩金融合作会议，金融合作会议以会议形式或者研讨形式为主，侧重双方之间的交流，使得双方金融合作缺乏一定的规范与规划。涉及的诸如货币互换等多从属于东亚金融合作的框架，究其原因，主要是因为山东与韩国乃至中韩之间的金融合作缺乏有效的合作机制。随着 2015 年中韩自贸协定的签署，中韩经贸合作中单独设立金融服务章节，为双方金融合作提供了政策框架，但是，中韩自贸协定生效还处于起步阶段，其中涉及的金融合作还面临很多问题和挑战，在接下来的山东与韩国金融合作过程中，急需形成更为细化的合作框架，建立有效的合作机制。

（二）两地金融制度差异

长期以来，我国金融体制受制于行政干预，自由化程度不高，尤其是存在间接融资比重较高，资本市场发展不完善等问题，这些因素某种程度上限制了中国与韩国以及山东与韩国金融合作的深化。尽管近年来，我国加快金融市场开放的步伐，但是在外国银行进入中国市场以及中国金融机构进入海外市场方面还存在很多限制。相比而言，韩国金融发展程度较高，据亚洲经济 2016 年 3 月 17 日报道，IMF 以金融深度、金融可达性及金融效率性综合计算的金融发展指数显示，韩国的金融发展指数为 0.854，在 183 个国家中排名第六位，处于较高的水平[①]。中韩两国金融制度上的差异必然会对双方金融合作带来一定阻碍。

（三）金融合作涉及层面较少

目前，山东与韩国开展了不同程度的金融合作，并相互进入对方金融市场开展业务，但是山东与韩国的金融合作仍处于初级阶段，以金融机构之间

---

① 《韩国金融发展指数排名世界第六》，《亚洲经济》2016 年 3 月 18 日。

的合作为主，资本市场的合作尚处于起步阶段。从服务对象来看，主要以服务本国企业为主，从业务开展来看，目前深层次业务合作较少，仅限于提供一些基本的金融服务。双方资本市场的合作涉及面更小，截至目前，山东企业还没有在韩国资本市场融资融券的先例。

第三节　深化山东与韩国金融合作的对策建议

山东与韩国金融合作的政治和经济基础，为两地之间的金融合作提供了可能和空间，在此，我们将基于现实基础，提出山东与韩国金融合作的几个重要方面和关键领域，以期为山东深化与韩国金融合作提供政策建议。

一、继续争取和落实中韩金融合作的新政策，争创金融合作示范

以中韩自贸区建设为契机，依托青岛财富管理金融综合改革试验区、蓝海股权交易中心、烟台中韩产业园、威海—仁川地方经济合作示范区的建设，积极向上争取政策，发挥山东地理优势特点，并结合各地级市与韩国金融合作程度，构建可行性强、具有一定影响的金融合作示范模式。如青岛市可依托较为成熟的韩资金融机构服务体系，以及韩元贷款业务先行先试方面取得的经验，重点推动韩元融资贸易结算以及对韩的跨境人民币交易，打造对韩离岸金融先行区；烟台市可充分利用较为完善的股权交易场所和机构平台，争取建立面向韩国的股权众筹融资试点；威海市通过实地调研，积极与人行、银监等部门进行对接，适时申请建立山东（威海）韩元现钞交易中心。

二、加强金融机构合作，提高金融业务便利性

在充分沟通和依法合规的基础上，开辟韩资金融机构进驻山东的绿色通道，适时邀请韩资银行到山东省实地考察，加大韩资金融机构的引进力度，深化金融机构合作。

在银行业方面，为促进山东与韩国贸易投资便利化，山东应致力于加强

韩资银行业之间合作。一是逐渐开放金融业，促使银行服务对象从服务本国企业和居民发展为服务对方企业和居民，并在地域上进行扩张和发展，拓宽企业融资渠道降低融资成本。二是拓展银行业务创新银行服务，开展好国际贸易融资业务、国际结算业务等，构建山东与韩国间清算支付体系，更好服务经贸合作。三是引导中国银行对韩国银行进行股权参与，促进建立中韩合资银行，为山东和韩国企业提供融资便利。

在保险业方面，一方面，可考虑拓展服务对象和服务项目，为山东、韩国企业和个人提供更多高效保险业务。另一方面，考虑设立合作保险公司，为双方贸易合作提供便利。比如，合作保险公司的成立将会使进口保险直接转换成对方国的出口保险，从而有助于双方贸易投资活动的开展。

证券业方面，在吸引更多韩国证券机构入驻山东，设立分支机构的基础上，促使证券机构通过中介功能，引导更多企业在对方证券市场上市，促进双方在资本市场的合作，实现企业融资多元化。

三、提高资本市场开放度，拓宽企业境外融资渠道

在两国现有的政策限制条件下，特别是部分中国企业在韩国上市，所暴露出的严重财务问题，导致韩国股市对中国企业产生负面情绪，致使山东与韩国相互进入对方资本市场投融资方面的合作较少，尚处于初级阶段。据统计，2014年山东有92家企业在中国香港、新加坡等境外上市，在韩国却没有上市企业[①]。针对这一情况，建议山东积极寻求资本市场的国际合作，通过培育境外上市后备资源，在完善自身财务信息的基础上，通过邀请相关专家或者韩国知名投资银行对山东企业进行培训等方式，以更多了解韩国交易所的政策与要求，借助上市说明会和上市推介等形式，为山东境外上市后备企业提供更多选择。继续以蓝海股权交易中心与韩国资本市场的紧密合作为契机，推动双方资本市场深化合作，分步骤、分批次地推动山东企业赴韩上市。与此同时，针对企业赴韩发债的试点政策，对本土企业进行政策业务方面的专题培训，支持本土企业赴韩进行债券融资。山东企业在韩国资本市场进行股

① 《省金融办：山东企业或将在韩国挂牌上市》，齐鲁网，2014年6月25日。

权和债券融资，不仅可以拓展融资途径，还可以促进与韩国跨国企业的合作，并为进军韩国市场奠定基础。

四、创新人民币结算服务，满足新型金融需求

由于文化背景、生活习惯以及生活环境的相似性，近年来，山东与韩国民间交往发展迅速，山东承接韩国入境旅游、居住的人数不断增长，访问交流活动日益频繁。2006—2014 年山东接待韩国旅游人数统计数据显示，2006年山东接待韩国旅游人数为 809953 人，到 2014 年山东接待韩国旅游人数达到1518088 人，增加了 708135 人，年均增长率高达 10.68%。双方人员频繁互访使得人民币与韩币的兑换需求，尤其是现金交易活跃度不断上升，迫切需要创新人民币结算服务。鉴于此，可考虑银行业提供并推广包括预支卡、贷记卡、手机支付、网络支付等更多的人民币结算解决方案，以满足新型的结算需求。

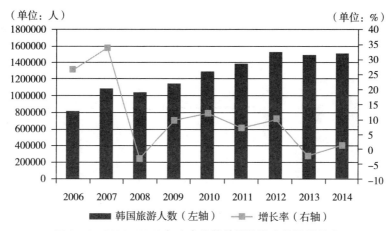

图 9 - 4 2006—2014 年山东接待韩国旅游人数及增长率
资料来源：历年《山东统计年鉴》。

五、积极借鉴学习韩国经验，为山东金融发展所用

截至 2013 年年底，山东省中小微企业达到 90 万户。一直以来，小微企业对增加就业、活跃市场、改善民生和促进经济结构转型升级发挥着不可替代的作用。但是近年来小微企业在发展中遇到很多矛盾和困难，其中融资难

和融资贵是一个较为突出的问题。历史上，韩国中小企业的发展也曾经历过企业融资困境的问题，从 20 世纪 80 年代开始，韩国陆续制定各种金融政策支持中小企业发展，并且取得了明显成效。韩国的这些政策措施为我们提供了很好的经验。所以，可以以山东与韩国的金融合作为契机，促进两地金融机构的合作，鼓励山东的银行学习韩国经验，积极创新金融产品和服务方式，推出适合小微企业的信贷产品，拓展小微企业融资业务。

第十章

国内其他先进省份与韩国经贸合作的经验与启示

中韩两国作为东亚地区重要的经济体,地理位置邻近,文化相通,产业结构互补,自1979年两国以民间小规模贸易为起点开启经济往来,双边贸易与投资从无到有,从小到大,尤其是中韩于1992年正式确立外交关系后,两国经贸关系迅速发展起来。据中国商务部统计,2014年双边贸易额已近3000亿美元,双向投资累计超过600亿美元,中国已连续多年成为韩国的最大贸易伙伴国和最大海外投资对象国,韩国则已成为中国的第三大贸易伙伴国和第五大外资来源国。二十多年来,中韩经贸合作保持着良好的发展势头,不断结出新成果,2015年12月20日《中韩自由贸易协定》正式生效,这是中国迄今为止对外商谈覆盖领域最广、涉及国别贸易额最大的自贸协定,中韩自贸区的成功实现意义重大,将进一步提升两国经贸关系。多年来,凭借地理区位、资源禀赋、经济基础等优势,环渤海、长三角以及珠三角等区域成为中韩经贸往来的前沿地带,在政策体系、载体建设、产业合作等方面积累了可供借鉴的经验,对山东进一步拓展对韩经贸合作有重要的启示。

第一节 国内其他先进省份与韩国经贸合作的发展实践

中韩两国经贸往来源远流长,早在唐宋时期就有文化、政治和宗教的往来。自1992年中韩两国建交以来,双方在各个领域的交流与合作不断拓展,尤其是经贸合作日益成为中韩关系的重要构成部分,取得了令人瞩目的成绩。

一、江苏与韩国经贸合作的发展实践

多年来，江苏和韩国一直保持着密切的经贸往来。随着发展环境的日臻完善，江苏省与韩国的经贸合作逐年升温，双方相互投资、进出口贸易更趋频繁，已步入"密集期"。从对外贸易发展来看，2005 年江苏首次成为我国自韩进口最大省份，2007 年曾超过广东省成为我国对韩出口第一大省份。据统计，2014 年江苏与韩国进出口交易额 593.3 亿美元，占全省进出口总额的 9.7%，居第 3 位，占中韩贸易额的 25.2%。其中，江苏对韩国出口 166.37 亿美元，占中韩出口贸易总额的 18.5%；江苏从韩国进口 426.9 亿美元，占全省进口总额的 16.5%，居第 1 位。据南京海关统计，目前韩国已是江苏第四大贸易伙伴和第一大进口来源地。从利用韩资发展来看，由于中国华东地区的开放扩大和经济增长等商业环境的改善，2002 年以后，韩国企业对江苏省投资明显增加。2006 年，韩国企业在江苏省的投资量首次超过了山东省，并且规模突破了单一地区中最多 10 亿美元的纪录。2006 年韩国企业对华投资额的单项平均投资额为 140 万美元，而韩国企业对江苏省的单项平均投资额为 450 万美元，明显体现韩国企业集中大规模投资江苏省。截至 2015 年 4 月底，韩国在江苏共投资 5176 个项目，协议投资 264.9 亿美元，实际到账 129.5 亿美元，包括 SK 海力士、三星电子、LG、韩国起亚等著名跨国公司都在江苏有投资项目。2015 年前 5 个月就有 68 个韩国新项目落户，协议外资 2 亿美元，实际利用 6 亿美元，占了全省实际利用外资总额的 4.5%。从对韩投资发展来看，在"引进来"的同时，江苏企业自 2000 年开始也竞相到韩国"淘金"。截至 2015 年 6 月底，江苏省累计核准在韩国投资项目 77 个，中方协议投资 1.46 亿美元，项目涉及通信设备、计算机及其他电子设备制造业、农业、批发业、房地产业、科技交流和推广服务业、商务服务业等领域，比如江苏奥森房地产开发有限公司出资 6654 万美元，在济州岛从事房地产开发销售，康平科技（苏州）股份有限公司则投资 998 万美元在牙山市设立 ES 产业有限公司，进行电动工具的设计、生产和销售。

二、广东与韩国经贸合作的发展实践

广东作为中国改革开放的先行省份，与韩国的交流合作历来密切，双方政府高层往来频繁，在贸易投资、科技教育等方面开展了卓有成效的合作，同时，广东与韩国建立了八对友城关系，为深化两地人民的友好情谊架起了新桥梁。从对外贸易发展来看，广东是中韩进出口的第一大省，双方进出口贸易总额增长迅速，约占中韩进出口贸易总额的 1/4。据海关统计，2014 年，广东省对韩国进出口总值 723.08 亿美元，比 2013 年增长 1.8%，占同期广东省外贸总值的 6.7%，是目前广东省第五大贸易伙伴。其中，对韩国出口 257.38 亿美元，增长 6.8%；自韩国进口 465.7 亿美元，下降 0.7%。对韩国累计贸易逆差 208.32 亿美元，较 2013 年同期收窄 8.7%。近年来，受到沿海劳动力成本增加及资源环境约束加大等因素影响，广东省制造业成本明显抬升，电子加工等劳动密集型企业出现内迁或向外转移趋势，如韩国手机厂商三星、LG 等已斥资建设海外新工厂、将部分产能转到劳动力更为廉价的越南等东南亚地区。海关数据显示，随着产能外迁，广东省企业进口集成电路、液晶显示板等电器及电子产品下滑明显，以加工贸易方式进口机电产品占广东省自韩进口总值比重由 2012 年的 48.9% 逐年下滑至 2014 年的 37.5%，2014 年加工贸易进口电器及电子产品同比下降 15.4%，拉低同期广东省自韩进口同比增速 4.5 个百分点。从利用韩资方面来看，截至 2014 年年底，广东省累计批准韩国投资项目 1908 个，协议投资金额 54.46 亿美元，实际到账 39.2 亿美元。

三、辽宁与韩国经贸合作的发展实践

近年，辽宁省与韩国的经贸往来日益密切频繁。对外贸易方面，韩国对辽宁出口大幅增加，由 2007 年的 25.19 亿美元增加到 2014 年的 41.8 亿美元，7 年间增加了 1.7 倍。与此同时，辽宁对韩出口尽管出现了阶段性波动，但总体上仍呈现增长态势，由 2007 年的 46.02 亿美元增加到 2014 年的 53.86 亿美元。辽宁向韩国出口的主要商品有汽车点火布线组、光敏半导体器件、自动调节或控制仪器及装置、钢铁绞股线绳、铸锻件、木制品（地板、家具等）以及调味料、大白菜、花卉、水产品等。而从韩国进口的主要产品有液晶显示板、汽车零件、钢铁板材、电视机零件、平板轧材以及服装、化妆品、奶粉、家电、海苔等。由此可见，辽宁与韩国的贸易既呈现互补的格局，又有一定的重叠性。辽宁对韩国的出口主要集中在一般工业品、钢材、农产品等，而从韩国主要进口附加值较高的工业产品和较为高端的日常生活用品。在利用韩资方面，韩国对辽宁的直接投资也出现了大幅上升的趋势。2007 年辽宁实际利用韩国外资金额 9.84 亿美元，到 2013 年迅速增加到 20.12 亿美元，6 年间增长了 2 倍多。在对辽投资的所有国家地区中排名第三，且增幅最大。2014 年韩国对辽宁省的投资出现下滑，实际利用韩国投资金额降至 9.16 亿美元，说明韩国企业对辽宁的投资开始进入结构性调整阶段。与此同时，辽宁企业也逐渐融入韩国市场，成为其不可或缺的合作伙伴。以沈阳市为例，2014 年沈阳对韩国投资项目有 2 个，协议投资额为 3050 万美元；对韩国工程承包与劳务新签合同额 811 万美元，对韩国工程承包与劳务营业额 1279 万美元；同年，大连在 11 个国家设立的 66 个境外投资企业中韩国占去 17 个席位。

四、天津与韩国经贸合作的发展实践

近年来，天津与韩国保持着良好合作关系，在经贸、人文、体育等领域交流合作取得了丰硕成果，人员往来日益密切，与仁川等友城关系深入发展。在同韩国贸易往来上，作为中韩投资中的主要聚集地，天津在中韩贸易中的主导产品上具有重要优势，2014 年，天津与韩国的进出口贸易额为 184.2 亿美元，占全国对韩贸易的十分之一左右。在利用韩资方面，截至 2014 年年底，韩国在天津投资企业近 3300 家，累计签订投资项目 3307 个，累计实际利用韩资 102.83 亿美元，三星、LG、SK 等著名企业相继落户天津，韩国已成为天津第二大外资来源地。2015 年前三季度，韩国企业在天津投资实际到位资金达 21.4 亿美元，比 2014 年同期增长 23.6%，天津自贸区正式挂牌运营以来，更是吸引了许多韩资企业的关注。目前，在天津的韩国侨民超过 5 万人，天津已与韩国仁川建立了友好城市关系，与首尔、釜山建立了友好合作关系，天津东疆保税港区与韩国新万金群山经济区签订了区域合作协议。

第二节　国内其他先进省份与韩国经贸合作的经验总结

作为中韩经贸发展的前沿地带，我国环渤海、长三角以及珠三角区域的江苏、广东、天津等省市，与韩国经贸合作起步早、发展快，在对韩贸易、双向投资等方面均处于全国领先地位，并在政策体系、载体建设、产业合作等方面积累了可供借鉴的宝贵经验。

一、大力推进体制机制改革，不断优化投资环境

随着我国对外开放的步伐不断加快，营商环境已成为决定城市经济与社会发展的重要因素，各省市在推动与韩国经贸合作也逐步实现了从依赖"拼政策"到提升服务、优化环境的根本性转变。一是营造良好的政策环境。20世纪80年代后期，特别是90年代以来，韩国国内劳动力不足、工资上涨、生产成本增加、劳资关系紧张、科技及规模方面竞争激烈，以劳动密集型行业为主的中小企业纷纷向海外寻找出路。在这种情况下，环渤海湾地区的天津、辽宁等区域依托区位毗邻、土地和劳动力要素价格低廉等比较优势，制定了税收、土地等一系列优惠政策吸引韩资企业聚集。根据中国商务部统计数据，截至2006年，韩国在中国环渤海地区和东北地区的投资合作项目占韩国对华直接投资项目总数的83.7%，投资金额占投资总额的66.1%。在实际投资中项目占总数的83.2%，投资金额占66.2%。二是积极营造产业配套环境。进入21世纪以来，韩国对外直接投资有了战略性转变，韩国企业在华投资重心从原先的"成本导向型"投资转向面对中国市场的"产业链投资"，优惠政策和资源优势不再是韩资的主要吸引力，集聚经济特别是产业关联成为韩国对华投资区位选择的最重要的驱动力。长三角长期以来围绕企业产品链条，培育配套企业，形成一条龙式的产业发展格局，不断提升产业配套能力，使该地区的产业配套能力位居全国各地区前列，韩国企业正是看重了长三角日益完善的产业配套能力，将其投资中心逐渐转移到长三角。自2006年以来，韩国企业对长江三角洲地区的投资呈快速增长趋势，在江苏、浙江、

上海等地区的新增投资项目在投资规模上要大大超过环渤海地区和东北地区，且大多数都为技术与资本密集型的大型企业的大规模投资。根据韩国贸易振兴公社 KOTRA 的统计数据，2008 年，韩国企业对江苏省的实际投资总额超过环渤海地区，一跃成为仅次于山东省的韩国在华投资的第二大省份，到 2012 年止，韩国对华直接投资额的 80% 以上集中在中国东部地区，江苏（22.6%）、山东（22.4%）两省占比最高，北京（12.4%）、辽宁（8.9%）、天津（7.7%）、上海（6.6%）、广东（4.8%）、浙江（3.6%）继之。三是积极营造便捷的服务环境。在推动中韩经贸发展方面，江苏、辽宁等地政府部门不断推动制度创新，把简化办事程序、提高工作效率作为工作的出发点，服务行为符合国际商务活动的通行规则并贴近投资者的需求，积极营造良好的服务环境。比如，辽宁出台《关于进一步简政放权优化营商环境的工作方案》，提出了向纵深推进简政放权、放管结合、优化服务改革的 7 个方面 31 条措施；苏州工业园区推行"授权式治理"，实行"全过程、全方位、全天候"服务体系。江苏盐城以打造中国东部韩资企业密集区为目标，不断营造"仿真"的韩国环境，包括建立韩资企业韩企高层次紧缺人才资源库，批量引进韩语、汽车等紧缺专业人才；与韩语等紧缺专业人才密集的吉林省人才市场、延边大学、延边就业局建立长期合作关系；专门建立驻韩国经贸联络处，在市内推行包括仿真型"韩式税务"在内的一系列为韩企度身定做的举措，提供优质高效的服务，促使韩资企业投资持续走强，在盐韩资企业不断追加投资。四是打造舒适的人文环境。多年来，为推进与韩国经贸发展，各地政府开始关注逐渐形成的韩国人文社会生活圈，努力营造友好相处的社会氛围。如苏州把开发区规划为日韩区、港澳台区、欧美区，按外商的生活习惯建设娱乐设施、学校、医院、银行等，在电视台开设外语栏目或开放国际频道，道路、商场、宾馆等指示牌用多国语言标注，积极营造人文环境；江苏盐城按照生产性和生活性并重的要求，率先规划建设韩国社区，满足韩企项目落户要求。五是不断深化互联互通。在发展对韩经贸过程中，各沿海省市均注重港口物流优势的发挥。如在 2014 年中韩陆海联运汽车货物运输合作委员会第四次会议上，中韩双方明确将连云港作为中韩陆海联运扩大试点的口岸，挂车行驶区域扩大到江苏全省，江苏与韩国之间实现特种货物跨国"门到门"运输；辽宁省突出大连港、营口港等港口在对韩经贸合作中的地位，其中三星电子与大连港集团、韩国佑进环球物流（株）和大连鲜星国际物流有限公司正式签署四方战略合作协议，共同为三星电子打造一条以大连为重要中转枢纽、连接亚欧的全程国际物流大通道。

二、以产业优势互补为依托，充分释放双方贸易潜力

一是不断推动对韩贸易商品结构优化。从具体省市来看，广东、江苏、山东和上海稳固占据中韩贸易前4席位，其中广东是中韩进出口的第一大省，进出口份额均约占中韩贸易总额的1/4。对韩出口主要省市的商品结构也因地域产业结构差异而表现出显著不同，广东以电话机为主要出口商品，占比47.3%，占据绝对主导地位；江苏和上海以集成电路、钢材和自动数据处理设备为主；此外水产、蔬菜等农产品也是重要的对韩出口商品。与出口相比，各省市自韩进口商品较为类似，均以集成电路、液晶显示板等韩国产业优势产品为主。通过对比分析对韩出口可以发现，各省市立足自身的产业优势和特点，出口产品几乎都是传统优势产业和产品，同时对韩出口商品结构不断优化，科技含量高的出口商品不断增多，以广东省为例，2014年，广东省对韩出口机电产品222.37亿美元，增长3.5%，占同期广东省对韩出口总值的86.4%。2014年江苏在对韩出口产品排行榜中，位居第一的是机电产品，出口额661.3亿美元，占全部出口额的64.7%，其中包括集成电路、自动数据处理设备及其部件、液晶显示板、纺织纱线、服装及衣着附件、汽车零件等。二是创新发展对韩新型贸易业态。适应我国经济发展新常态的要求，各地不断打造新型贸易业态，跨境电子商务成为对韩贸易发展的新亮点。如辽宁省东港市，把"对韩国的电子商务平台建设"提升到地区外贸转型升级的战略高度来研究，利用网络，开辟进口新渠道，打造新型贸易业态，推动"电商韩国"工程，培育引进和做强做大跨境电商企业及配套企业，并提出要让进口商品的物流成本和采购成本最低、流通环节最少，让商品的价格最低、品质最优，打造韩国进出口商品的"第一站"。作为东北地区跨境电商行业的著名平台，"出口时代网"的数据显示，大连主要向韩国出口铸锻件、木制品（地板、家具等）、水产品等等，据统计2014年，在该跨境电商平台上达成的对韩贸易额有500万—600万美元。为进一步加强对韩合作，作为东北唯一的

国家新区的大连金普新区，率先启动了中韩贸易合作区建设，根据规划，合作区将采用"跨境电商＋旅游采购贸易＋保税电商体验＋保税展示展销"的运营模式，按照线上线下结合、导购平台与展销中心联动的方式运作。三是深入推进贸易便利化。积极探索对韩投资贸易便利化的政策机制，创新口岸通关模式，在货物通关、AEO 互认、检验检测认证等方面开展合作，如江苏以提高通关效率为目标，在省内特殊监管区域引入上海自贸区海关监管服务新政，包括"先进区，后报关"、区内自行运输、加工贸易工单式核销、保税展示交易、境内外维修等 14 项措施；同时，还颁布实施了第三方检验结果采信、全球维修产业监管、出入境生物材料制品风险管理等 8 项检验检疫监管创新制度。南京海关与江苏出入境检验检疫局联合启动"一次申报、一次查验、一次放行"试点，整合企业在两个部门间重复的申报、查验及放行手续，大大缩短了货物通关的时间，同时电子口岸和地方公共信息平台的建设进一步加快，"单一窗口"模式不断推进，更有效地缩短查验时间，降低通关成本。

三、明确重点产业合作领域，积极承接韩国产业转移

一是选准重点对接产业。韩国制造业以大型重化工业为主，一般具有临海布局、依港而兴的特点，韩国制造业的转移也要以海港为依托。江苏在扩大对韩开放中加快沿海开发，加快沿海港口建设，为江苏沿海承接韩国制造业转移、发展"临海工业"提供了有利平台。天津滨海新区抓住韩国造船业向西转移的机会，利用与西海岸一水相隔、同处环黄海经济区内的优势，与韩国的造船业进行合作，特别抓住近年来韩国的船企在中国建造大型船舶分段船坞加工厂的机会，将韩国的世界级知名船厂引进来，在解决劳动力就业的同时提升了天津的造船技术和水平。二是完善对韩投资促进体系。近年来，江苏、辽宁等省市通过专题推介、小分队走访等形式，在韩国和国内韩资企业密集地区开展了一系列经贸活动。如江苏盐城 2014 年 4 月在上海成功举办跨国公司投资说明会，13 个项目集中签约，总投资 6.72 亿美元；2014 年 10 月，在韩国首尔成功举办 2014 中国盐城（首尔）经贸活动，签约项目 12 个，总投资 8.44 亿美元，协议利用外资 4.06 亿美元；2014 年，盐城市与江苏省

商务厅联合在韩国首尔设立经贸代表处。频繁的经贸交流与合作，让盐城与韩国的关系更加紧密，其与现代起亚汽车集团、三星集团、LG 集团、LS 集团、现代摩比斯等韩国百强企业，大韩贸易投资振兴公社、大韩商工会议所、韩国贸易协会等政府及民间主要经济团体均建立起非常密切的合作关系；与韩国全罗北道南原市缔结友好城市关系，与大邱市、首尔市城北区结为友好交流城市；与蔚山市、釜山市等地也有较为密切的往来，每年两地政府和经济文化交流等方面互访人数达上万人次。又如辽宁省丹东市针对韩国逐步加大招商引资力度，进一步明确了韩国、日本和港、澳、台地区的主攻方向，2014 年围绕制造业、电子、金融、物流业等重点招商项目，赴韩国开展了为期 5 天的招商活动，签约项目 2 个，洽谈推进项目 15 个，达成合作意向项目 7 个，投资总额 27 亿美元，达成贸易额 8 亿美元。各省市不断完善对韩投资的促进体系与招商方式，搭建了"联系广泛、重点突出、及时畅通"的招商网络。三是大企业和大项目的引领带动作用凸显。一方面，各地积极扩大引资成果，利用"外资"引进"外资"。江苏盐城、淮安等市，发挥"东风悦达起亚"汽车、"韩泰"轮胎等大项目的"龙头"带动效应，吸引了韩国一系列关联企业、配套厂家前来投资。同时，其发挥自身的区位优势，借助"东风悦达起亚"等引进韩资的示范效应和成功经验，面向韩国采取多种形式积极招商引资，发展临海工业和韩资产业集群，成为新的引进韩资高地。另一方面，大项目引领作用日益突出。如苏州三星电子液晶显示投资 30 亿美元的高世代 TFT - LCD 面板项目，2011 年 5 月开工，2015 年 6 月月产能已达5.5 万片，优良率达 90%，通过该项目，苏州工业园区成为液晶面板产业从材料、配件、生产至物流，覆盖 LCD 整个产业名副其实的中国最大规模的尖端 LCD 产业链；2005 年花落无锡的韩国 SK 海力士株式会社，历经三次增资、四次技术升级，投资额由 20 亿美元增至 80.55 亿美元，产品从 8 英寸晶圆到12 英寸大规模集成电路；东风悦达起亚从两个工厂到新建第三工厂投产，年产整车 73 万辆，使得盐城一举成为我国沿海继上海、广州后的第三大汽车制造基地。

四、不断完善载体平台建设，大力发展产业园区

多年来，江苏、辽宁等省市不断加强吸引韩资的平台载体建设，在吸引韩资、促进对韩贸易等方面发挥了重要作用。一是重视发挥经济园区的载体作用。各省市积极搭建产业合作载体，坚持把开发区作为招商引资的主阵地，理顺管理体制，强化载体功能，充分发挥开发区机制灵活、功能齐备、技术密集、产业集中的优势，使开发区在招商引资工作中不仅占据举足轻重的地位，而且起到了应有的辐射、示范和带动作用。如苏州工业园区，聚集三星、LG、韩国五星科学公司苏州（工业园区）办事处公司等韩资企业，光是韩国三星集团就在此投资了数家大型制造型企业，吸引了大批与之配套的上下游韩资企业，并带动了对韩进出口贸易的发展。根据海关统计，苏州工业园区2015年共从韩国进口商品货值1000亿元，出口韩国商品货值272亿元，对韩国进出口占苏州工业园区进出口总值的四分之一，韩国为苏州工业园区的最大的贸易伙伴。在江苏盐城已形成以中韩（盐城）产业园为龙头，盐城综合保税区、大丰、亭湖、盐都、射阳、建湖等省级开发区和特色产业园联动发展的载体，为加速承载韩资产业转移集聚和现代服务业项目落户提供了良好的优势平台。其中市开发区韩资工业园以承载韩资企业为主，是集汽车整车制造、关键汽车零部件生产及其配套的物流、咨询、研发、服务等于一体的工业园区。二是加快建设特色韩资特色园。近年来，各地开始加快建设韩资特色园区，重点承载韩资项目落户。如江苏盐城建成江苏省第一家韩资工业园，2012年以来，韩资工业园共签约项目129个、开工项目106个、在建项目30个、竣工项目75个，已完成投资152亿元。2014年盐城韩资工业园综合实力位列江苏省144家专业特色园区第一位，被认定为"江苏省韩国产业转移和集聚示范区"，是长三角韩资最为密集的城市。2015年6月中韩自贸协定签署，中韩盐城产业园作为重点对韩合作园区写入中韩自贸协定及相关配套文件，将在汽车、新能源汽车、光伏光电、智能装备制造、软件及服务外包、电商物流、大数据、健康美容、临港物流、重型装备制造十大重点产业开展与韩国的全面合作。江苏无锡也在韩资特色园区建设上不断加快步伐，其中无锡新区正积极申报国家级"中韩科技产业经贸合作（无锡）示范区"，

以寻求在研发服务、金融业开放、韩国商品检验检疫等方面的优惠政策,将无锡示范区打造成中韩两国产业合作转型升级的先行先试区、两国科技产业和新型经贸合作的重要载体、两国交流合作模式创新的示范平台;中韩(无锡)科技金融服务合作区在无锡新区 2015 年 8 月正式揭牌,无锡新区管委会与韩国忠清北道经济自由区域厅正式签订友好合作协议,中韩健康产业园、无锡美加美美容医院、听力康复产品制造、半导体设备人才培训等一批项目现场签约落户。为进一步加强对韩合作,作为东北唯一的国家新区的大连金普新区,率先启动了中韩贸易合作区建设,包括跨境保税和旅游贸易两大板块,区内目前已经吸引包括韩国奥斯卡商业集团、韩国 UUS 株式会社和中国阿里巴巴等 20 家知名企业入驻。三是加快各类经贸促进平台的建设。近年来,江苏、辽宁等对韩开放重要省市致力于打造促进双向贸易投资合作的综合服务与促进平台,切实推动了双边贸易投资的发展。如 2014 年"出口时代"与辽宁省外经贸厅开展战略合作,初步搭建了以出口时代平台为基础的全省跨境电子商务平台,并与大连韩国贸易馆、谷歌中国等国际知名企业洽谈合作,在对韩贸易、全球市场开拓方面取得卓越成效,帮助了大批中小企业打开通往国际市场的道路。同时,韩国—广东发展经贸论坛、中国东北三省—韩国经济合作论坛、中韩产业合作(温州)峰会、天津夏季达沃斯论坛、辽宁沈阳和浙江宁波等地举办的"韩国周"等一系列经贸促进活动,也在推动中韩双向投资与贸易发展方面发挥了重要作用。

第三节　国内其他先进省份与韩国经贸
合作发展对山东的启示

2015 年年底生效的中韩自贸协定,在体制机制上为深化中韩经贸合作作出了新的顶层设计,也为山东与韩国的双边贸易、双向投资、产业发展和结构调整带来前所未有的机遇,开启了山东与韩国全方位、多领域、深层次的交流合作的新篇章。山东与韩国一衣带水,是我国对韩经贸合作的前沿,因此,在新的时代背景下,山东应抢抓中韩自贸区机遇,结合自身发展优势,进一步深化与韩国的经贸合作,并借鉴江苏、广东、辽宁等地对韩经贸合作的发展经验，通过开展示范项目合作、双向投资等，促进现代服务业、高端制造业及战略性新兴产业领域的深度融合，把山东建设成中韩产业对接和经贸合作布局的重点区域，重塑鲁韩经贸合作领先地位。

一、以中韩自由贸易协定为契机，进一步深化地方经济合作

在新的发展阶段山东省应当充分运用中韩自由贸易协定提供的契机，深化双边合作，建立更紧密的经贸关系。一是打造中韩两国国家战略对接枢纽。充分发挥山东海陆互联互通的枢纽作用，积极推动国家"一带一路"战略与韩国"欧亚倡议"的深度对接，探索在包括东盟等国家在内的第三国开展基础设施和产能合作，推进山东与韩国企业共同开发"一带一路"沿线市场。二是加强与重点城市的对接合作。突出山东省邻近韩国的地理优势，充分发挥现有友城的积极作用，从中韩合作的高度谋划和开展对韩友城交流，加强与韩国友好城市、经济合作伙伴城市在展会、园区建设、港口物流、科技研发、旅游服务、节能环保、金融、人员交流等领域开展务实经贸合作，发挥友城在中韩合作中的平台作用，把韩国友城打造成山东开展中韩全面合作的平台。三是深入推动威海中韩自贸区地方经济合作示范区建设。全面落实山东省委办公厅、省政府办公厅下发《关于支持威海中韩自贸区地方经济合作示范区建设的若干意见》，推动威海与仁川自由经济区相互投资、产业融合、深化合作，以制度创新为核心，充分复制创新上海、天津、广东、福建等自贸区的成功经验，率先开展先行先试，重点探索在中韩自贸框架下如何加快政府职能转变、深化体制机制创新、促进投融资与贸易便利、营造国际一流营商环境，打造中韩合作制度创新试验田、中韩自由贸易先试平台、中韩商品交易重要集散地、中韩产业融合先行高地，发挥示范带动、服务全国的积极作用，探索山东对韩地方经济合作新模式，形成有利于在中韩两国"可复制、可推广"的先行先试政策和制度安排。

二、加强高端产业合作，推动双向投资转型升级

一是大力推动投资结构升级。围绕汽车及零部件、装备制造、海洋化工、

新能源、新材料、电子信息等加强产业对接，深入挖掘制造业合作潜力；更好地发挥山东与日韩交通便利的优势，扩大服务业对韩开放，鼓励健康医疗、度假旅游、创意影视、软件外包、养老、美容、商贸等重点领域开展对韩合作。二是推动中韩产业链深度融合。探索中韩合作研发创新，合作打造品牌，合作参与制定标准，高端人才共用，拓展产业价值链多环节合作，推动产业链进一步延伸，促进企业转型升级，构建双向投资促进合作新机制。三是推进金融领域合作创新。吸引符合条件的韩资金融机构来鲁设立外商独资、合资金融机构或设立分支机构，鼓励韩国知名企业和财团发起设立独资或合资的小额贷款公司、融资性担保公司、民间资本管理公司等新型金融组织，为在鲁韩商投资企业提供多样化的融资服务和支持；将目前在青岛市开展的企业自韩国银行机构借入人民币资金试点推广到山东全省，积极推进山东企业与韩国银行开展合作，推动韩元融资贸易结算以及对韩的跨境人民币交易，降低企业融资成本，促进对韩贸易投资便利化。四是全面提升对韩"走出去"水平。推动山东企业到韩国投资，与韩国企业加强合作，引导优势企业在韩国设立物流基地、研发中心、营销网络和生产基地，采购韩国的商品、设备，吸收韩国的先进技术、管理经验，提高国际化经营水平；发挥韩国是唯一与全球三大经济体签有自贸协定国家的优势，积极寻求对韩投资机遇，以韩国为跳板拓展欧美市场。

三、促进对韩贸易拓展，推动贸易结构和方式不断创新

一是扩大韩国进出口贸易规模。鼓励企业从韩国扩大进口先进技术设备和关键零部件，积极组织优势商品和企业参加韩国知名展会。扩大山东本地机电产品、高新技术产品等高附加值产品对韩出口，同时依托山东省出口农产品质量安全示范区，推动建设中韩食品安全示范区，促进农产品对韩出口。二是推进对韩跨境电子商务发展。顺应中韩跨境贸易电子商务发展趋势，拓展多种进出口通道，建立并完善适应跨境电子商务贸易特点的海关监管、检验检疫、退税、跨境支付、物流等支撑系统，打造中韩跨境电子商务的首选通道。三是推进实施贸易便利化。创新口岸通关模式，在货物通关、贸易统计、原产地证书核查、AEO 互认、检验检测认证等方面开展合作，逐步实现

电子报检、电子审单、电子计收费及电子监管放行的全程无纸化改革，加快山东与韩国间货物贸易产品通关速度，打造面向韩国快速通关口岸。

四、搭建多元化经贸合作载体，推进高层次平台载体建设

一是高度重视各类特色园区载体建设。加快推动中韩（烟台）产业园建设，深度研究"两国双园"合作模式，围绕第四代园区建设的理念，坚持产业新业态、城市新生代、运作新机制、着眼新未来，注重产城融合和宜业宜居，以高端、智慧、生态为导向，进一步丰富园区建设内涵，致力建设高起点、智能化、生态型、可持续的国际化新型产业园区，形成国际一流的低碳生态环保园区、中韩文化交流的新平台、宜商宜居和谐发展的现代化新园区、对韩开放体制机制新园区；进一步推进中韩创新产业园、中韩合作产业园、中韩现代服务产业园、中韩文化旅游产业园、中韩健康养老产业园、中韩综合保税物流园等特色园区建设，打造山东推进与韩国在现代服务业、创新研发领域开展高端合作的园区载体。二是进一步发挥仁川威海馆、韩国釜山青岛工商中心等综合服务平台投资洽谈、贸易促进等方面的功能与作用，为进行双边贸易和双向投资的企业和机构提供服务平台。三是重点围绕蓝色经济、中韩合作等，加大力度承办威海·韩国商品贸易展览会、中韩 CEO 论坛、韩国—山东省金融合作论坛等涉韩商贸展会与国际会议活动，促进企业经贸交流与合作，进一步扩大山东在韩国的影响力。

五、全面提升服务能力，持续优化对韩开放营商环境

一是营造透明高效的政务环境。积极研究制定"负面清单"，放宽市场准入，努力在解决"玻璃门""弹簧门""旋转门"方面取得实质性突破。深化行政审批制度改革，最大限度地减少前置审批事项，积极推进"单一窗口"建设，逐步将政府部门承担的资产评估、鉴定、咨询、认证、检验检测等职能外包给专业服务机构承担。二是营造高效便利的商务环境。加快服务型政府建设，研究制定"服务清单"，创新服务模式。加强各类综合服务平台建设，发挥好外商投资企业协会作用，为外商投资提供相关政策咨询服务，协

调解决项目落地建设过程中遇到的困难和问题。构建以政府服务为基础、中介机构和企业充分参与的境外投资咨询平台，及时发布韩国项目信息、投资政策、风险预警提示，为企业进入韩国市场提供前置帮助。加大商事制度改革力度，简化对韩投资手续，放开个人对韩直接投资，促进双向投资合作。三是营造宜业宜居的生活环境。紧紧围绕国际化城市建设，在韩商较为集中的城市建设国际化社区，配套引入韩国知名服务机构，配套完善学校、医院、公交等社会公共服务设施，加快建设国际医院、国际学校，积极引进韩国的娱乐、休闲、餐饮品牌，努力营造适应韩国客商和人士在鲁工作、生活特点的特色社区环境、特色医疗服务、特色学校教育，满足他们的个性化需求。四是加强对韩互联互通建设。加强与韩中联运系统研究会的交流合作，积极推进中韩铁路轮渡项目，打造新亚欧大陆桥，共同开拓"一带一路"沿线市场；畅通中韩物流大通道，加快铁路、港口、机场、公路改造升级，加密山东至韩国海上航线，提升港口现代化管理水平，提升中韩陆海联运层次；支持建设集展示、仓储、线上线下交易、配送、购物等于一体的韩国商品交易集散中心，使威海等地成为承接大部分销往国内的韩国农水产品、化妆品、服装及食品等商品的流通集散地。

第十一章

青岛与韩国经贸合作的实践及前景展望

20 世纪 90 年代，世界经济、政治格局发生了深刻变化，中韩两国关系逐步有了好转，并于 1992 年 8 月 24 日，中韩正式建立大使级外交关系。鉴于当时复杂的东亚形势，双方经过一段时间的初始探索后，于 1993 年开始在政治、经济、社会等方面逐步展开了深层次、全方位合作交流。中韩两国历经二十多年的积极友善、稳健务实的交往，现已构筑起健康、稳固的经济共同体，成为国际社会改善国家关系方面最成功的典范。

青岛作为我国最早与韩国开展经贸合作的沿海发达城市，在促进中韩、鲁韩经贸交流方面始终走在全国前列，彰显着青韩合作的绝对优势与坚实的合作基础。随着青岛与韩国经贸合作的不断深入，青岛在中韩、鲁韩经贸关系中的战略地位骤然提升，已成为青岛融入国际、促进开放的战略通道。因此，系统梳理青岛与韩国经贸合作的实践，总结合作中的一些经验做法，既有利于青韩经贸合作的健康、持续发展，更有利于青岛加快推进国际化进程，全面提升青岛对外开放的总体水平和国际影响力。

第一节　青岛与韩国经贸合作的发展历程及主要特色

自 1992 年中韩建交以来，青岛与韩国逐步开展了全方位、深层次的经贸合作与交流。截至 2015 年 10 月，韩国累计在青岛投资项目 11930 个，青岛实际利用韩资 163.1 亿美元；同时，青岛对韩国投资项目 129 个，投资总额 2.4

亿美元。韩国已成为青岛第二大投资来源国、第二大贸易伙伴国和第一大进口国。青岛是中韩经贸合作发展主要城市，韩国也是青岛国际经贸合作最为活跃的国家之一。特别是 2015 年 12 月《中韩自由贸易协定》的实施，为中韩经贸合作提供了更高层次、更宽领域的新平台。

一、青岛与韩国经贸合作的发展历程

青岛作为我国对韩贸易的重要城市，凭借其优越的区位优势、文化优势和合作优势，始终与韩国保持着密切的经贸合作关系。青韩经贸合作始于两国建交前，大致分为以下几个发展阶段。

（一）初始探索阶段（1989—1993 年）

建交前的青韩经贸合作处于平稳起步、探索性发展态势。基于当时的国际形势，青岛市政府强化民间交往的招商方式，以具有亦民亦官身份的青岛国际商会（中国国际贸易促进委员会青岛市分会）为核心对韩进行招商，引进了中国第一家韩资企业"青岛托普顿电器有限公司"，同期陆续引进了"青岛韩菊胶带有限公司""青岛茶山人造首饰有限公司"等六家在中韩颇有影响的样板企业，开启了韩国企业在中国、在青岛投资的"破冰之旅"。这一时期，青岛市共批准了 71 家韩国企业。韩国投资企业主要是中小型企业，其规模大多数是在几十万美元至三百万美元之间的，以劳动密集型出口加工企业为主。

（二）快速成长阶段（1994—1996 年）

这一时期，青韩经贸合作呈现了"双需"的发展态势。当时，青岛正处于改革发展内生动力起步期，对经济发展需求大，同期，韩国也有向外输出产业、产业拓展需求，中韩两国的建交为双方需求搭建了合作平台。此后，韩国在青岛的投资逐年稳步递增，在项目数、合同投资额、涉及产业等都取得了全面发展。这一阶段，青岛市政府共批准了 846 家韩资企业，合同金额15.4 亿美元。特别是成功引进了在韩国纤维行业较有影响力的"泰旺物产公司"，在韩国纤维行业掀起了一股投资青岛的热潮，先后有高丽纤维、东国贸易、韩国合纤、三丰织物、维信纤维、大韩纺织等十几家企业来青岛投资，投资额达到9000多万美元。另外，青岛加大招商引资力度，引进了韩国的仁成物产、信元、世原、三湖、交河、东国电子等企业，初步形成了玩具、电子、制鞋和塑料制品等行业的规模性投资。同期，韩国的跨国集团公司如现代、大宇、三星、鲜京、晓星等大型企业也开始到青岛设立办事机构或投资企业。投资项目也由单纯劳动密集型开始转向与资金、技术密集型相结合。投资企业数成倍增长，在外来投资国中位列首位，投资额在千万美元以上的项目达32家，企业经营状况都普遍良好。

（三）震荡复苏阶段（1997—2007 年）

这一时期，受亚洲金融危机影响，青韩经贸合作进入发展的震荡期。亚洲金融危机使韩国股市暴跌，资产大幅度缩水。为了应对金融危机，不少企业集团开始缩小投资力度。从1997年下半年开始，来自韩国的投资大幅度下降，这一时期，青岛市共批准韩资企业1209家，占总数的54%，合同金额12.8亿美元。金融危机之后，金大中赢得了大选，其执政后对韩国经济进行了一系列的经济结构调整，韩国整体经济快速得到恢复，对外投资能力显著增强，韩国对青岛的投资企业数量也明显增多，1999年新批项目数比1998年增长了72.6%，2000年新批项目数又同比增长了70.7%，合同韩资额2000年比1999年增长了163%，实际使用韩资额同比增长了37.5%。韩国在青岛的投资开始全面复苏，特别是2000—2006年间，韩资企业投资呈现快速发展，共计签订合作项目8233项，投资金额达106.7亿美元。仅2007年，韩资企业获利达到17.13亿元。

（四）波动发展阶段（2008 年至今）

这一时期，受世界金融危机影响，青韩经贸合作受到较大影响。截至目前，共签订韩国投资项目1728项，投资金额为35.8亿美元。其间，中韩于2012年5月，正式启动自由贸易区谈判，经过3年多的不懈努力，于2015年6月1日正式签署《中韩自由贸易协定》，2015年12月20日正式生效，从此中韩经贸开启了新的航程，为青韩经贸合作带来了新的发展机遇。统计结果显示，2014年，青岛与韩国进出口贸易总额达90.1亿美元，同比增长6%，占全国对韩贸易总额比重的 3.5%。截至 2014 年 12 月，青岛吸收韩国投资 152.5 亿美元，居全国同类城市首位。2015 年 6 月 5 日，青岛市政府发布了《青岛市进一步提升对韩国开放合作水平行动计划（2015—2016 年）》，进一步强化了与韩国在高端产业、对外贸易方面的深度合作。

二、青岛在中韩经贸合作发展中的战略地位

经贸合作是国际化城市发展的立城之本。青岛作为一个沿海开放型城市，始终注重与国内外各国的经贸交往，且受益匪浅。青韩在国家及区域间合作、引导国内产业发展、促进对外贸易发展、构建开放型经济等方面发挥着不可或缺的作用。特别是中韩两国建交后，随着韩企、韩资、韩商等的进入，青岛市在经济实力、发展规模、产业结构等方面均得到较快发展，在稳步提升国际影响力的同时，进一步提升了青岛市在中韩贸易发展中的战略地位。

（一）青岛是中韩经贸合作的战略要地

青岛地处山东半岛的前沿，与韩国隔海相望，是中韩经贸合作的重要支点和发展平台，对中韩经贸发展具有重要的意义。改革开放以来，青岛是中国最早与韩国开展经贸交流合作的城市；韩国是新中国成立后第一个在青岛设立总领事馆的国家；青岛与韩国 6 个城市结为友城，韩国也成为青岛缔结友好城市最多、交流最为密切的国家之一；1989 年，青岛第一家韩国独资企业落户；1996 年，青岛国际银行成立，成为国内首家中韩合资银行；2011 年，青岛成为国内首个韩元挂牌交易试点城市；2012 年，青岛启动山东半岛"中日韩地方经济合作示范城市"建设；2014 年，青岛在全国率先开展了中韩货币互换项下韩元贷款业务；同年 7 月，青岛获批成为全国首个也是唯一的允许境内企业从韩国银行机构贷入人民币资金的试点地区……青岛，承载了多个中国与韩国经贸往来中的"第一"。在与韩国经贸合作方面，青岛始终走在全国前列，领航中韩地方城市合作方向。

（二）青岛是中韩经贸合作的基础桥梁

中韩合作是基于相互促进、相互融合的多元化、全方位合作。特别是在

产业引进与转化、交通航运构建、企业管理经验以及在技术交流与合作、制度借鉴等方面，青岛均走在全国前列。在引进技术与管理方面，如引进了具有优秀的焊接技术和品质管理模式的"青岛韩一精密制造有限公司"、韩国特殊线材产业的龙头企业——高丽钢线有限公司、韩国先进的造船企业——青岛现代造船有限公司等。在交通航运方面，青岛是我国重要的港口城市，青岛港作为国际大港，为促进中韩贸易的发展作出了积极的努力并发挥了重要作用。目前，青岛机场每日往返韩国航班 40 架次，通航韩国首尔、釜山两个城市，有国航、东航、山航、大韩、韩亚、釜山航、济州航七个航空公司直飞。目前，韩国是青岛第一大国际通航目的地。另外，青岛港已开通了青岛—釜山、青岛—仁川的海运航线。"公交化"的交通物流为两地国际贸易和经济发展奠定了坚实的基础。

（三）青岛是中韩经贸合作的最佳地区

贸易合作是世界各国进入国际市场的主要方式，沿海开放城市是世界各国挺进国际市场的最佳落脚点。青韩经贸合作破冰、起步、成长、成熟的发展历程，再一次证明了沿海城市在国家对外开放战略中的重要地位。20 年前，以托普顿电器等为代表的一批韩国中小企业率先到青岛投资并取得成功，拉开了青韩经贸合作的序幕。此后，随着我国对外开放战略的积极推进、山东省促进对韩贸易发展政策的落实以及青岛市对外投资环境的不断完善、加大招商力度和积极扶植外商投资企业的发展，青岛成为韩国企业对外投资的最佳选择地。截至 2015 年 10 月，韩国累计在青岛投资项目 11930 个，合同韩资260.1 亿美元，实际投资 163.1 亿美元。青岛已成为韩资在中国投资的首选地区。

（四）青岛是韩国稀缺资源的重要供给地

韩国是一个农业资源禀赋非常稀缺的国家，现有耕地面积 1835.6 千公顷（18.4% 是农耕地），是世界人均耕地面积最少的国家之一。农产品中除了大米和薯类能基本自给外，其他粮食 85% 需要依赖国外进口。随着全球贸易自由化程度提高，韩国不得不逐步开放农业市场。针对这一发展态势，青岛依托区位优势，以韩国国家战略需求为核心，积极培植农产品出口项目。先后在胶州、平度、莱西等地区积极打造对韩农产品出口生产基地。截至 2014 年，青岛有平度、黄岛、胶州、即墨、莱西 5 个地区入选"国家级出口食品农产品质量安全示范区"。全市农产品加工企业达到 2700 多家，有出口资质企业超过 50%。作为对韩出口大宗骨干出口商品之一的农产品优势已经显现。特别是 2010 年 9 月 7 日，中韩两国签署《中华人民共和国政府和大韩民国政府陆海联运汽车货物运输协定》，有效解决了农产品在途时间过长造成的损耗，进一步提升了青岛农副产品在韩国市场的竞争力，增强了青岛对韩农产品的出口优势。2014 年，全市农产品总额为 50 亿美元，其中，出口韩国占 16.6%。

（五）青岛是中韩两国经贸交流的汇集地

青岛是中国最早的对外开放城市之一，是国内最早与韩国通商交流的城市，也是世界各国了解中国的重要窗口。中韩两国间的重大经贸交流活动、区域合作交流活动、高层次的研讨交流会议等都与青岛相连。如在青岛举办的中韩自贸区谈判第十一轮非正式磋商会议、中韩 CEO 论坛、中日韩文化部长会议、中韩 FTA 研讨会等，极大地促进了中韩、鲁韩经贸关系的发展。同时，两地地缘接近，文化相似，助推了更为密切、深厚的文化、社会联系。在青岛居住的外国人中韩国人最多，在青岛投资的外企中韩企最多，在青岛经营外籍餐饮类型的企业中韩国料理店最多，在青岛的美容店中韩国化妆品消费最多，等等，都体现着韩国要素。目前，在青岛留学、居住的韩国人已超过 10 万。此外，青岛在国际旅游、港口与物流、人文地缘、城市发展等方面对于促进中韩贸易发挥着突出作用，特别是青韩两地地缘具有相似的价值取向，促使青韩贸易合作更加流畅快捷。

三、青韩经贸合作的发展趋势

韩国是青岛第二大外资来源地。截至 2015 年 10 月底，韩国累计在青岛投资项目、合同外资以及实际外资规模分别占青岛历年累计外商投资比重的 46.8%、28.1% 和 26.9%。青岛市核准对韩投资项目 129 个，主要涉及针织服装、手工艺品、机械加工、电子设备、食品加工等行业领域。韩国是青岛第二大贸易伙伴。2014 年，青岛与韩国进出口贸易总额为 90.1 亿美元，同比增长 6%，占青岛进出口额的 11.3%。青岛出口韩国的主要商品是：电器及电子类产品、机械设备、服装、金属制品、钢材等。青岛从韩国进口的主要商品是：电器及电子产品、纺织品、机械设备、集成电路、塑料原料等，两地经贸交流已形成了"你中有我，我中有你"的合作局面。

目前，基于世界贸易格局不断变化、中国经济进入新常态的背景下，特别是《中韩自由贸易协定》的签署并实施，为两地经贸合作奠定了更加坚实的发展基础，青韩经贸合作前景将更加广阔深远。

（一）青韩将长期互为重要贸易合作伙伴

一方面，地缘优势是青韩合作的基础性优势。青岛与韩国隔海相望，地缘相近。同处一个纬度，同为海洋性气候，同属东北亚环黄海经济圈，青岛距离首尔、釜山仅 1 小时空中航程。青岛每周往返韩国航班 182 个，实现了青韩航空客运"公交化"。位居世界港口第七位的青岛港与韩国港口之间开通集装箱航线 18 条，每月 72 班，居中国北方港口第一位。青岛还是中国北方唯一的国际海底光缆登陆站，有连接中韩的国际海底光缆。另一方面，青韩经贸交往基础深厚。中韩两国建交前青岛已与韩国开展了民间经贸交流，是我国最早与韩国开展经贸合作的城市之一，目前也是全国韩资企业最为密集的城市。目前，韩国是青岛的第二大外资来源地、第二大贸易伙伴、第一大进口国。自 1993 年与韩国大邱广域市缔结友好合作关系以来，先后与仁川、平泽、釜山、群山、蔚山、大田市缔结了友好合作关系城市，与釜山、大田建立了国际经济合作伙伴城市，形成常态对话合作机制。这些都为未来的青韩发展奠定了其他城市无可比拟的基础优势。

（二）青韩将继续保持结构性互补双赢模式

第一，经济发展阶段性互补促进双方合作。青岛正处于工业化中期阶段，人均 GDP 达 1.56 万美元；而韩国已进入后工业化时代，向知识经济发展，人均 GDP 已近 2.8 万美元，挺进发达国家行列。经济发展阶段的时序性易于形成经济发展的结构性互补。第二，青岛在科技发展水平、创新意识与能力、产业发展模式及管理能力、经贸合作方式等方面与韩国存在一定的差异、差距，在提升、转化及优化方面有较强的互补性。第三，青韩的产业内贸易规模较大，易形成互补。青韩产业内贸易一般属于垂直一体化形式，韩国的合作优势突出表现在对技术、研发、管理等处于产业发展高端层面，而青岛则处于产业内贸易的低端，承接韩国产业转移的地位，虽然是相对较低的劳动密集型和资本密集型发展状态，但这一路径是产业合作的国际化发展重要方式之一，在一定程度上易形成合作共赢的状态。第四，青韩的互补性不仅体现供需要素的互补，在自然资源等方面，青岛又是中国重要的农副产品种植区，拥有丰富的水产品、水果、农产品等，这些初级产品正是韩国经济社会发展所需要的物质。在现代技术与管理方面，韩国掌握着先进的生产技术和管理经验，对青岛而言是实现快速发展的必要条件。结构性互补为青韩经贸深度合作提供了基础条件。

第二节　青岛与韩国经贸合作的实践与经验

自 20 世纪 90 年代初以来，青韩经贸合作保持了较好的发展态势，在积极、稳健、友好、互惠中得到快速发展，青岛经济、社会、文化等各方面受益颇多，国际地位、知名度等都得到了显著提升，全面提升了青岛的城市形象与综合实力。

一、青韩经贸合作实践及主要特点

（一）对接国际，积极建立青韩经贸友好合作关系

依据国际惯例和国家政策，青岛于 1993 年 12 月与韩国大邱广域市建立了国际友好城市；1995 年起与韩国仁川广域市、平泽市、釜山广域市、群山、蔚山广域市、大田广域市等城市建立友好合作关系城市，同时，胶南与韩国庆山市、平度与首尔特别市九老区、莱西与韩国金海市、莱西与韩国金海市蔚州郡、胶州与釜山广域市北区、城阳区与仁川广域市南洞区、崂山区与首尔特别市瑞草区、四方区与大邱广域市达西区、市北区与光州广域市西区、

市北区与仁川广域市西区、市南区与全罗北道全州市德津区、市南区与仁川广域市中区等建立对外友好城市。另外，在办学、行政机构、企事业单位、人民团体以及医院、协会和文化交流等方面都有广泛的交流。为双方开展经贸合作奠定了坚实基础。

（二）政策引领，紧密开展青韩经贸多边合作领域

青岛依托青韩经贸合作基础、特点及优势以及青岛市情，创新合作新模式，在全国率先与韩国釜山、大田市签署了经济合作伙伴关系协议书，并推动中韩地方经济合作步入机制化、规范化、常态化发展轨道。加强与韩国友好城市、经济合作伙伴城市在展会、园区建设、港口物流、科技研发、节能环保、金融、人员交流等领域开展一系列务实经贸合作。近年来，青岛抢抓中韩自由贸易区谈判机遇，先后出台了《关于加快建设中日韩地方经济合作示范城市的实施意见》《青岛市进一步提升对韩国开放合作水平行动计划（2015—2016）》等，以及根据中韩两国签署协议而落实的相关政策《中华人民共和国政府和大韩民国政府陆海联运汽车货物运输协定》（适用于青岛等口岸），特别是一些具有针对性的通关便利化合作，如《出口韩国食品农产品检测业务合作意向书》（青岛保税港区和山东国检技术中心共同与韩国研究院签订）等一系列指导性文件，为进一步推动青韩经贸合作发挥了巨大作用。

（三）构筑平台，加快推进青韩经贸合作载体建设

目前，青岛及各区市都与韩国保持着密切的经贸交往，从出口加工、产品设计、产品生产、市场营销，乃至产业发展等均有深度合作。青岛在西海岸新区国际经济合作区内规划了中韩创新产业园，引进韩国先进技术解决方案，打造青岛推进与韩国在创新研发领域开展高端合作的园区载体。目前，已签约的有韩国住宅土地公社在中韩创新产业园建设的"中韩复合新城"项目、韩国延世大学投资的"口腔医院"等重大项目。同时，青岛积极争取商务部支持，将青岛中韩创新产业园列为中韩两国政府重点合作产业园区，利用国家层面资源推动青韩更高水平的园区合作。2014年1月，中国首家中韩跨境电子商务平台HTmall中国跨境电子商务平台落户青岛；2015年11月青

岛市口岸办与东莞市口岸办顺利签署了《青岛口岸和东莞口岸关于"中韩快
线"班列合作协议》等，以上措施不仅推进了中韩经贸合作，也为青韩未来
合作与发展建立了基础框架。

（四）开拓路径，全方位推进青韩经贸合作永续发展

自中韩建交以来，青岛凭借优越的地理位置、良好的合作基础、紧密的
人文交流以及较大的国际影响力，成功举办了一系列对韩主题经贸交流活动。
2012 年中韩自由贸易协定正式启动谈判，青岛积极配合两国自贸区谈判，相
继成功举办了中日韩自贸区建设青岛论坛、谈判第十一轮非正式磋商会议、
中韩 CEO 论坛等系列经贸活动，为中韩双方政府企业搭建了官产学综合交流
合作平台，近 500 家中韩企业参与有关活动并达成多项合作成果，吸引了众
多新闻媒体的广泛关注和重点报道；2015 年 12 月"2015 中韩 FTA'金融家'
高峰论坛"在青岛成功举行，韩国政经代表团与青岛市青年企业家协会签订
了战略合作协议，双方将在金融贸易、文化交流等方面加强对接、交流、合
作；2015 年 8 月青岛—韩国金融合作圆桌会议在韩国成功举行，双方将重点
放在人民币、离岸金融业务、离岸财富管理、资本市场、保险等领域的全方
位交流合作方面。青韩双方的密切交流不仅积极促进中韩两国经贸合作，也
进一步扩大了青岛在韩国的影响力。

（五）创新思维，积极探索青韩经贸合作新路径

一方面，在金融合作领域先行先试，提出跨境人民币贷款的"青岛经
验"。2015 年 6 月青岛成为全国首个也是唯一一个允许境内企业从韩国银行机
构借入人民币资金的试点地区。试点以来，青岛市 24 家企业获得韩国银行机
构跨境人民币贷款 25 亿元，居同批试点城市首位，平均贷款利率 3.9%，初
步测算，可为企业节约财务费用近 5000 万元，有效拓展了企业融资渠道，降
低了融资成本，促进了青岛市对韩贸易和投资便利化。推动中韩双方有关企
业和金融机构搭建有效的资本合作平台和金融对话平台，通过推进企业上市、
发行债券、成立基金等合作领域先行先试，实现突破。另一方面，在韩国设
立青岛工商中心，为进一步促进青岛与韩国的双向投资贸易合作，为青岛企
业"走出去"开拓韩国市场提供服务，同时兼顾"引资"和"引智"工作。

目前已邀请多家韩国企业来青岛开展投资考察，并为青岛市有关企业投资韩国提供有关支持。

二、青韩经贸合作取得的显著成效

青韩自开创中韩经贸合作交往以来，在国家层面上，为增进两国友谊、助推两国关系的稳定、健康发展作出了积极的贡献，同时，与韩国的合作中，青岛在经济社会、人文交流、国际影响力等多方面都取得了显著的成就，特别是在经贸合作及其效应方面成效斐然。

（一）青韩经贸合作总体水平得到显著提升

青韩经贸合作交往从无到有、合作规模从小到大、合作领域不断拓宽，这一变化过程也伴随着青岛对外开放的水平稳步提升、能力的逐步增强。韩国是青岛第二大外资来源地。自1989年，自成功引进第一家韩国企业以来，已有11930项韩资企业项目落户青岛，累计实际利用韩资163.1亿美元，2014年，青岛实际利用韩资占全省的49.5%，占全国的19.1%，2015年1—10月，青岛利用韩资占全国的34.1%，显示出青岛对韩资企业强大的吸引力。韩国是青岛第三大出口国。2014年青岛对韩出口为47.7亿美元，同比增长17.7%，高于青岛市出口增速8.7个百分点；韩国也是青岛第一大进口国，2014年，青岛从韩国进口额为42.4亿美元，占青岛市进口额的12.6%，位居各国之首。2014年，青岛对韩国进出口额占山东省对韩进出口额的27.4%，其中，出口占34.5%、进口占22.3%。

（二）青韩经贸合作的领域得到迅速拓展

1989年，第一家韩国企业投资青岛迈开了两地经贸合作的成功一步。最初，投资青岛的韩国企业主要以中小企业项目为主，项目数量较多，且大多是投资额1000万美元以下的服装、鞋帽、箱包、食品等劳动密集型出口加工项目。进入21世纪以来，韩国的一些先进制造业知名企业开始陆续投资青岛，如GS精油、浦项制铁、高丽制钢、晓星集团、新都理光、乐金浪潮数字通讯等，极大促进了青岛外向型经济发展。近年来，随着青岛产业结构优化及外商投资环境的改善，一大批技术含量高、产业带动作用强、经济社会双丰收的优质韩资项目也纷纷来青寻求发展，如韩国新韩银行、韩亚银行、釜山银行、三星火灾保险、韩国生产技术研究院等，标志着投资领域已从一般制造业向金融、保险、商业、技术等服务贸易领域全面发展。青韩经贸合作领域正不断延展和拓宽。

（三）青韩经贸合作助推区域产业链延展

青韩经贸合作历经多年，由最初的来料加工，发展至今的多家金融机构、研究院所的落户，合作的领域、产业分布、发展模式等都发生了很大的变化，产业结构不断升级。2014 年，来青岛投资的韩资企业产业分布为：一产占1.1%、二产占73.9%、三产占25.0%，显示出韩资企业的产业输出的特点。在第二产业的制造业中，主要有工艺品制造业380 户、纺织服装鞋帽制造业165 户、通信设备计算机软件制造业146 户、金属制品业97 户、通用设备制造业80 户。在第三产业中，主要有批发零售业378 户、住宿和餐饮业54 户、租赁和商务服务业47 户、居民服务和其他服务业32 户、批发和零售业30 户、科学研究和技术服务业14 户、金融业1 户、房地产业1 户。特别是在新增韩资企业中，有14 户企业属于科学研究和技术服务业，占青岛当年新增外资科学研究和技术服务业总数的93.3%，预示韩企在青韩产业合作领域向高端领域发展的趋势，有利于区域产业链的延展和优化。

（四）青韩经贸合作探索建立新型国际融资方式

青岛是国内首个韩元挂牌交易试点城市，金融机构中韩币互换项下韩元贷款在全国率先实现突破。自2011 年6 月开展试点以来，人民币兑韩元交易量呈逐年递增态势：2011 年1255 万元、2012 年6337 万元、2013 年7344 万元、2014 年10218 万元，年均增长101%，交易量在全国5 个非国际主要储备货币挂牌试点城市中位居首位。目前，青岛开办韩元现汇业务的银行数量已由最初的2 家增加到6 家，人民币兑韩元报价体系日臻完善。货币互换项下韩元贷款业务对于扩大中韩双方本币在贸易和投资中的使用，促进中韩贸易和投资便利化具有积极意义。另外，青韩已在金融机构、市场拓展、金融合作、人才交流、工作机制方面达成合作共识，有效推动中韩双方有关企业和金融机构搭建有效的资本合作平台和金融对话平台，通过推进企业上市、发行债券、成立基金等合作领域先行先试，实现突破。

三、青韩经贸合作的基本经验

（一）坚持解放思想、互惠互利

对外开放、经贸合作首先要完成的是一场深刻的思想解放运动。没有开放的思想，就没有破冰之旅；没有开放的思想，就没有创新之行。青韩经贸合作得益于解放思想，在中韩尚未建交之时，青岛市贸促会以民间身份访问韩国，开始了经贸合作的"破冰之旅"，开启了山东省对韩经贸交往的序幕，掀起了韩国企业第一次来华投资的热潮。良好的开拓性基础、友好的伙伴关系，加之我国对外开放的政策，青韩间机制化交流平台建设得以顺利进行。目前，韩国在青岛设有总领事馆、大韩贸易振兴公社、韩国中小企业服务中心、韩国庆尚南道山东办事处、韩国水协青岛代表处等多个常驻机构。为促进青韩经贸合作、鲁韩经贸交流提供了坚实的保障。

（二）依托优势、做强优势

青韩经贸合作的基础在优势突出、特色鲜明，且在合作过程中，优势得以充分发挥。优势主要表现在，一是区位优势。青岛与韩国隔海相望，地缘相近。同处一个纬度，同为海洋性气候，同属东北亚环黄海经济圈，青岛距离首尔、釜山仅 1 小时空中航程。青岛每周往返韩国航班 182 个，实现了青韩航空客运"公交化"。位居世界港口第七位的青岛港与韩国港口之间开通集装箱航线 18 条，每月 72 班，居中国北方港口第一位。青岛还是中国北方唯一的国际海底光缆登陆站，有连接中韩的国际海底光缆。二是人文优势。青岛与韩国往来历史悠久，唐宋时期，胶州湾内的板桥镇作为中国北方重要的外贸海港，与当时的高丽经贸往来密切，并设立了"高丽馆"，接待高丽客人。韩国人居住小区、韩国料理店、韩国人学校、韩国人门诊、韩语新闻节目、平面和网络媒体韩文版随处可见。青岛具有一大批能够顺应市场变化的优秀韩资企业，以及熟悉各方规则、文化习惯的韩国管理人才。此外，驻青岛各高等教育机构每年培养韩国语毕业生 2000 余人。常驻青岛的韩国人超过 10 万，韩国成为青岛最大的旅游客源地，近 3 年来，青岛累计接待韩国游客超过 100 万人。

（三）构筑常态化经贸合作模式

一方面，两地合作基础稳固。中韩两国建交前青岛已与韩国在 1988 年开展了民间经贸交流，是我国最早与韩国开展经贸合作的城市之一，目前也是全国韩资企业最为密集的城市。从 2010 年至 2014 年，青岛实际利用韩资年均增长 12.8%，青岛与韩国贸易额年均规模 83.4 亿美元。目前，韩国是青岛的第二大外资来源地、第二大贸易伙伴、第一大进口国。自 1993 年与韩国大邱广域市缔结友好合作关系以来，先后与仁川、平泽、釜山、群山、蔚山、大田缔结友好合作关系城市，与釜山、大田建立了国际经济合作伙伴城市，形成常态化合作机制。另一方面，合作领域互补。青岛是韩国稀缺资源的供给地、来源地，韩国国内市场农产品的供需状况已与青岛农产品的经营、发展状况息息相关。经过多年的培育、经营，青岛对韩国的农产品出口已形成优势，特别是，青岛有 5 个国家级出口食品农产品质量安全示范区，为农产品出口提供重要保障，也为韩国国内市场的需求提供重要保障。此外，在科技创新、技术交流、产学研合作等方面形成发展互补，如中国海洋大学和韩国大学合作的"海洋生物纳米材料载药浴传输系统"项目、青岛科技大学与韩国工业技术研究院合作的"低毒性有机聚合物及防火涂料涂装技术"项目等，也形成了较好的创新合作关系。青韩互补性贸易合作将进一步稳固青韩经贸合作关系。

（四）形成完善经贸合作机制

青韩经贸合作与发展不仅依托自身优势，更重要的是建立完善的合作机制。从政府的顶层设计入手，在各部门通力协作、企业要积极响应，促使政府的各项企业扶持政策、管理制度和运行效率在实践中得到改善。《关于加快建设中日韩地方经济合作示范城市的实施意见》《青岛市进一步提升对韩国开放合作水平行动计划（2015—2016 年）》《中华人民共和国政府和大韩民国政府陆海联运汽车货物运输协定》（适用于青岛等口岸）、《青岛口岸和东莞口岸关于"中韩快线"班列合作协议》《出口韩国食品农产品检测业务合作意向书》等,都为青韩经贸合作的顺利开展提供了制度保障。

(五)构筑立体型经贸合作体系

青韩经贸合作已形成全方位、多层次、宽领域的合作局面。两地多年来的经贸合作实践证明,在一个相互依存的经贸合作体系中,拓宽和深化合作的广度和深度,提高参与合作的能力和水平,有利于增强青岛抵御国内外各种风险的能力,拓展经济发展的回旋空间。因此,必须不断完善全方位、多层次、宽领域的经贸合作格局,激发发展开放型经济的内生动力,增强企业的国际竞争力,有助于促进青岛经济结构、产业结构优化与升级。青韩经贸合作在出口、进口、利用外资、对外援助、对外工程承包、劳务合作等方面的比较优势已经显现,并取得较好的整体效益,且在农业、交通、原材料、生物工程、新材料等新兴产业,逐渐缩短与韩国的差距,目前,正在有步骤、有区别、有管理地推进服务贸易领域的对外开放,使之尽早成为青韩经贸合作的重点领域。

(六)青岛积极主动与国际接轨

青韩经贸合作与交流是国际经贸合作的一部分。随着经济全球化和区域化趋势日益增强,对国际通行规则、国际惯例、国际准则的认知、熟悉与掌握,是青岛打造国际贸易中心城市的必备条件。多年来的青韩经贸合作经历,为青岛融入世界、参与国际经贸合作提供了重要的实战经验。国际通行规则是经过长期实践所形成的行为规则,有的虽不成文,却具有法律约束力。青韩经贸合作的实践证明,尊重国际惯例,按照国际通行规则办事,是参与国际经贸合作的一个重要措施,如果不尊重国际惯例,不按国际通行规则办事,青岛的国际合作将寸步难行。按国际经济通行规则办事,既是青韩经贸顺利合作之前提,也是青岛实施对外开放战略的根本。

第三节　青岛与韩国经贸合作发展存在的主要问题

多年来，青韩经贸合作经过不断的探索、突破以及创新，得到不断的发展，在取得显著成绩的同时，也存在一些问题。既有通常经贸往来中的常见问题，也有由一些与两国体制、管理文化以及世界经贸环境变化而引发的各种问题。

一、青韩经贸合作存在的主要问题

（一）贸易摩擦日渐增多

摩擦是世界贸易合作的共性问题，有贸易就会存在摩擦。随着青韩双边贸易迅速发展，两国贸易摩擦也在不断增加。虽然《中韩自由贸易协定》的签署及实施使两国大部分产品实现零关税，但稻米、汽车等敏感项目未列入其中。韩国对农业过高的保护程度，使得青岛优势产品，特别是农产品很难进入韩国市场。另一方面，两国间仍存在许多非关税壁垒，比如韩国采用不同程度的技术性贸易壁垒、检验检疫措施、反倾销等手段，阻碍中国商品进入韩国市场。2015 年 5 月，韩国食药厅（KFDA）提出的《进口食品安全管理特别法》（简称《特别法》）已于 2016 年 2 月 4 日开始实施，《农药肯定列表制度》（PLS）将于未来 3 年内全面实施。在《中韩自由贸易协定》实施的大背景下，这两部堪称韩国史上最严的两部食品农产品法律的实施，凸显出韩国利用技术性贸易壁垒规避我国相关产品行业冲击的策略，也势必对青岛对韩食品出口造成不小的影响。韩国自 1992 年首次对我国采取反倾销措施以来，截至目前对我国发起的反倾销案，在所有发展中国家中居于前列。中国加入 WTO 后对韩发起的反倾销诉讼也制约了韩国在中国一些领域的投资，这些对两国贸易关系构成了实质性的影响。

（二）贸易便利化政策落实难

贸易便利化是决定两国贸易能否健康、快速发展的要素。我国自接受世界贸易组织《贸易便利化协定》议定书之日起，一些便利化的措施就已开始实施，但执行效果不佳。如《贸易便利化协定》允许贸易商在货物抵港前向海关等口岸部门提交进口文件，并在货物的税率和费用最终确定前，允许贸易商在提交保证金的情况下放行货物等，这些措施都有助于加速货物的放行和结关。特别是技术性的通过落实更难，如对低风险货物的放行，《贸易便利化协定》规定成员应尽可能采用风险管理和后续稽查等管理手段，加速对低风险货物的通关放行，并对经认证的贸易商提供降低单证要求和查验比例等额外的贸易便利化措施等。另一方面，优惠政策的宣传力度不够。如"出口货物原产地证明书"（原产地证）。"原产地证"的是产品的"经济国籍"，只有在贸易互惠国中才能享受到的优惠政策，"原产地证"的内涵、体现的竞争力是无法估量的。目前，一些出口企业尚未认识到此证的价值，亟待普及。

（三）与韩国高端、优势产业合作少

青韩经贸合作的项目多、领域广，但与韩国的高端、优势产业合作项目不多。从青韩合作的项目看，主要集中在利润薄、竞争性强、青岛有一定优势的行业，且规模小、数量多。如纺织、服装等，企业利润主要靠退税，而韩国的一些优势、高端的行业主要是金属加工、汽车等制造业，其利润空间大，此类型企业在青岛布局数量少、规模不大，一些知名的大企业、大项目、高科技都未在青岛布局，有些在青岛的企业虽然企业名气大，但产业核心部门、高科技的研发部门等都没有布局在青岛。

（四）青韩经贸合作的扶持政策少

政策是发展的基础、是合作的保障。青岛虽在对外开放政策、创新合作路径、经贸合作思路等一些方面走在全国的前列，但在国际经贸合作领域仍急需国家的支持政策。另外，青岛、烟台、威海三市均与韩国有着比较密切的合作关系，但尚未形成科学、可持续的发展态势。青岛、烟台、威海的基础优势相似，但也有一定差异。如，产业合作、产业基础、资源禀赋等方面，

都具有不同的特点。近年来，从三市对韩经贸发展的成效看，呈现出青岛发展稳固、烟台增速加快、威海政策扶植的发展态势。未来三市的发展方向及发展路径，还需山东省的统筹思考，毕竟经贸发展不可能在城市间实现均衡发展，青、烟、威三市应依托各城市资源禀赋、产业优势和差异性，实现错位发展。

二、青韩经贸合作面临的主要问题

（一）亟待建立贸易合作标准体系

标准化对促进中韩贸易合作、有效规避贸易摩擦都有巨大的现实意义。青韩经贸合作的摩擦，主要来源于标准的制定与执行。因此，制定双方相互认可、相互遵守的标准迫在眉睫。2015 年 6 月，在第十四届东北亚（中日韩）标准合作论坛期间，国家标准委员会与青岛签订了《推动青岛标准国际化创新型城市建设合作备忘录》，建立青岛市标准国际化研究中心，这对加快青岛对接国际标准、促进青韩经贸合作具有里程碑意义。目前，在对接韩国标准组织、韩国标准以及沟通协商机制等方面，急需开展实质性的研究和交流，亟待加快研究进度。

（二）加快通关便利化改革进程

在简化手续、服务前置、"单一窗口"等方面进行通关流程再造，使通关能够更加顺畅、便捷、高效，积极复制上海自贸区经验。目前，上海自贸试验区以一线"先进区、后报关"、二线"批次进出、集中申报"、区内"自行运输"为标志，初步建立了国际自由贸易区通行的"一线放开、二线管住、区内自由"的新模式。另外，"统一备案清单""简化通关作业随附单证"两项制度也在自贸试验区内推广，通关效率成倍提升。上海自贸试验区通关作业无纸化率已达到80%以上、70%以上的报关单由计算机自动验放、卡口智能化验放率超过50%、物流运输能力显著提升。因此，通关便利化是国际贸易的枢纽，必须推进改革、深化改革。特别是，青韩经贸合作中，类似一些来料加工产品、购销产品、采购产品等均为订单式合作，应提供便捷的通关通道。

（三）亟待完善青韩国际贸易物流体系

国际物流体系建立是经贸合作的重要环节，随着经贸合作关系的升级必将引导物流体系建设的全面升级、快速发展。特别是《中韩自由贸易协定》的签署与实施，会加速青韩经贸合作进程，贸易总量及规模都需要与诸如物流通道、货物中转、流通加工、货物配送、信息处理等的配套与建设。另外，自由贸易区的综合性功能也将会引导物流企业向多元化方向发展。但是，青岛物流行业的经营、建设仍处于单一、粗放式的经营模式，尚未形成规范化、精细化、高端化的物流发展模式。同时，一些国际贸易必备的软、硬件基础设施、设备如港口建设、航运高端服务业、航运信息化等有待升级或调整。青岛国际贸易物流体系建设尚需科学规划和深入研究。

（四）稀缺资源是韩对外贸易壁垒的主要对象

韩国是一个贸易壁垒较为严重的国家，为了保护本国市场，韩国政府采取了多种方式限制其他国家商品进入本国市场，而这些贸易壁垒措施对中国商品进入韩国市场构成的障碍最为显著。这突出地表现在三种贸易壁垒，一是关税及关税管理壁垒，特别是具有竞争力的农产品均被韩国政府纳入关税配额管理范围。二是技术性贸易壁垒。韩国几乎对所有中国农产品都采取严格的进口检验检疫措施，同时，韩国将中国全境视为一个检疫区，一旦发现某一地区存在其禁止入境的动植物疫病或虫害，甚至以从某一企业产品中检出韩国禁止的病原体为由，将中国其他所有地区生产同类产品均列入禁止进口范围，受此限制青岛新鲜水果、蔬菜、海鲜等难以进入韩国市场。三是进口限制。韩国政府在招标农产品进口中，韩国农水产物流公社的招标标准过于苛刻，合同规定不合理，使得出口商迫于压力不敢参与竞标，中标后也往往不能正常出口，造成严重损失。韩国政府设置的贸易壁垒大大扩大了双方之间的贸易逆差。

第四节　促进青岛与韩国经贸合作进一步发展的对策

青韩经贸合作的基础、优势以及取得的显著成效，加之《中韩自由贸易协定》的签署，都将预示着青韩经贸合作前景更加广阔。因此，在系统梳理发展的优势，总结发展经验的基础上，青岛应加快解决合作中产生的矛盾和问题，减少贸易摩擦和贸易壁垒，努力构建经贸合作的双赢格局。

一、发挥优势，积极构建合作平台

《中韩自由贸易协定》的签署为中韩合作搭建了新平台，为进一步扩大经贸合作的领域奠定了基础。因此，青韩经贸合作应围绕优势、做大优势、做强优势，积极探索具有发展潜力的领域实施多元化、高水平的合作。

（一）发挥优势，用足用好政策

青岛在青韩经贸合作的优势极为突出，加之国家"一带一路"战略、自由贸易区战略等的实施，青岛将凭借优势，借助国家战略，加快青韩经贸合作发展。一是积极拓展经贸合作优势的实现路径。在合作机制、政策创新、优势拓展等方面进行探索，把青岛优势打造成具有引导性、稳固性、常态化特色，进一步增强青韩经贸合作的紧密度。二是全面复制推广上海自贸区改革经验，围绕深化投资管理体制改革、提升贸易便利化水平、推进金融制度创新、扩大服务业对外开放、加强事中事后监管五大领域共42条内容，开展改革事项的试点推广。上海自贸区改革经验的复制推广，极大地推动了青岛与韩国的经贸合作，其中，货币互换项下韩元贷款业务和人民币跨境贷款业务对于扩大双方本币在贸易和投资中的使用，促进青岛与韩国的贸易投资便利化具有积极意义。

（二）创新机制，构建合作平台

一是依托友城，建立政府间的对话平台，促进双方经贸合作交流，有利于开创合作新局面。借助韩国友城①雄厚的经济实力和影响力，从经济、社会、文化等多领域、多层次、全方位进行合作，构建网络型青韩经贸合作体系。二是依托商会等民间组织，建立非政府间的合作平台。积极发挥青岛市贸促会、青岛市工商联、青岛市国际商会、青岛市青年联谊会以及各商会、协会等机构、团体的经贸合作力量，积极对接韩国的商会、协会等，有助于促进青韩经贸合作。三是借助企业界和普通民众之间的双向交流，增进经贸友好合作关系，有助于青韩经贸合作的健康发展，互惠互利。当前青韩经贸正在向多领域、深层次发展，发挥各自优势，取长补短，深化和拓展合作领域，青韩友好关系和经贸合作有助于开创青韩合作新局面。

二、逐步消减阻力，促进青韩贸易便利化

（一）强化平台建设

一是做大贸易通道平台。推进"中韩海上高速公路"建设。提升中韩陆海联运汽车货物运输效率，加快国际转运、中转业务发展，吸引韩国各港口货物通过青岛港集散，打造东北亚国际航运中心。二是做强产业发展平台。加快中韩合作产业园区建设。加快推进中韩复合新城等重点项目建设，把青岛西海岸中韩创新产业园建设成为生态环保、可持续发展的新型园区。推进中韩合作跨境电子商务园区、青岛保税港区与釜山镇海自由经济区域的合作，发展多种类型的中韩合作园区。引导支持各省级以上经济园区确定对韩产业合作方向和目标，集中建设以高端龙头项目为中心，特色产业聚集的韩国产业园。

（二）疏通体制障碍

一是推进实施贸易便利化。推动中韩 AEO（经认证的经营者）互认成果实施，利用好绿色通道、直通放行、降低货物查验率等优惠措施，加快青岛

---

① 韩国友城：青岛与韩国共建立了 1 个友好城市（大邱广域市），6 个友好合作关系城市（仁川广域市、釜山广域市、蔚山广域市、大田广域市、平泽市、群山市）。

与韩国间货物贸易产品通关速度，打造面向韩国最快通关港口。对高资信企业输往日韩的进出口商品纳入快速核放通道，加快验放速度。二是推进青韩经贸标准化机制建设。探索建设东北亚地区标准及技术法规共享平台，积极开展对韩国技术性贸易措施的研究。在WTO贸易规则框架下，探索中韩之间新技术法规和卫生措施的提前沟通，共同研究破解国际贸易壁垒给两国间贸易造成的负面影响。

三、扩大开放领域，促进青韩经贸深度合作

（一）积极开放合作领域

一是在文化、旅游、医疗、教育等领域扩大对韩开放。鼓励青岛企业在健康医疗、旅游、创意影视、软件外包、职业教育、城市规划、商贸服务、第三方检测、汽车服务、中介服务（会计、法律）等十大重点领域开展对韩合作，打造对韩服务业合作先行区。二是大力发展对韩国文化贸易。推动青岛开展与韩国文化领域交流合作，扩大面向韩国的文化产品和服务出口。探索文化贸易新模式，吸引韩国文化企业在青岛开展文化会展活动、文化产品的展示和交易、展览设备融资租赁，开展文化产品保税展示、保税加工等业务。

（二）促进特色领域合作

一是深化海洋科技领域合作交流。加强中韩海洋领域的务实合作，吸引韩国企业、研发机构等来青岛设立或共建研发机构，探索支持有实力的企业到韩国设立海外研发中心。二是围绕青岛海洋科学与技术国家实验室建设，深化与韩国在海洋生物、海洋能气候变化等领域的合作研发，推进海洋科技成果转移和人才交流。

（三）促进优势领域合作

一是推进金融领域合作创新。借助青岛财富管理金融综合改革试验区政策，拓展与韩国金融机构合作，促进国际财富管理机构之间的互访交流。二

是鼓励相关企业到韩国证券交易所上市交易。三是推进对韩本币结算，优化货币使用效率，降低使用成本。推进青岛银行与釜山银行建立战略合作关系，推进与海洋渔业、水产品加工业、航运业、海洋旅游业等有关的海洋特色融资产品创新。四是为中小外贸企业提供更便捷的融资理财服务。

四、废除贸易壁垒，妥善解决贸易摩擦

（一）加强沟通与双边磋商

国家层面上，中韩两国都是 WTO 的成员国，应该按照世贸组织规则，通过双方友好协商，本着互利互让的原则妥善解决两国间的贸易摩擦，减少通过制裁或贸易战的办法解决问题。在青岛方面，一是进一步营造双方经贸合作的优良环境，逐渐消除影响两国之间经贸关系的贸易壁垒。二是对双方经贸关系中的问题、分歧进行多方沟通，并寻找相关解决办法。三是提高青岛出口产品质量，加快进出口商品结构的调整。拓宽贸易范围，实现出口商品的多元化，采取"以质取胜"的战略。

（二）构建互惠互利的合作机制

一是增强相互信任，减少双方的相互歧视。经贸合作交流的前提基础是相互信任，只有在信任的基础上，才能够保障经贸交流的健康、持续发展。二是从大局出发，积极顺应经济全球化和贸易自由化趋势，进一步减少调节关税品目，削减高峰关税。对出现的摩擦和纠纷加强沟通，不要滥用反倾销和保护措施。三是积极探索在竞争的领域进行合作。韩国应发挥自己的优势，与青岛积极开展农业（如水果、蔬菜、水产品等生产和深加工）领域的合作，以推动韩方减少对进口农产品设置的重重技术性贸易壁垒，加强检验检疫部门间的合作，便利货物流动。

（三）提高出口农产品质量

一是发展绿色农业。通过提高绿色农产品科技含量，提高农产品的质量，有效保障农产品在贮藏、加工、运输、包装等各环节的绿色状态。二是建立

绿色贸易壁垒的预警机制。应充分利用 WTO 各成员方在《贸易技术壁垒协议》和《实施动植物卫生检疫措施协议》下提供的有关技术标准、法规，同时，应及时获取世界各国绿色壁垒的信息，以便建立风险预警快速反应机制。

五、加强对韩研究，增强对韩国的认知

（一）加强对韩国经贸等相关政策研究

青岛市地处中国对韩贸易的前沿，有条件、有必要而且也有责任充分研究韩国的贸易相关政策、法规以及制度，有利于推动中韩贸易的健康、协调发展，也有利于提升青岛市对外贸易竞争力以及在亚洲乃至世界对外贸易的影响力。

（二）组建对韩国研究的专业团队

吸纳青岛国际商会、驻青高校以及青岛研究机构中，对韩国国情、经济社会发展较为熟悉的人才，组建专业研究的团队，针对韩国经济发展态势、青韩经贸合作状况、青韩经贸未来发展趋势等方面进行跟踪研究和预测，定期向市委、市政府及相关部门上报研究成果，为政府决策提供依据，为青韩经贸合作的持续、稳定发展保驾护航。

（三）加强与韩国研究机构和学者的交流

近年来，青韩两国研究机构和学者的学术交流频繁进行，对双方经贸发展的现状、问题进行了广泛、深入的研讨，并提出解决问题的措施和办法，促进了双方经贸的顺利发展。多年的交流与合作已积累了很多宝贵的经验，相信随着交流的进一步深化将为今后的经贸合作发展发挥更加积极的作用。

第十二章

烟台与韩国经贸合作的实践及前景展望

山东是我国最早同韩国进行经贸往来的省份。目前，韩国是山东第二大贸易伙伴和第二大外资来源地，近1/3的韩国对华投资企业落户山东。而烟台与韩国隔海相望，区位优势独特，资源条件优越，是我国与韩国距离最近、交通最便利的城市之一，是韩商投资最活跃、韩国企业最密集的地区之一，也是中韩经贸和文化交流的热点地区之一。韩国已成为烟台第一大贸易伙伴、第一大进口来源国、第一大外资来源国，韩资经济是烟台开放型经济的最大特色。

第一节　烟台与韩国经贸合作历程回顾

1989年，中韩两国尚未建交，第一家韩资企业就已落户烟台，即韩国镇海市荣海楼饭庄与烟台市芝罘纸箱厂合资设立的烟台荣泰轻纺制品有限公司，总投资80.65万美元，注册资本56.45万美元，合同外资16万美元，主要生产镀铝金属印刷纸产品。1991年，烟台市即组织有关部门人员访问韩国，打通了与韩国三星、现代、大宇、起亚、双龙等大财团的联系通道。中韩建交特别是中国加入WTO后，烟台与韩国经贸往来日益密切，进程逐步加快。2015年，烟台对韩贸易额达110.8亿美元，占中国对韩贸易额的1/25，占山东省对韩贸易额的1/3，是山东省17个城市中对韩贸易额最大的城市。而1992年中韩正式建交当年，烟台与韩国的贸易额仅2222万美元。23年间，烟台对韩贸易额年均增幅达到 31% 。截至 2015 年，烟台累计引进韩资项目 3625 个，实际使用韩资 55.1 亿美元，约占全国的 1/12。中韩建交以来，烟台市对韩经贸合作大致经历了三个阶段。

一、以加工贸易为中心的简单加工 1.0 时代（1992—2002 年）

1993 年 8 月，中韩建交的第二年，烟台市举办了中韩贸易洽谈会，这是烟台与韩国经贸合作第一次大的招商活动。这次洽谈会共 8 天时间，有 500 多家中韩企业与会，累计签订利用外资合同、协议 439 项，合同、协议外资额 7.79 亿美元。从 1995 年开始，烟台市每年都在韩国的不同城市举办经贸活动。这个时期是烟台与韩国经贸活动的起步阶段，韩国在烟投资以中小企业为主，投资规模较小，附加值也较低。投资主要集中在工业品、纺织服装加工、玩具、农副产品等粗加工及简单制造业领域，产业链短，很难形成集聚拉动效应。随着烟台与韩国经贸合作的不断扩大，旅居韩国的烟台人热情被激发出来。烟台每次赴韩国开展招商活动，都会受到侨胞的盛情款待，有力地推动了两地经贸合作的深入开展。2001 年 11 月—2002 年 4 月仅半年时间，烟台就连续两次组团赴韩国举行投资贸易恳谈会，推出了 100 多个加工贸易项目，受到韩国中小企业界的普遍欢迎。2002 年 9 月，在烟台举办了"旅韩华侨华人恳亲大会"，进一步密切了烟台与海外侨胞的联系，直接达成投资协议 6000 多万美元。这一时期，虽然烟台对韩贸易额增长较快，年均增幅高达 49.3% ，但到 2001 年贸易总额仅有 8.2 亿美元；由于缺乏大项目拉动、大企业参与，韩资项目单体投资额仅为 141.5 万美元。

二、以大企业为中心的制造业 2.0 时代（2003—2011 年）

我国加入 WTO 以后，烟台坚持把对韩经贸合作摆到统揽全局的战略位置，进一步加大招商引资力度，着力招大、引强、攀高，项目质量及产业结构得到明显提升。2003 年，烟台提出重点发展机械制造、电子信息、食品加工和黄金四大支柱产业，打造胶东半岛先进制造业基地，烟台与韩国的经贸合作也由加工贸易转向产业招商。2005 年 3 月，烟台市在韩国首都举行了中国烟台（韩国）重点产业招商项目推介恳谈会，推出 60 个项目，总投资 47 亿美元。9 月，世界第二大船舶制造企业——韩国大宇造船在烟台注册成立大宇造船海洋（山东）有限公司，总投资达 9990 万美元，这是 2005 年山东省引进的最大外资造船项目。其后烟台每年都在韩国举办招商活动，突出先进制造业主题，全面加强与韩国在机械制造业领域的深度合作，推动经贸合作向更高层次发展，吸引韩国 SK、LG、现代重工等世界 500 强企业先后落户烟台。大项目的持续引进，带动全市对韩贸易额增长到 2012 年的 94.3 亿美元，与 2001 年相比年均增长 24.9%，增幅高于同期全省对韩进出口年均增幅 6.6 个百分点，显示了烟台对韩贸易合作的深厚潜力和广阔前景。

三、以节能环保、现代物流、研发设计等先进制造业和现代服务业为中心的 3.0 时代（2012 年至今）

2012 年 5 月，中日韩三国领导人决定年内启动中日韩自贸区谈判，烟台抢抓先机，迅速推出"建设中日韩地方经济合作示范区先行区"的重要决策。10 月，烟台市印发了《关于推进中日韩地方经济合作示范区建设的实施方案》，确定了示范区建设的 10 项合作重点，为烟台进一步深化对韩经贸合作明确了方向。烟台市提出，在烟台开发区规划建设中日现代产业园和中韩新能源汽车产业园，在东部新区规划建设中韩高技术海洋产业园，在省级以上园区规划建设一批面向日韩的特色园区。韩国方面，重点加强与现代、三星等大企业的对接，推进中韩跨国海上火车轮渡、陆海联运汽车货物运输项目等。2014 年 7 月，国家主席习近平访问韩国期间，倡议双方"拓展地方经济合作，共同建设中韩产业园"。为落实两国领导人达成的共识，作为随同习近平主席访韩的中方唯一城市，烟台市迅速启动中韩产业园建设。2015 年 6 月 1 日，中韩自贸协定正式签署，烟台被确定为中国对韩开展产业园合作的首选城市，烟台开放发展迎来了新的战略机遇。2015 年 12 月，烟台市委、市政府出台《关于加快推进中韩（烟台）产业园建设的意见》（以下简称《意见》），进一步明确了园区功能定位、规划布局、目标任务和推进措施。《意见》提出，把中韩（烟台）产业园打造成为中韩自贸区产业合作示范区、东北亚综合国际物流枢纽和"一带一路"战略合作平台,重点发展高端装备制造业、新能源及节能环保产业、电子信息产业、海洋产业等十大产业。2016 年 3 月,成立了中韩(烟台)产业园建设工作领导小组,市委主要领导为第一组长,市政府主要领导为组长,与产业园建设工作密切相关的 26 个部门和单位的主要领导为成员,研究推进产业园区建设的重大事项,并印发了《2016 年中韩(烟台)产业园工作要点》。各级各部门以中韩(烟台)产业园建设为新载体,加强与韩国的产业对接、企业对接、市场对接、园区对接、文化对接和基础设施对接,使对韩经贸合作迈上了新的更高水平。

烟台抢抓中韩自贸区建设机遇,积极寻求在更大范围、更深层次突破对韩开放合作,现代汽车研发中心、韩华新能源、现代物流自动化设备、韩亚航空货运集散物流中心、韩美制药全球生产基地及研发中心等一批现代服务业和战略性新兴产业项目相继落户烟台,极大提升了烟台对韩合作的层次和水平。随着中韩自贸协定政策红利的逐步释放和中韩(烟台)产业园建设的提速,烟台对韩国经贸合作进入全方位、深层次、宽领域合作的新阶段。

第二节　烟台与韩国经贸合作的主要优势

山东历来是中韩经贸合作的前沿阵地,而烟台对韩经贸合作具有明显的综合优势,更是成为中韩贸易往来、文化交流前沿阵地的排头兵、桥头堡。2015 年以来,受国际国内各种不利因素的影响,我国外贸进出口下滑严重,外贸稳增长形势异常严峻。但与此同时,我们也欣喜地看到,2015 年,在全国、全省对韩进出口分别下降 5% 和 1.8% 的大背景下,烟台市对韩贸易实现了逆势增长,全市对韩进出口总值达到 110.8 亿美元,同比增长 1%,占全市外贸总值的 22.4%。对韩贸易总量占全省对韩贸易总值的 34.3%,居全省首位,在全省对韩贸易中的领先地位日趋突出。韩国继续保持烟台市最大贸易伙伴的地位。同时,韩国企业在烟台的投资也呈现大企业集中化、大项目高端化的趋势。随着 2015 年韩华集团将在山东布局的首个项目落户烟台,烟台先后引进 LG、现代汽车等世界 500 强企业 9 家,成为全省引进韩国大企业最集中的城市。与此同时,韩资项目也由以往的制造加工环节为主的项目,逐步向以新产品研发为主的项目转型，在市场定位和技术含量等方面也与以往不可同日而语，实现了质量和效益的巨大提升。而从韩国驻青岛总领事馆等有关方面的反馈情况看，在烟台的韩资企业对烟台整体投资环境的认可度也非常高，普遍将烟台作为开拓中国市场的重要基地，确立了中长期的发展计划。烟台之所以在对韩经贸合作中取得不同凡响的成就，成为中韩贸易合作交流的桥头堡，是天时、地利、人和等各方面因素综合作用的结果。

一、悠久的历史渊源

烟台与韩国的渊源可追溯至两千六百多年前。早在春秋战国时期，生活在烟台的先人就与朝鲜半岛开展商贸、文化往来。两千多年前，中韩交流的先驱——徐福的故乡就位于烟台的龙口市，龙口徐福镇的徐公祠和韩国济州岛西归浦市的徐福公园已成为中韩两国人民友好交往的历史见证。早在一千多年前，烟台是当时中国的四大通商口岸之一，成为中国与朝鲜半岛联系的纽带，有着"日出千杆旗，日落万盏灯""帆樯林立，笙歌达旦"的辉煌。1883年仁川开埠通商后，烟台即与朝鲜开通了海上定期航线。《三国志》《新唐书》等中国古籍有大量关于烟台与韩国交往的记录。

二、独特的区位优势

从地理位置看，烟台市地处山东半岛中部，濒临渤海、黄海，与韩国隔海相望，海上距离400海里，居于东北亚的中心位置。烟台位于环太平洋经济圈和东北亚经济圈的交汇处，乘飞机1小时可抵达韩国首尔，1.5小时可抵达北京、上海。同时，烟台也是中国三大经济圈之一的环渤海经济圈南翼中心城市，是中国东部沿海大通道的重要枢纽城市，是中国最具发展活力和增长潜力的城市之一。

三、便捷的交通优势

烟台与韩国一衣带水、隔海相望，每周有120余架次航班往返韩国仁川、釜山。烟台港是中国十大港口之一，每周有 13 个班次船舶往返韩国仁川、平泽、釜山等主要港口城市。烟台至平泽的中韩陆海联运汽车货物运输通道 2014 年 7 月投入运营。烟台凭借对韩互联互通优势，可以非常便捷地与韩国开展货物流通和人员往来。

四、显著的战略优势

烟台是 21 世纪海上丝绸之路与陆上丝绸之路经济带的结合点，也是中国连接韩国的门户。随着中韩陆海联运汽车货物运输通道的顺利开通和中韩铁路轮渡项目的加快推进，烟台已成为促进两国互通互联、衔接中国"一带一路"战略与韩国"欧亚倡议"构想的重要节点城市。韩国与烟台都十分重视经贸合作和交流，韩国新国家党前党首、现任韩国总统朴槿惠，大检察院前院长慎承南，韩国前国务总理李寿成及 7 任韩国驻华大使、3 任我驻韩国大使、90 多位韩国国会议员、30 多位地方城市的市长来过烟台，烟台市委、市政府主要领导基本都访问过韩国。

五、广阔的市场优势

自中韩建交以来，烟台与韩国的贸易额在二十多年里，年均增长达 20% 以上，且势头良好。随着中韩自贸协定的正式生效，韩国成为唯一与世界三大经济体缔结自贸协定的国家，为烟台企业和韩国企业开展产业合作升级和共同开拓第三方市场带来重大历史机遇。烟台将成为韩国企业投资中国的最佳平台和开拓中国 13 亿人口大市场的桥头堡。

六、良好的产业优势

烟台经济实力雄厚，与韩国进一步拓展经贸合作，具有得天独厚的优势。2015 年，烟台完成国内生产总值 6446 亿元，居全国第 20 位；规模以上工业企业主营业务收入 1.54 万亿元，居全国大中城市第 9 位。已形成与韩国产业高度契合的机械制造、电子信息、食品加工、现代化工等千亿级的支柱产业，培育了高端装备制造、节能环保、生物科技、动漫设计等新兴产业,可与韩国企业进行全方位、深层次的产业对接。强大的山东电网和全国最大的地方电厂以及正在规划建设中的海阳核电站为烟台制造业的发展提供了充足的电力供应,也将为中韩经贸往来、中韩(烟台)产业园提供雄厚的能源资源支撑。

七、坚实的合作基础

从 2004 年至今的十余年间,韩国一直是烟台市最大的进出口贸易伙伴,并已成为烟台排名第一位的进口货物来源国、外资来源国,韩商投资企业在烟台开放型经济发展中占有重要地位,韩国元素已成为烟台开放发展的最大特色。截至 2015 年,累计有 3625 个韩资项目投资烟台,总投资千万美元以上的项目有 200 多个,投资领域涉及服装、轻工、电子、机械、食品、建材、海运、商贸等行业。实际投资额 55.1 亿美元,其中斗山、LG、浦项、现代汽车、GS、现代重工、大宇造船、希杰等韩国大企业在烟台的投资企业,经营稳步发展,规模不断扩大,取得了良好的社会效益和经济效益,成为支撑全市开放型经济发展的重要力量。

八、密切的人文交流

烟台与韩国交流合作发展到今天,合作领域已由经济领域向教育、文化、体育、旅游等全方位拓展。烟台已与仁川、原州、安山等 5 个市建立了友城关系,与蔚山、群山建立了经济合作伙伴关系。烟台学校与韩国学校缔结了 69 对友好校际关系,建有韩国政府资助创办的韩商子女学校和"世宗学堂"。1992 年以来,烟台市公务赴韩国访问考察共 2109 批,7980 人次。通过友城渠道来烟韩国人员 21000 人次;目前,约有 5 万韩国人在烟台工作和生活,烟台在韩国的华人华侨和留学生达到 3 万多人。中国首艘全资自主经营管理的豪华邮轮"中华泰山号"开通了烟台至韩国的邮轮航线,2014 年来烟台旅游的韩国人达到 28 万人次,占烟台入境游的 1/2。

第三节　烟台推进与韩国经贸合作的举措和成效

二十多年来，烟台与韩国交流日益密切，投资促进体系日臻完善，贸易平台建设、产业合作载体搭建方面不断取得新进展，相互投资持续增加，贸易往来成果显著。

一、完善对韩投资促进体系

近年来，烟台市通过专题推介、小分队走访等形式，在韩国和国内韩资企业密集地区开展了一系列经贸活动。特别是 2014 年 7 月，烟台市主要领导随同习近平主席访韩以来，烟台市保持每月至少一次对韩经贸活动的密度，积极宣传推介烟台和中韩（烟台）产业园。为提高招商针对性和实效性，根据合作基础和产业特点，筛选确定 30 家与烟台产业关联度高的韩国知名企业和协会机构，分类别和层次积极开展对接。截至目前，烟台市先后与韩华、希杰、韩中经济协会、韩国医疗器械工业协同组合等 10 多家企业或机构签署合作协议。积极搭建多元招商网络，市政府专门在首尔设立驻韩国商务代表处，通过与韩国亚洲经济新闻、三星证券等中介机构合作，积极探索委托招商等市场化招商方式，搭建了"联系广泛、重点突出、及时畅通"的招商网络。

二、搭建多元贸易促进平台

针对全市对韩贸易加工贸易比重大、工业品为主的特点，更加重视推进一般贸易、服务贸易和消费品进出口。烟台保税港区进口酒类食品展示交易中心已设立韩国馆，"进出口315"跨境贸易电子商务交易平台已在网上开设韩国馆，首个由韩国中央政府主导设立的韩国农食品销售展馆落户烟台中粮大悦城，东亚国际食品博览会引进"群山展"。大力拓展面向韩国的运输、旅游、建筑、安装、劳务、保险、信息、体育、文化、娱乐等服务贸易进出口。

2015年，烟台市对韩国进出口110.8亿美元，增长1%，其中出口31.3亿美元，增长5.5%，是主要贸易伙伴中唯一进出口、出口双增长的国家。

三、积极搭建产业合作载体

为加快省级以上经济园区发展，针对韩资企业喜欢扎堆投资的特点，2006年，分别在牟平区、蓬莱市、莱州市设立韩国工业园。2012年，抓住中日韩地方经济合作示范区启动契机，规划设立烟台开发区中韩新能源汽车产业园、招远开发区中韩金银首饰加工工业园等一批特色产业园区。2014年以来，抢抓中韩自贸区建设机遇，提出规划建设中韩（烟台）产业园的战略构想，目前已上升为中韩自贸协定框架下的中韩两国共建产业园区，将通过与韩国新万金产业园开展"两国双园"互动合作，打造"中韩FTA时代"两国经贸合作的代表性项目。

四、大力推动双向投资合作

抓住国际金融危机导致韩国经济低迷、资产缩水的有利时机，引导企业赴韩国开展跨国并购和绿地投资，以韩国为跳板，规避贸易壁垒，进一步扩大欧美等高端市场份额。截至2015年年底，烟台市累计在韩国设立企业（机构）31个，中方协议投资额4336万美元，分别占全市的7.2%和1.3%，投资领域涉及房地产开发、环保型无机或有机膜生产加工、工业锅炉安装与服务、水产加工、建筑材料销售、汽车电子产品制造、海上运输等。

第四节 烟台推进与韩国经贸合作的主要经验

自1989年第一家韩资企业落户烟台，烟台与韩国经贸往来已经走过27个年头。回首总结双方经贸合作取得的丰硕成果，主要有以下几个方面的经验。

一、互联互通是重要保障

中韩之间的第一条海上航线是 1990 年威海和仁川之间的航线，烟台 1995 年才开通至仁川的海上航线，在起点上不占优势，这对烟台对韩经贸合作造成很大被动。因为开放要从人员往来上开始，有了人流，才能带来物流、资金流。为此，烟台市从空中航线入手，加大对韩互联互通力度。东航、韩亚航空分别于 1996 年和 1998 年开通烟台至汉城航线，大韩航空 2002 年开通烟台至大邱航线。2005 年烟台至汉城（现称首尔）国际货运航线开通，成为烟台机场第一条国际货运正班航线。2006 年大韩航空实现烟台—仁川航线首航，2007 年东航开通烟台至釜山航线，2010 年韩亚航空开通仁川—洛杉矶—烟台—仁川航线，使烟台成为山东省第一个开放第五航权的城市。2014 年韩国唯一一家全货运航空公司仁川航空选择烟台作为首个合作城市，开通"仁川—烟台—仁川"全货运航线，使"烟台造"货物到达仁川后可当日出关，快速转往日韩欧美等地，目前该航线已达到每周 11 班的密度。2016 年 3 月，韩亚航空烟台货运集散物流中心正式运营。烟台成为韩亚航空继上海、重庆等地之后在中国的第五家货运集散物流中心。航线每周 5 班，其中 B767F 机型可载 50 吨货物，每周三、四、六各执飞一次，B747F 机型可载 100 吨货物，每周二、五各执飞一次。空中航线的加密，密切了烟台与韩国的人员往来，也为富士康、浪潮乐金等企业开辟了便捷的空中通道。与此同时，在海上航线方面，也逐步进行了加密，与空运实现了很好的互补。

二、以商招商是关键手段

举两个例子就足以说明。2005 年年初，世界第二大船舶制造企业——韩国大宇造船海洋株式会社有意向中国转移生产基地，当时对烟台、青岛、威海进行了多轮考察，但一直没有确定最终去向。通过获得韩国总统"铜塔产业勋章"的大宇重工烟台有限公司总经理蔡奎全鼎力相助，项目最终落户烟台，当年 9 月就注册成立，成为当年全省最大的外资造船项目。最近，烟台市引进韩国医疗器械产业，在烟台投资韩国商品馆的一位韩国客商从中也做了大量协调工作，使烟台得到了韩国投资者的最终青睐，将首个示范性项目落户烟台经济技术开发区，并随后带动多个医疗器械项目跟进洽谈。

三、招大引强是成功秘诀

韩国国土狭小，大企业在经济发展中扮演了非常重要的作用。烟台市从韩国大企业入手，实施一对一攻关，使韩国大多数世界 500 强企业都引进落户到烟台。例如，烟台现代冰轮重工项目。该项目由蔚山市所在的韩国现代重工业株式会社和烟台冰轮集团共同投资兴建，一期投资 2000 万美元，后增资到 3070 万美元。大企业又带动一大批中小韩资项目跟进，从而起到了事半功倍的效果。比如引进 LG 后，近 30 家配套企业跟进投资 3.5 亿美元。同时，韩国大企业业务领域涉及比较广泛，一旦某一事业群在烟台获得成功，其他事业群也会跟进投资。比如斗山机械公司自 1994 年在烟台投资建厂以来，现已拥有挖掘机、装载机、工程机械、叉车 4 个独立法人公司。

四、健全联络沟通平台是重要基础

近年来，烟台市外事侨务办、烟台市贸促会（烟台国际商会）、烟台市人民对外友好协会等部门和单位积极发挥对外联络广泛的优势，在"走出去""引进来"战略中发挥了积极作用。按照"平等互利、优势互补、真诚合作、共同发展"的原则，与韩国群山市、原州市、蔚山市、仁川市、安山市先后缔结友城关系，先后与韩国商学会、韩国贸易与展览协会、韩国群山、仁川、安山商工会议所等单位缔结了友好合作关系，与大韩商工会议所北京事务所、大韩贸易投资振兴公社青岛代表处、韩国投资促进会、韩国庆尚南道山东事务所、韩国群山市政府烟台办事处建立了长期联系，为开展对韩深层次合作奠定了基础。通过增进相互了解，加强信息交流，并适时组织经贸访问团赴对方地区，进行商贸洽谈和考察活动，促进烟台与韩国之间的投资、贸易等与各种经济有关的交流和发展。2010—2011 年，曾与韩国仁川商工会议所、安山商工会议所密切合作，先后在海阳、蓬莱组织了两次中韩企业家经贸交流活动，共有 200 余位中韩企业家参加。为期三天的经贸交流活动提供了宽松互动的交流机会，促进了两地在经济、文化、旅游等各方面的合作，取得了良好的经贸交流效果。此外，烟台拥有烟台国际高尔夫球场、南山国际高尔夫球场等一批高品质的球场，而韩国企业高管普遍喜欢打高尔夫球。通过为韩商提供一系列周到服务，每逢节假日和周末，大批韩国客商都乘飞机专门来烟台的牟平、龙口等地打高尔夫球，价格甚至比他们在韩国国内还便宜。

第五节　烟台与韩国经贸合作存在和面临的主要问题

总结烟台市与韩国近三十年的经贸交往合作历程，在不断取得新的成绩的同时，也要看到新的形势日新月异，经贸合作中一些问题仍需要采取措施加以解决，一些新的问题也摆在了面前。

一、贸易结构不够合理

尽管韩国是烟台第一大贸易伙伴，但贸易结构仍以加工贸易为主。2015年，全市对韩加工贸易进出口82亿美元，占全市对韩贸易额的比重高达74%，且贸易过于集中，乐金显示等10户企业对韩进出口占全市对韩进出口的72.7%，不利于分散市场风险。烟台市传统优势农产品对韩出口1.5亿美元，仅占全市农产品出口额的5.1%，而同期烟台市农产品对日本出口高达13.9亿美元。

二、投资结构不够合理

除10多家大企业外，韩国在烟投资仍以中小企业为主，投资规模较小，附加值较低。2015年，烟台市韩资项目单体投资规模仅为355.9万美元，远低于全市1278.1万美元的平均水平。目前，全市1000多家现存韩资企业中，多数仍是从事加工贸易的制造业企业，服务业和农业领域企业占比不足20%。

三、"走出去"步伐较慢

由于赴韩投资壁垒较多,加之部分企业思想保守,烟台市赴韩投资合作始终没有取得突破,累计对韩投资仅为青岛的 1/10 左右。对外工程承包方面,由于韩国建筑等市场不够开放,烟台市企业尚未涉及。

四、韩国对烟台优势农产品设置了较高的贸易壁垒

协定本身就规定了中方农业税目的 91% 取消关税,韩国大多数无关税减让。2015 年,韩国食药厅颁布了由国会批准的《进口食品安全管理特别法》和《农药肯定列表制度》,其中《进口食品安全管理特别法》于 2016 年 2 月正式实施,《农药肯定列表制度》将于 2016 年 12 月起在 3 年内全面实施。这两部法律对进口食品、食品添加剂、食品接触性材料等相关产品以及进口畜产品、动植物入境等农产品制定了近乎苛刻的准入条件和口岸检验检疫标准。颁布堪称韩国最严的两部食品农产品法律,实际对烟台输韩食品农产品行业以及上下游产业造成实际限制。

五、对烟台以及国内其他地区的部分高端化工、汽车制造、信息电子等产业造成一定程度的冲击

比如,烟台万华异氰酸酯产业是我国石化行业中为数不多具有自主知识产权、拥有相对竞争优势的行业,韩国国内现有 4 套异氰酸酯装置,总产能为 80 万吨。其国内年需求只有 30 万吨左右,产能长期严重过剩,中国是韩国产品的主要出口目的地。2013 年韩国对中国低价销售的异氰酸酯产品出口量达到 16 万吨,占中国国内总进口量的 32%。在中韩自贸协定生效后,取消现有 6.5% 的进口关税,将对烟台万华的产品构成较大的冲击。

第六节　烟台与韩国经贸合作展望

烟台既是"一带一路"的战略节点城市，也是中韩自贸区建设的前沿城市。烟台和韩国地缘优势明显，人文历史相通，产业互补性强，传统经贸合作关系紧密，且中韩自贸协定已经生效，中韩（烟台）产业园上升为两国共建产业园区，这些都为烟台扩大与韩国的经贸合作提供了巨大空间和广阔舞台。

一、中韩（烟台）产业园前景广阔

产业园将充分发挥烟台在中韩经贸合作中的综合优势，创新对外开放模式，有效实践国际经贸合作新规则，努力形成促进投资、创新的体制机制和政策体系，着力培育法治化、国际化、便利化的营商环境，引进一批知名跨国公司和行业领军企业，培育一批集技术、品牌等优势于一体的先进制造业和现代服务业。力争到 2025 年，中韩（烟台）产业园在产业发展、生态智慧、互联互通、人才使用、园区运营等方面达到国际一流水平，建成集产业集聚、产城融合、科技创新、自由贸易等功能于一体的新一代产业园区。

二、继续承接韩国先进制造业转移

承接先进制造业转移到烟台，可以拉长汽车、船舶、电子等现有产业链条。与韩国在培育发展新兴产业方面开展合作，加快引进智能制造、节能环保、新材料、生物制药、医疗器械等项目。抓住与韩国新万金开发厅开展合作的契机，积极引导烟台企业赴韩投资。

三、全面加强与韩国在新兴第三产业方面的合作

充分发挥优势和潜能，加强与韩国在商贸、物流、电商、金融、文化、

医疗、养老等服务业领域的合作。发挥中国人力资源优势，促进韩国企业的研发中心、地区总部等落户烟台。

四、利用两国在对方国家的留学生资源，开展创新创业领域合作

目前，中韩留学生创业园已启动建设，年内将投入使用，将重点面向中国在韩留学生归国创业及韩国在华留学生在华创业，搭建产业基金、众筹众包、技术转移、商事直通、社区云、品牌活动六大综合服务平台。

五、以关税减免为契机，扩大双方优势产品进出口

目前，乐金电子部品、乐金显示等企业正在开拓国内市场，与联想、华为、小米等国内手机厂商洽谈部件供货合作，中韩自贸协定可以提升其产品在中国国内市场的竞争力。

第七节　加快中韩（烟台）产业园建设、推动烟台与韩国经贸活动深化发展的措施和建议

烟台与韩国经贸合作基础良好，优势明显，前景广阔。特别是中韩（烟台）产业园已上升为两国共建产业园区，为烟台扩大与韩国经贸合作提供了巨大空间和广阔舞台，需要国家加大支持扶持力度，创造更多有利条件，推进经贸往来在质量上再上新水平，展现新风貌。

一、加强互联互通建设

加强与韩中联运系统研究会的交流合作，积极推进中韩铁路轮渡项目，支持有关单位加快论证实施步伐，打造新亚欧大陆桥，促进中韩两国进一步

加强互联互通，将我国提出的"一带一路"战略同韩方提出的"欧亚倡议"构想相衔接，共同开拓"一带一路"沿线市场。加密烟台至韩国海上航线，为烟台对韩跨境电商发展创造良好的物流环境。支持蓬莱机场开展行李托运业务流程改革，便利进出境旅客办理中转手续；支持空港增加保税功能，吸引配套产业集聚。

二、加大招商引资力度

引进韩国大企业，配套相应服务设施，打造各具特色的创新创业服务平台和科技企业孵化器，鼓励韩国青年和留学生创业。推动烟台企业与韩国企业开展合作，实现技术、市场、人才、品牌等资源的有效整合，共同开拓两国和第三方市场。支持韩资企业并购整合产业链上下游企业，培育形成优势产业集群。强化与韩国大企业的战略合作，争取一批新的战略性项目投资烟台。

三、深化对韩交流合作

加强在东亚经济交流推进机制、泛黄海中日韩三国经济技术交流会议等框架下与韩方的合作。深化与群山、蔚山、仁川等友好城市、经济合作伙伴关系城市的合作，推动产业园区、重点项目、贸易促进、相互投资等方面的合作。密切与韩国首尔华侨协会等华侨社团的联系，加强与中韩两国政府机构、行业组织和知名企业的合作，举办中韩产业合作论坛、中韩经济论坛。积极争取举办中日韩经贸合作高层次会议。

四、构建政策扶持体系

密切关注国家政策动向，结合发展实际，及时配套出台市级扶持政策。发挥中韩（烟台）产业园发展引导基金和中韩（烟台）产业园发展基金的政策引导作用，争取纳入国家设立的中韩投资合作基金。大力引进国际高端人才，在健康医疗、子女入学、证书互认等方面给予政策扶持。探索跨境电商全程无纸化、集中申报、集中办理等便利措施，对电子商务进口的商品实施"分类管理、便利进出""一次申报、分批核销"的检验检疫监管措施。推进跨境人民币结算和人民币对韩元区域性挂牌试点工作，深化外汇管理改革。

五、打造优良营商环境

在韩资企业集中区域规划建设韩国人社区，不断改善人居环境。鼓励各类院校与韩国教育机构开展联合办学，扩大韩国语专业招生规模，支持鲁东大学蔚山船舶与海洋学院、烟台韩国学校的发展。授予为烟台与韩国合作做出突出贡献的韩国友好人士"烟台市荣誉市民""中韩（烟台）民间友好使者"称号。落实 APEC 框架内商务签证制度，争取给赴韩国的国有、民营企业中高层商务人员发放 APEC 商务旅行卡。定期举办韩资企业座谈、联谊活动，密切与韩国客商的联系。

六、加快推进中韩（烟台）产业园建设

（一）争取国务院批复总体方案

两国产业园区共建，一方面为两国实现产业整合与产业聚集提供科学规范化的平台；另一方面促使两国产业链条的延伸，为加速壮大两国优势产业提供空间环境。中韩（烟台）产业园作为中韩两国国家战略对接项目，需要国家层面各部门共同推进。建议国家支持中韩（烟台）产业园总体方案的申报工作，着力打造中韩两国投资贸易合作旗舰项目。

（二）完善共建协调推进机制

参照苏州工业园管理与发展模式，尽快建立中韩两国政府国家层面的产业园共建联合协调理事会，协调解决中韩产业园共建中遇到的重大问题和政策诉求。每年轮流共同在中韩两国举办高层次的中韩产业合作论坛、产业园推介说明会、投资洽谈会等，组织中韩两国企业家赴双方中韩产业园进行考察洽谈，促进双向投资贸易，搭建机制化的深化产业合作平台。

（三）复制推广改革试点经验

支持在园区内复制推广中国（上海）、中国（广东）、中国（天津）、中国（福建）自由贸易试验区的投资便利化、贸易自由化、金融国际化、管理法制化措施。支持在园区内先行先试有关创新创业政策，扩大与韩国在知识产权领域的合作。支持在园区内适时复制推广服务贸易创新发展、跨境电子商务综合试验区等试点经验，提升对韩服务贸易发展水平。

（四）逐步放宽产业准入门槛

在中韩自贸协定后续谈判中，探索在中韩（烟台）产业园和韩中（新万金）产业园之间围绕关联优势产业开展双向投资准入试点。积极研究放宽新能源汽车制造、金融服务、航运服务、健康服务、中介服务等领域的相关投资准入限制。重点解决中韩（烟台）产业园建设中汽车研发中心发展、外资汽车整车制造、外资整船制造、外资银行分行设立等方面面临的产业政策限制和监管方式限制，通过提高开放水平和质量，培育产业发展新能力，拓展开放型经济新空间。

（五）加大金融政策支持力度

支持在园区内打造中韩金融合作示范区。放宽外资银行和境内银行在园区内设立分行的准入条件。支持烟台符合条件的法人银行机构成为银行间外汇市场人民币对韩元交易做市商。放宽境外发债管理权限，支持烟台企业境外发债募集人民币资金调回境内使用。支持烟台作为韩资入股金融企业股权比例突破的试点城市。推动设立中韩投资合作基金，重点支持中韩产业园建设。

（六）深化人才国际交流合作

支持园区建设国际化人才管理改革试验区，重点围绕对韩高端人才引进、培养、使用等进行探索。支持园区创建教育国际合作与交流综合改革试验区，重点推进中韩合作办学、来华留学生培养、国际化人才培养、汉语国际推广等双向交流合作。不断提高园区境内外人员出入境、外籍人员签证和居留、就业许可、驾照申领等事项办理的便利化程度。

（七）提高口岸通关便利化水平

支持在园区探索建设国家口岸发展改革试验区，开展查验机制创新试点。支持在园区与韩国特定地区之间开展海关、检验检疫、认证认可、标准计量等方面的合作与交流，探索实施与韩国开展贸易供应链安全与便利合作。支持烟台建设药品进口口岸，将落户园区内药品注册纳入特殊审批通道，医疗器械产品注册列入特殊审评审批范围，化妆品产品审批给予优先办理。支持烟台建设冰鲜水产品、水果、汽车等进口产品指定口岸，赋予属地检验检疫机构进境动植物产品、肉类、水产品、特殊物品等进口产品的检疫审批权限等。

（八）改革研发用车辆通关方式

制定针对性改革措施，放宽测试和研发用车辆通关及报废政策限制，支持在烟韩国现代汽车研发中心的发展，包括延长部分暂时进境车辆复运期限至一年；扩大暂时进境测试车辆每种车型的数量和车辆总量；允许在公司厂区内筹建海关监管仓库，集中监管报废车辆及散落部件；允许在海关监督核查报废车辆信息的基础上把报废车辆及部件移交当地公安部门指定的汽车报废厂等，促进中韩新能源汽车产业的融合发展。

第十三章

威海与韩国经贸合作的实践及前景展望

威海是中国距韩国最近的城市，交往历史悠久，文化相融相通，友谊源远流长，一千二百多年前，新罗人张保皋就在威海从事商贸活动，开辟了中韩之间的海上丝绸之路；1990 年，在中韩两国尚未建交的情况下，随着威海港"金桥轮"一声汽笛，威海市在全国率先打开了对韩开放的大门，喊出了"借韩兴威"的口号。随后，威海、石岛、龙眼三港又相继获得一类开放资质，使威海市不仅成为全国对韩开放的唯一地区，而且成为对外开放口岸最多的地区、对韩开放密度最大的地区，一度成为韩人韩货的主要落脚点和集散地。

在全面构建开放型经济新体制的背景下，威海市坚定不移地实施"借韩兴威"战略，积极参与中韩自贸协定谈判，并最终使得威海市和仁川自由经济区正式被确定为中韩自贸区地方经济合作示范区，写进了中韩自由贸易协定。威韩交流自此进入全新阶段，揭开了合作的新篇章。

第一节　威海与韩国经贸合作基本状况

一、威海与韩国进出口贸易合作情况

韩国是威海市第一大贸易市场，1995—2015 年，对韩进出口累计 650 亿美元，年均增长 15.4%。2015 年，威海市与韩国贸易额为 59.8 亿美元，增长

14.5% ；其中，出口 38.7 亿美元，增长 32.3% ；进口 21.1 亿美元，下降 8.6% ；威海口岸对韩进出口 225.7 亿美元，增长 10.5% ，其中，出口 112.4 亿美元，增长 19.6% ；进口 113.4 亿美元，增长 2.7% 。

二、威海与韩国投资合作情况

威海市现存韩国投资企业 867 家，实际到账韩资存量 18.9 亿美元，占全市的 29.2% 。其中，2015 年，威海全市新批韩国投资项目 87 个，同比增长 53.4% ；合同外资 3.30 亿美元，占全市比重为 33.7% ，同比增长 16.2% ；实际利用韩资 3.59 亿美元，占全市比重为 32.0% ，同比增长 18.2% ，越来越多的韩资企业来威海市开疆拓土，寻求新发展。同时，威海对韩投资也取得显著进展，截至 2015 年年底，全市在韩国投资且正常运营的项目 19 个，合计中方投资额 8100 万，投资领域涉及交通运输、远洋捕捞、水产养殖加工、纺织服装、电子科技研发等多个行业领域。

三、威海与韩国劳务合作情况

2006 年以前，韩国一直是威海市最大的海外劳务市场，外派人员主要集中在建筑、电子、塑料、水产、食品、近海渔工等中低端行业。自 2007 年韩国实行雇佣许可制以来，对韩外派劳务人数有所下降。2014 年外派 1219 人，增长 20.8% ，占全市的 9.9% ，人员数量居日本、新加坡之后列第三位，主要为近海渔工及中餐厨师，期末在韩外派劳务人数占山东省的 44% 。2015年，派出各类劳务人员 1028 人，同比下降 15.7% 。

第二节　建设中韩自贸区对威海与韩国经贸合作的影响分析

一、贸易规模方面

CGE 模型是分析国际贸易政策变化的常用经济工具。通过运用 CGE 模型对中韩自贸区静态效应分析，可以看出，中韩自贸区的建立对中韩两国的GDP、贸易规模有着明显的促进作用（见表13–1）。

表13–1　中韩自贸区的宏观经济影响一览表

（单位：亿美元）

国家	GDP 变动	出口变动	进口变动	贸易平衡	福利变化（%）
中国	1.76	34.11	37.89	8.09	−15.76
韩国	1.15	20.18	19.25	22.79	164.54

资料来源：2010—2015 年《威海统计年鉴》。

作为对韩经贸合作的前沿阵地，威海市与韩国经贸往来关系紧密。韩国是威海市第一大贸易市场，1995—2014 年，对韩进出口累计590.2 亿美元，年均增长16.4%。2014 年，威海共有1764 家企业与韩国有贸易往来，贸易额达52.3 亿美元，占全市进出口总额的31.5%，占全省对韩贸易额的15.9%。其中，出口29.3 亿美元，占全市的25.7%；进口23 亿美元，占全市的44.2%。2015 年 1—10 月份，威海市与韩国贸易额为46.8 亿美元，同比增长9.1%。其中，出口29.1 亿美元，增长 23.6%；进口 17.6 亿美元，下降8.6%。从口岸统计数据看，2015 年 1—10 月份，威海口岸对韩进出口185.5亿美元，增长13.4%（见表13–2）。

表13–2　中韩自贸协议签订前威海市与韩国贸易状况表

（单位：亿美元）

时间	进出口	占比（%）	出口	占比（%）	进口	占比（%）
2009	44.57	41.99	21.47	31.49	23.11	60.88
2010	55.02	39.54	28.41	31.84	26.61	53.29
2011	55.91	33.04	30.01	27.93	25.9	41.93
2012	52.84	30.86	28.12	26.39	24.71	38.27
2013	52.26	30.47	28.16	26.31	24.1	37.38
2014	52.3	31.5	29.3	25.7	23	44.2
2015 年 1—10 月	46.8		29.1		17.6	

资料来源：2010—2015 年《威海统计年鉴》。

中韩自贸区的建立必将对威海市的进出口贸易产生较大的促进作用。从关税角度看，2012 年，韩国平均关税税率为 13.34%，高于我国 3.71 个百分点，农产品关税更是高达 52.73%。中韩自贸区建立后，关税将分阶段降低为零。根据自贸区的贸易创造效应，两国间的贸易规模将大幅提高，威海市对韩出口将有较大增幅。从非关税角度看，长期以来，韩国非关税贸易壁垒特别是技术性贸易壁垒严重阻碍威海市对韩出口。中韩自贸区建立后，这些非关税贸易壁垒的阻碍作用将大大弱化，威海市对韩出口将朝着更深层次发展。2016 年 1—2 月份，威海市与韩国贸易额 43.5 亿元。其中，出口 24.2 亿元，进口 19.3 亿元。

二、贸易结构方面

从出口商品结构看，威海市出口商品结构正向劳动—技术密集型方向转变，但高附加值和技术密集型产品占比较小。通常工业制成品在出口总额中比例高低是衡量一个国家或地区出口商品结构优劣程度的重要指标。据威海海关统计，一般贸易是威海对韩主要进出口方式。2015 年，威海市以一般贸易方式对韩国进出口值为 560.4 亿元，增长 18%，占同期威海对韩国进出口值的 53.2%。其中，以一般贸易方式对韩国出口 462.5 亿元，增幅高达 36.2%。而以加工贸易方式对韩国进出口值为 465.6 亿元，出现轻微下滑，占同期威海对韩国进出口值的 44.2%，不足五成。从企业方面的表现看，2015 年外商投资企业对韩国进出口值为 492.8 亿元，下降 9%，而民营企业对韩国进出口值为 418.4 亿元，增长 30.8%。一般贸易占比迅速提高、增速快速上升，从一个侧面反映出威海市对韩贸易进出口的结构正在发生变化，正向劳动—技术密集型方向转变。同时，随着本土企业竞争力不断提升，企业产品科技含量不断提高，威海市对韩进出口贸易已经由以粗加工为主逐渐向更加合理的结构转变。但需要指出的是，威海市出口的机电产品大多属于附加值较低的劳动密集型商品，高附加值和技术密集型产品占比较小，自主产权比重较低，这不利于出口贸易健康发展，威海市出口商品结构有待进一步优化。

从出口产品竞争力看，威海市劳动密集型产品对韩出口占优势，高新技

术产品出口劣势明显。根据威海海关提供威海口岸对韩贸易情况（见表
13－3），可以看出，电子信息产品，双方贸易类型均以加工贸易为主，且在
双方贸易中占比较大，威海市已经成为韩国电子产业重要的加工基地。

表13－3　中韩自贸协议签订前威海市对韩进出口商品分类表

（单位：亿美元）

行业类别	电子信息	纺织服装	机械设备	食品	轻工	运输设备	化工	建材	医疗器械	贵金属
出口额	26.3	14	4.6	4.56	3.05	2.8	0.8	0.72	0.06	0.05
进口额	16.3	3.8	8.5	0.43	13.5	0.01	8.5	0.35	0.001	0.04

资料来源：2010—2015年《威海统计年鉴》。

　　纺织服装，威海市对韩出口贸易额大大高于进口贸易额，纺织服装产品
在对韩贸易中占据绝对优势，在2015年威海海关提供的在对韩出口名单中，
服装及衣着附件表现抢眼，同比增长24%，占全市对韩国出口总值的
20.4%，对威海市对韩出口总值变化的贡献率为35.2%，拉动威海市对韩
国出口总值增长4.5个百分点。机械设备，威海市机械设备对韩出口以配件
为主，进口商品则以各种成品机械为主，凸显了威海市机械设备在对韩贸易
中尚处于弱势一方。食品加工，威海市对韩出口贸易额远远高于进口贸易额，
农渔及加工产品在对韩贸易中的优势明显。轻工产品，韩方的光学元件、相
机镜头等高科技轻工产品好于威海市同类产品，而在家具、生活用品等低端
制造产品方面，威海市则占据优势地位。运输装备，由于威海市是韩国造船
企业重要加工地，船舶产品在对韩贸易中占有重要地位；韩国汽车制造量大，
威海市汽车零配件在韩国也有很大市场。化工产品，威海市轮胎产品在韩国
具有很强的竞争力，韩国在化学制剂、化工原料方面则处于优势地位。建材
产品，威海市建筑建材制品在韩国市场优势很大，韩国石棉纸等系列产品为
威海市紧缺商品。医疗器械产品，威海市相对于韩国同类产品性价比较高，
在韩国具有一定市场竞争力。

　　从以上分析可以看出，威海市的纺织服装、农渔及加工产品、机械零配
件、轮胎、汽车零部件、家具、生活用品、建材、医疗器械等产品具有优势；
而高端电子产品、光学仪器及器具、合成纤维、专用机械设备、化学制剂、
化工原料等产品处于劣势地位。

三、重点产业方面

从目前中韩的经济发展和制造业现状来看，中韩分别位于产业链的中低端和中高端，双方产业互补性和依赖性较强。中韩自贸区建立后，威海市的劳动密集型产业将会占有比较大的优势，纺织服装、食品加工、建材和医疗器械产业能够借机得到较快发展。纺织服装产业，从近几年威海市对韩进出口数据分析，威海市纺织服装产品非常具有竞争力，中韩自贸区的建立对受困于人民币升值、贸易保护主义等因素的纺织服装业而言，将是一个新的机遇，会带动纺织服装业加速发展，同时推动其借助韩国相对高新的技术实现产业转型升级。食品加工产业，由于韩国的第二产业和第三产业相对发达，农业和农民长期依赖政府扶持，而我国基于较低劳动力水平下的农渔产品价格低廉，故威海市农渔及加工产品竞争力较强。中韩自贸区建立后，将大大促进威海市食品加工产业的发展，同时取消关税的优惠政策还将会促进农渔产品的来料加工量。建材产业和医疗器械产业，由于一直在对韩贸易中处于优势地位，也会得到更快发展。

在高科技产品及高端制造业方面，威海市部分产业将会受到较大冲击，主要包括电子信息、机械设备、运输装备产业。电子信息产业，韩国的电子产品由于科技含量高，极具竞争力，如果解除贸易限制，其成熟的技术与优惠的价格将会冲击威海市电子信息产业。机械设备产业，韩国的工业化程度高于我国，专用机械设备、成套设备产品优于威海市同类产品，而机械零部件产品威海市占据优势，中韩自贸区的建立会促进零部件加工产业发展，而冲击威海市成套设备制造企业。运输装备产业，汽车整车制造企业会受到冲击，而汽车零配件将会拥有更大的市场空间。

四、直接投资方面

韩国是威海市重要的外资来源国。近年来，威海市利用韩资额总体呈稳定发展态势（见表13-4）。据统计，2015年1—10月份，威海市新设立韩资企业67家，实际到账韩资2.6亿美元，占全市外资项目的25.7%。截至2015

年 10 月底，威海有韩国投资企业 867 多家，实际到账韩资存量 18.9 亿美元，占全市的 29.2%。与此同时，威海市对韩投资日益增加。截至 2015 年 11 月底，全市在韩国投资且正常运营的项目 18 个，合计中方投资额 8090 万美元，投资领域涉及交通运输、远洋捕捞、水产养殖加工、纺织服装、电子科技研发等多个行业领域。迪尚集团等企业通过在韩并购企业、设立研发中心等方式，形成"你中有我、我中有你"的良好发展态势。

表 13 - 4　中韩自贸协议签订前威海市利用韩资状况表

（单位：亿美元）

	项目数		合同外资		实际到账外资	
	个数	比重（%）	金额	比重（%）	金额	比重（%）
2010	64	47.1	2.55	31.7	1.63	29.3
2011	54	49.1	2.22	19.1	1.13	15.5
2012	37	42.5	1.65	18.2	2.01	25.1
2013	45	40.2	2.19	23.8	1.93	20.9
2015 年 1—10 月	67	41.1			2.6	25.7

资料来源：2015—2015 年《威海统计年鉴》。

中韩自贸区建立后，一方面，伴随商品、资本及其他要素流动障碍的消除，韩国对威海市的投资效应将进一步扩大，不仅表现在投资额上的增加，也表现在投资结构上的优化；另一方面，由于自身经济实力、区位优势的影响，威海市在韩国的投资也会不断增加，双边相互投资的增加将从整体上促进威海市经济的快速发展。资料显示，借力中韩自贸东风，来威海市投资兴业的韩国企业数大幅增加。据了解，由韩国株式会社东方医疗投资的东方美容医疗器械项目，总投资 9900 万美元，将在威海建立一处生产基地，主要研发、生产和销售医疗器械及美容器械、制剂等系列产品。除此项目外，威海新韩精工有限公司、威海利尔普数码科技有限公司等韩资企业也纷纷向威海市投来橄榄枝。在中韩自贸区地方经济合作示范区建设这个重大机遇下，2016 年 1—2 月份，威海新设立韩资企业 16 家，同比增长 77.8%，实际到账韩资 4985 万美元，同比增长 27.2%。

第三节　中韩自贸区地方经济合作示范区背景下威海对韩经贸合作的成功探索

一、完善协调对接机制，统筹推进示范区各项建设

积极向上争取政策支持，示范区建设工作得到山东省委省政府的高度重视，姜异康书记、郭树清省长分别听取了示范区情况汇报，并作出专门批示。省委、省政府将中韩自贸区地方经济合作示范区建设列为全省对外开放重大事项，印发了《关于支持中韩自贸区地方经济合作示范区建设的若干意见》；省政府建立了省级层面的中韩自贸区地方经济合作示范区联席会议制度，两次召开专题会议研究推进具体工作，与韩国产业通商资源部建立两国省部会商机制，共同探索贸易、投资、服务、产业等领域合作的新模式、新路径、新机制。经省编办批准，威海市设立了中韩自贸区地方经济合作协调办公室和促进中心，专门负责协调推动示范区建设事宜。与仁川市正式签订加强地方经济合作议定书，商定在旅游、货物贸易、医疗美容、健康养生、文化创意、影视动漫、时尚创意、跨境电商、产业投资等方面开展全方位合作。仁川市政府也成立了专门的中国协力担当官室，韩方合作层面由仁川自由经济区提升为仁川广域市。2015 年 11 月 15—17 日，仁川市刘正福市长访问威海，洽商共同推进示范区建设，郭树清省长到威海会见刘正福，就共同推动中韩自贸区地方经济合作示范区建设进行了深入交流。2015 年 12 月 3—4 日，大韩贸易投资振兴公社副社长兼中国大区总部本部长郑光泳率代表团访问威海，与威海市签署了深化合作备忘录，并设立了中韩 FTA 经济合作支援中心（威海），推动两地在贸易、投资、服务等领域的合作。

二、加快双向商品集散地建设，扩容升级贸易合作

目前，威海正在推动由点到线，并形成立足威海、辐射全国的市场网络。

韩乐坊二期建设韩企中国总部基地，已引进 140 家韩国厂商。威海九日等三家韩国商品经营企业联合成立了威海九利正韩国商品工厂店运营公司，在全国开展连锁经营，截至 2015 年年底，已在青岛、潍坊、山西运城建立了大型商超，四川眉山店、浙江海宁皮革城店已开业，1 万平方米的威高广场店正在装修，三年内将发展 300 家连锁店。家家悦九龙城进口商品直购体验中心日销售额 20 万元，5 个月内将在全省 600 多个门店中批量推开。大韩家在威高广场设立山东省第一个保税直购进口体验中心，一年内在全国 150 个城市布点分体验中心。作为中国在韩国设立的第一个城市展示馆，仁川·威海馆已于 2015 年 7 月落户仁川，仁川方面给予了大力支持，其所在的仁川东北亚贸易中心是仁川第一高楼。仁川·威海馆不仅作为中韩文化交流的一个窗口，也作为与韩国企业洽谈合作的联络站，定期举办投资促进、产品展销、对口洽谈、旅游景点宣传等活动，打造中韩投资、贸易、服务、产业合作的平台。在仁川·威海馆取得良好效果的同时，仁川方面也在积极筹划威海·仁川馆计划。威海·仁川馆也已建成，集商品展示、保税交易、经贸洽谈、人文交流等功能于一体，形成与仁川·威海馆两馆互动。新大东有限公司建设 3700 平米的韩品在线 O2O 综合体验中心，已于 2015 年年底开业。

三、搭建产业承载平台，强力推进投资项目合作

坚持统筹规划、错位发展原则，以东部滨海新城和威海经济技术开发区、威海临港经济技术开发区为示范区核心区，同时规划建设中韩合作产业园、中韩现代服务产业园、中韩文化旅游产业园、中韩健康养老产业园、中韩综合保税物流园等特色园区，积极承载中韩产业合作项目。在仁川东北亚贸易中心设立威海馆，2015 年 7 月 22 日正式开馆，除城市形象和企业产品展示功能外，也作为与韩国企业洽谈合作的联络站，定期举办投资促进、产品展销、对口洽谈、旅游景点宣传等活动，打造集投资洽谈、贸易促进、跨境电商于一体的综合服务平台。目前，威海馆已接待韩国全国经济人联合会、韩国中小企业振兴公团、仁川经营者总协会等 150 多批次、5000 多人次参观、洽谈，签订协议 16 个，采购意向近 1 亿美元。依托这些载体平台和政策优势，威海市切实加大对韩招商力度，先后举办中韩 FTA 投资贸易论坛、中韩电商大会、

东北亚城市文化旅游交往与中韩自贸区发展研讨会、中韩自贸区标准化与认证认可研讨会、中韩（威海）传统医药高层论坛等经贸促进活动，并与仁川自由经济区共同在首尔举办中韩自贸区地方经济合作示范区说明会，与一批韩国企业和机构达成合作意向，对韩招商呈现良好势头。

四、实现重点领域突破，领跑国内跨境电子商务

利用对韩口岸优势，开创"三个率先"，使威海成为中韩跨境电商黄金通道。威海市 2015 年获批国家电子商务示范基地，在全国率先开通中韩海运跨境电商出口业务，开通国内第一条中韩海运 EMS 速递邮路，同时启动海运、邮运、空运三种方式的对韩跨境电商直购进口。威海—仁川中韩海运邮路的开通，使电商货物运输时间与空运相当，成本节约 70%。截至 2016 年 1 月 31 日，威海海关共验放出口清单 9771 票，货值 77.02 万美元，折合人民币超 500 万元，共验放进口清单 2146 票，货值 98.74 万元。数据显示，自中韩海运跨境电子商务业务开通以来，威海海关共验放出口清单 173135 票，货值 1816.85 万美元，折合人民币约 11952 万元，重量 1042.03 吨；共验放进口清单 3825 票，货值 150.1 万元，重量 22.51 吨，收缴税款 28462.03 元。2015 年 10 月 30 日，荣成市正式开通中韩海运跨境电子商务一般出口和直购进口业务，成为山东省第一个开通此业务的县级城市。着眼于发展新兴贸易方式，市政府印发了《威海市跨境电子商务发展行动计划》，启动建设中韩跨境贸易与电子商务综合试验区，包括：跨境贸易与电商实体综合园区、"威韩购"跨境电商网上综合服务平台以及韩国的一批海外仓，已列入《山东省跨境电商发展行动计划》。

五、强化对韩口岸优势，打造中韩贸易首选通道

青岛海关与威海市签署了战略合作框架协议，山东检验检疫局与威海市签署合作备忘录，均对威海市加强与韩国口岸互联互通方面给予积极支持。创新打造"六个第一"，使威海市成为全国对韩合作第一口岸，是全国第一个同时获批筹建两个进口肉类指定口岸（威海港、石岛新港）的城市，也是全

国第一个拥有 3 个进口冰鲜水产品指定口岸的城市，新增 19 个进口韩国冰鲜水产品品种。威海还是韩国鲜奶第一进口口岸，截至 2015 年 11 月下旬，共进口韩国鲜奶 1290 万美元。在全国第一家实现对外贸易经营者备案同原产地申请手续备案"信息共享、两证合一"。山东省第一家海关监管的鲜活水产品交易中心落户荣成好运渔乡国际商业中心，被确定为全省第一批先行试点电子口岸。

六、利用先行先试政策，创新开展服务业深度融合

积极利用威海与仁川作为地方经济合作示范区的影响力，以服务业为重点合作领域，推动项目落实落地。科技创新方面，仁川创造经济革新中心确定在威海高区设立分中心，这是韩国国家级创造经济革新中心在中国设立的第一个分中心。威海南海新区规划建设 2 万平米韩国高新技术转移孵化中心，已引进 13 个韩国高新科技孵化项目。旅游合作方面，作为"中国旅游年"系列活动之一，威海市在仁川举行了"2015 威海（韩国）旅游推介会"，同时举办国际铁三赛、中韩山地自行车交流活动发布会，达成系列合作协议，协议人数 6000 余人次。医疗美容合作方面，中韩医疗美容产业、生命技术产业合作进入实质性实施阶段，韩国延世医科大学整形外科威海合作医院正式揭牌，中韩共同建设的欣娃产后修复及美容项目运营顺利，博雅秀岩生物技术项目已到账外资约 300 万美元，开始商业化运作。

七、高端谋划扩大宣传，全面叫响示范区品牌

威海市委、市政府印发了《加快推动中韩自贸区地方经济合作第一批实施方案》，明确了各部门需要争取先行先试的政策和领域。依托中国社科院、山东大学中韩关系研究中心、商务部研究院、上海对外经贸大学、上海 WTO 事务咨询中心等研究机构，组建 2 个高层专家团队，持续开展对韩合作总体战略研究。现已起草了《关于复制推广自贸试验区改革试点经验加快推动中韩自贸区地方经济合作示范区建设实施方案》和《威海中韩自贸区地方经济合作示范区建设总体方案》。加强与国家和省级媒体以及国外媒体的合作，加

大宣传力度，开展了高密度的宣传活动，进一步提升了威海的知名度。

第四节　依托中韩自贸区深化威海与韩国经贸合作的经验

一、制度层面：强化制度创新，优化营商环境

自贸区是我国对外开放的重要战略举措，也是"以开放倒逼改革"的重要选择。特别对地方政府来讲，自贸区建设不仅仅意味着以开放谋发展，在经济合作、产业对接、区域发展上加快先行先试，更为重要的是要以开放促改革，适应营商环境国际化、市场化、法治化要求，主动转变政府职能、提升行政服务效能，打造与国际接轨的贸易投资便利化发展环境，进一步挖掘放大改革开放红利、制度创新红利。

要创新贸易通关制度。以贸易便利化为重点，减少人为贸易壁垒。这方面最主要的是减少海关监管环节、缩短通关时间，最大限度地降低交易成本和交易时间。从上海自贸区公布的数据看，在改革海关监管制度、推行通关制度创新后，进口平均通关时间比区外减少40%以上，出口平均通关时间比区外减少30%多。作为中国唯一一个中韩自贸地方经济合作示范区，威海市自中韩自贸协定完成草签后，就开始积极探索信息互换、监管互认、执法互助"三互"通关模式，目前已取得了初步成效，预计通关速度将提升三成以上。

要创新外商投资管理制度。以负面清单管理为核心，提高经济发展活力。负面清单是一种国际通行的涉外投资管理办法，是一个国家禁止外资进入或限定外资比例的行业清单，相当于投资领域的"黑名单"。外资管理采取负面清单，对企业来说意味着，按照"非禁止即开放"的原则，将负面清单之外的行业及项目全面放开；对政府来说，则从根本上和制度上实现简政放权，真正把权力一放到底，提升了市场经济活力。威海实践表明，减少和取消对韩外商投资准入限制，有助于扩大服务业和制造业对外开放，进一步提高经济发展的开放度、透明度。

要创新金融服务制度。以资本项目可兑换和金融服务业开放为目标，深化对外开放水平。根据中韩自由贸易协定要求，中韩双方将共同致力于金融许可等领域合作，持续开放金融领域，为中韩投资者提供更加自由、便利、安全的投资环境。从威海市情况看，目前全市拥有韩资企业800余家、占外商投资企业一半左右，与韩国有贸易往来企业有1700多家、占全市进出口总额的31.5%。在中韩自贸区建设的大背景下，威海对韩金融服务需求必将进一步提高，建设适应双边贸易发展的金融服务体系势在必行。

二、经济层面：促进双方产业对接，提升产业融合水平

要促进双方服务业对接。威海作为离韩国最近的大陆城市，充分利用区位优势及在服务业所需的人力资源和人文相近等方面的优势，成为韩国服务业进军中国的起点，可以通过整合吸纳韩国服务业优质资源、促进中韩服务要素高效流动、探索中韩服务业合作机制，与韩国共同打造服务行业优势品牌，辐射中韩两国互联互通的服务业市场，在健康服务、文化、旅游等高价值领域成为我国服务业对外开放和国际化发展的范例。

要促进双方制造业对接。威海与韩国的产业合作基础比较扎实，凭借客观基础，重点推动医疗器械、电子信息、智能制造、海洋科技产业的中韩合作，发挥在中韩前沿制造业领域和科学技术合作的试验作用，提升制造业发展层次和国际竞争能力。

三、社会层面：深化中韩合作交流，提升区域影响力

要深化人才交流合作。打造中韩人才高地，结合中韩经济发展和合作需求实际，依托"千人计划""万人计划""泰山系列人才工程""英才计划"等国家、省、市招才引智平台，以及中韩双方互驻人才联络机构及有关外事资源，打造汇聚中韩两国领军人才、智库专家、创业新锐的高端人才共享库。建设中韩经济合作智库，加强与韩国仁川大学中国学术院、仁川发展研究院等高校、科研院所的合作，建立常态化、灵活化的智库互动机制，定期开展中韩高端智库对话、沙龙、讲座及论坛，对中韩自贸区地方经济合作进行趋

势预判、政策解读、反馈分析和建议咨询，形成在自贸区、地方经济合作领域的专业影响力。促进中韩青年创业人才交流，联合仁川创造经济革新中心、韩中青年交流协会等机构，在威海及仁川每年定期轮流举办中韩青年创新创业周和中韩青年创业大赛活动。开展中韩青年对话、文化旅游、艺术表演等活动，加深两国青年人才的相互了解和沟通，为中韩未来的合作储备人才力量。

要深化创新资源交流合作。以加快产业转型升级、提升科技竞争力为目标，促进中韩两国在科技创新领域实现科技资源联通、深化创新合作。共建中韩技术创新联盟，密切两国技术交流。共享中韩技术信息平台，促进技术供需对接。互设中韩技术转移服务中心，提供专业服务支持。加快中韩在健康医疗、文化旅游和信息技术领域开展职业教育及培训合作的步伐，推进中韩合作办学，加快引入韩国优质高等教育资源在威海开设分校。

要密切人文交流融合。发挥威海对韩地缘、人缘优势，结合文化、旅游产业发展，打造一系列主题鲜明新颖、全民共同参与的中韩交流活动，加深友谊、增进了解，为促进中韩开展经济合作营造良好氛围、巩固人文基础。加强体育赛事合作，依托威海长距离铁人三项世界系列赛、威海国际帆船赛，将中韩友好国际铁人三项邀请赛、中韩黄海国际帆船赛打造成两国知名的品牌赛事；探索举办中韩国际友好马拉松、中韩职业高尔夫巡回赛等国际体育赛事。丰富文化交流活动形式，创新策划中韩名人对话、中韩传统技艺体验营等文化活动和中韩书画联展、摄影展等艺术活动，增强民众参与；紧抓中韩旅游年机遇，丰富"中韩文化旅游季"活动内容。

要完善合作机制。健全中韩协商合作机制，落实威海市中韩自贸区地方经济合作领导小组工作部署，积极对接仁川市中韩自贸合作推进委员会，定期举行高层领导会议，设立定期互访制度，完善威海与仁川在经济合作中的顶层设计，对出现的新情况、新问题，认真研究，及时调整试点内容和政策措施，对合作过程中的重点事宜进行专项协商。加强与国家、省上级部门纵向贯通，山东省及国家相关部门紧密对接，形成市—省—部的多级联动，保证中韩合作协调工作及时、连续、有效传递，争取及时有效的上级指导和支持。

第五节 新机遇下进一步深化威海与韩国经贸合作的对策建议

紧紧抓住中韩自贸区建立和威海市被列入示范城市的大好机遇，采取有效措施，因势而谋、应势而动、顺势而为，着力推进对韩经贸发展。

一、加强政府引导

一是加强宣传培训。对内，加强中韩自贸区相关政策、协议、制度、标准等培训，提高威海市行政管理、企业从业人员的综合素质和业务能力，为中韩自贸区建立储备知识和人才；充分利用电视、报刊、网络等媒体做好中韩自贸区宣传，使威海市广大企业了解中韩自贸区建立后的政策优惠前景，提高企业的参与积极性。对外，加大对韩国消费者的宣传推广，提升韩国消费者对威海市产品的信心。二是建立应急机制。由威海市商务局牵头，会同市经信委、财政局、威海海关等相关部门建立健全对外经贸应急机制，在对外经贸合作中发挥引导、协调、促进作用，通过制定、落实系列贸易便利化政策，推动威海市与韩国贸易的进一步发展；通过在韩商和市内企业间扮演投资顾问的角色，协助解决双方在谈判过程中的疑问和困难，提供信息、金融、技术支持；通过财政、税收等手段，引导韩资进入到通信、金融、服务等非制造业领域，而不仅限于第二产业，特别是劳动密集型产业。三是推进品牌发展战略。通过落实完善与品牌发展相关的扶持政策，加大财政补贴、奖励力度，引导威海市企业争创品牌、做强品牌。

二、加快产业转型升级

虽然威海市高新技术产品出口不断增加，但是仍以劳动密集型产业为主的产业结构使威海市在与韩国进行贸易时缺乏竞争力，对此应予以高度重视，结合转调创，尽快推进产业转型发展。一是在深化落实《关于加快发展三大战略性新兴产业集群的指导意见》和《关于加快四大传统产业集群转型升级的指导意见》的基础上，进一步细化七大产业集群，把重点突出放在北洋电气、威高集团、迪沙药业等战略性新兴产业和优势企业上，避免"撒胡椒粉"的做法。二是将威海市企业在韩投资高新技术合作项目纳入产业基金支持范围，引导企业加大与韩国中小型创新企业的投资与合作。进一步鼓励威海市纺织服装、农渔及加工等传统优势行业进行境外集群式投资，缓解产业间垂直竞争，发挥产业集聚效应。三是加大引进韩国投资项目的力度，通过建立投资鼓励机制、制定优厚的政策吸引韩国跨国公司在威海市进行项目合作，特别是在新信息、新医药与医疗器械、新材料及制品等方面的合作，促进高新技术产业的发展和传统产业的转型升级。四是进一步推动科技创新。重点推进工信部威海赛宝工业信息技术研究院、工业设计云平台、双丰电子工业振动测试实验室、贝特仪表测试实验室等公共研发平台建设和推广应用；进一步加强与中国海洋大学、中国科学院、山东大学、哈尔滨工业大学等知名高校院所的产学研合作战略联盟关系，采取技术股份型、联合攻关型、教学与实习基地型等灵活多样的产学研合作模式，打造具有特色的"院所专家 + 本地科技人员 + 企业技术人员"有机结合的"三层"科技创新队伍；推动光威集团、新北洋等有条件的企业建立行业研发平台或行业技术中心，形成以研发为基础的现代制造体系。五是积极探索争取中韩服务业开放试点政策，扩大与韩国在金融、保险、旅游、影视动漫、文艺演出、软件开发、出版印刷、网络游戏、医疗、美容、养生、养老等领域的交流合作，争取带动威海市相关产业转型升级。

三、支持中小微企业快速发展

中小微企业是威海市经济发展的活力之所在，也是中韩自贸区建立后威海市承接机遇、迎接挑战的主体。应全面梳理完善相关政策，支持中小微企业快速发展。一是建立健全面向中小微企业的金融服务体系。建议在加强威海市中小微企业担保体系的同时，由各级财政出资设立中小微企业贷款专项基金，委托合作银行按一定的杠杆系数对经认定符合条件的中小微企业给予相应的贷款支持。二是建立健全面向中小微企业的政策支持、指导咨询和技术服务体系。加大对中小微企业技术创新的扶持力度，完善落实技改项目进口设备免关税、技改项目购置设备贴息、企业购置设备增值税抵扣等优惠政策，引导企业加快引进先进技术和高端装备，增强企业的综合竞争力。在各区市建立中小微企业服务指导中心，采取政府承担费用或者服务外包的形式，为中小微企业提供财务、管理、技术等方面的指导和帮助。三是建立完善能够与国际市场、外资政策、国际贸易政策、知识产权政策等相适应的人才、培训、教育体系和中介机构建设管理机制，为中小微企业提供比较完备的制度环境。

四、做足做好优势特色农业文章

一是创新现代农业经营方式，重点打造农产品全产业链，加大加工型出口基地建设，形成区域优势与产地品牌效应，不断在竞争中拓展发展空间。二是针对韩国出口市场需求，调整蔬菜生产结构，加大大白菜、辣椒等种植面积，积极推进标准化、规模化、集约化种植模式，进一步提高初级产品出口规模和质量。三是以好当家、泰祥等企业为龙头，以滕家、乳山寨、育黎等蔬菜产业镇为重点区域，发展一批蔬菜加工出口基地；以华隆食品、荣成副食品、乳山金果花生等企业为龙头，以荫子、午极、乳山口等镇花生产业镇为重点区域，发展花生加工型出口基地。通过加工型出口基地建设，延长农业产业链条。四是进一步落实农业产业化龙头企业奖励和贷款贴息政策，支持龙头企业依托特色优势产业集群发展组建大型企业集团，重点扶持、形成一批区域覆盖面广、专业化程度高、科技创新能力强、生产规模大、具有较强市场竞争力的出口型农产品龙头企业，增强其辐射带动作用，提高农业产业化经营水平。五是建立健全利益联合机制，通过合同契约、股份合作、建立农产品市场风险基金等方式，使龙头企业与农户建立起稳固的购销关系，形成利益共享、风险共担的经营机制，鼓励出口企业建立标准化生产基地，强化农业产业化组织程度。六是完善土地流转机制，按照"自愿、有偿、依法、规范"的原则，使土地向种田能手和种植大户集中，发展适度规模经营和集约经营，积极推进家庭农场建设，集中发展主导产业，提高土地规模效益。七是加强对食品农产品质量安全监管，打响威海市出口食品农产品质量安全典型示范区品牌；加强中韩食品业界的交流与合作，通过举办中韩食品质量安全交流会等多种形式和途径，相互沟通信息、增进了解，推进威海市在食品农产品生产、加工、销售等方面与韩国的对接，进一步提高市场开拓能力和水平。

第十四章

相关省直部门推进山东与
韩国经贸合作的实践

第一节　省发展和改革委员会推进山东与
韩国经贸合作的实践与探索

自 20 世纪 80 年代末中韩建交之前，山东率先与韩国开展了经贸往来。目前，韩国成为山东第二大外资来源地和第二大贸易伙伴，贸易量占中韩贸易总量的 10% 以上。作为综合管理部门，省发改委高度重视鲁韩经贸合作，把韩国作为推进全面对外开放战略的重点地区，促使鲁韩经贸合作不断深入发展。

一、把握招商引资新机遇，努力扩大利用外资规模

山东与韩国隔海相望的独特区位，为开展对韩经贸合作提供了先天便利。近年来，山东发改委深入贯彻落实党的十八届三中、四中全会精神，按照省委省政府适应开放型经济发展的新要求，紧抓当前全面深化改革和放宽投资准入的新机遇，在吸引韩资企业到山东省投资方面开展了大量工作。一是创新招商引资机制。依托全省重大招商平台和合作机制，进一步提高对韩招商的针对性和实效性，通过开展中韩产业合作论坛、建立友城关系、建立交流合作机制等活动，吸引韩国企业来山东省投资。二是优化营商环境。进一步减

少审批事项，下放外商投资项目核准权限，缩短审批时间，提高外商投资便利化水平；加大环保、土地等方面的政策支持力度，解决好外商在人才招聘、人员就医、子女上学等方面的困难，吸引新企业到山东省落户，支持老企业增资扩股，实现以商引商。三是强化重点领域和关键行业的招商引资力度。支持韩资企业更多地投向新一代信息技术、新能源等战略性新兴产业，信息服务、科技服务等生产性服务业，参与跨境服务外包及文化、旅游等产业发展，积极承接国际高端制造业转移，提高现代服务业利用外资规模和水平。四是做好对外宣传。组织拍摄了《开放山东》专题片，以视频的方式对外展示山东省自然人文风貌和经济社会发展新面貌；编制完成《2015年山东对外合作重点项目册》，设计制作《2015年山东概况及经济发展重点领域》宣传画册，作为对外交流合作的宣传材料，为各类招商活动做好基础性工作。

通过采取一系列措施，鲁韩经贸合作取得长足发展。目前，在山东的韩资企业超过4700家，三星、LG等韩国前30位的大企业集团都在山东进行了集群式、战略性投资，90%以上分布在青岛、烟台、威海三市，85%集中在通信、电子等第二产业。据统计，2015年完成进出口总额322.5亿美元，占中韩两国贸易总额的13.3%；其中，出口146亿美元，占10.1%，进口176.5亿美元，占比18.1%。韩国在山东省的投资约占对中国投资的三分之一。

二、积极开展中韩铁路轮渡前期工作，推进对韩物流通道建设

中韩铁路轮渡项目是利用中国、韩国双方港口建设铁路轮渡码头，铁路货运列车通过渡船渡运到对方码头，从而构建一条连通欧洲—中国—韩国的更经济更高效的货物海铁联运大通道。建设中韩铁路轮渡项目可满足中韩两国日益增长的贸易需求，构建更加便捷高效的海上运输通道，对于加快"一带一路"建设，带动山东半岛蓝色经济区发展，密切山东省与韩国的交流，配合中韩自贸区完善互联互通网络，打造东北亚物流中心等方面具有十分重要的意义。近年来，山东发改委配合烟台市积极推动项目研究论证工作，确定了项目登陆点和承载企业，并与韩国相关机构就项目进程，加强两国地方政府间的合作取得了一定的共识。2015年8月25日，郭树清省长率领山东省

政府代表团拜会了韩国国会议长郑义和，双方围绕中韩铁路轮渡项目进行了深入探讨，为下步推动项目规划建设奠定了坚实基础。下一步，山东发改委将继续加强与烟台市政府的联系沟通，积极与国家发改委、国家铁路局等国家相关部委和中国铁路总公司汇报对接，做好各项协调工作，在韩方确定项目登陆点和承载企业后，抓紧开展项目前期工作。

此外，会同有关部门积极推进"中韩海上高速公路"建设，提升中韩陆海联运汽车货物运输效率，加快国际转运、中转业务发展，吸引韩国各港口货物通过烟台港、青岛港集散，打造东北亚国际航运中心。

三、紧抓自贸区机遇，推进地方经济合作示范区建设

中日韩地方经济合作示范区，是山东省构建开放型经济新体制的重要内容，是深化对日韩合作的重要载体，省委、省政府高度重视。2012 年，省政府印发了《山东半岛蓝色经济区建设中日韩地方经济合作示范区的框架方案》（以下简称《方案》），明确了示范区的区域范围、合作原则、功能定位、合作内容、支持政策等。受对日外交关系影响，我国与日本的谈判进展不力，与韩国合作进展较好。与之相对应，山东省中日韩地方经济合作示范区建设进展缓慢，中韩地方合作示范区建设比较顺利。2015 年 3 月 25 日，威海与韩国仁川自由经济区在韩国举行第一轮谈判，签署了《中国威海城市与韩国仁川自由经济区加强地方经济合作备忘录》。4 月 24 日，威海与韩国仁川自由经济区代表开展了第二轮谈判，双方在旅游、医疗美容、双边投资、跨境电商、口岸互联互通、产业合作等领域进行了磋商，取得重要成果。5 月 6 日，在中韩 FTA 投资贸易论坛上，威海市与仁川自由经济区就地方合作进行了推介。6 月 1 日，中韩两国政府正式签署了自由贸易协定，将威海和仁川自由经济区确定为地方经济合作示范区。

山东发改委高度重视中日韩地方经济合作示范区建设工作，把其作为省部会商重大事项之一，多次向国家发改委汇报，争取国家发改委从国家层面推进中日韩地方经济合作示范区尤其是中韩产业园建设。在山东发改委积极推动下，区域内的青岛、烟台、东营、潍坊、威海、日照、滨州 7 市，根据《方案》精神，结合各自优势和特点，不断深化与日韩合作，推进示范区建

设。其中，青岛、烟台、威海 3 市示范区建设取得明显进展。青岛中韩创新产业园贸易合作区，已经商务部批准设立，于 2014 年 8 月 15 日正式启动；烟台中韩产业园 2014 年启动，被写入中韩自贸协定谈判会议纪要（与协定具有同等效力），正处于全面推进阶段；威海与仁川自由经济区被《中韩自由贸易协定》确定为中韩自贸区地方经济合作示范区。之后，为加快推进威海中韩地方合作示范区与烟台中韩产业园建设，省政府多次召开专题会，研究省里支持威海中韩地方合作示范区与烟台中韩产业园建设相关政策，山东发改委立足职能，从产业政策、资金安排、规划引导等方面给予一系列扶持。

四、强化规划引导，争取国家层面的政策支持

明确功能定位，在投资管理体制改革、园区政策先行先试等方面加大政策支持力度，加快推进中韩自贸区建设和经贸合作水平。一是争取规划支持。中韩自贸区把威海中韩地方合作示范区与烟台中韩产业园写入中韩自由贸易协定，不仅是威海、烟台经济发展中的一件大事，也是全省对外开放的重大事项，对构建全省开放型经济新体制、培育对外开放新优势具有重要意义。山东发改委结合重大生产力布局和相关政策要求，统筹考虑，将威海地方经济合作示范区、烟台中韩产业园作为山东省对外开放的重大事项列入全省"十三五"规划；有关"渤海海峡跨海通道"工程，省主要领导带领山东发改委负责同志已多次向国家发改委汇报沟通，争取国家纳入"十三五"规划。同时，在全省"一带一路"建设实施方案中，将威海市打造成为联通欧亚大陆与韩国的重要节点城市。二是支持中韩地方合作示范区推进投资管理体制改革。威海、烟台在中韩自贸区建设中具有独特的示范和带动作用，构建韩资准入模式优势明显。山东发改委积极配合威海、烟台参照上海等自由贸易试验区做法，加强对韩资产业政策和准入模式的整体规划设计，创新外商投资管理方式，放宽投资准入限制，建立与国际接轨的外商投资政策和环境。三是支持产业园先行先试。加强与国家有关部委沟通衔接，争取国家出台支持产业园发展的具体意见，优先安排产业园开展国家和省重大改革试点，支持产业园在改革创新中先行先试，在转型升级中率先突破。支持产业园加速复制自由贸易试验区改革经验。

第二节　省政府外事办公室推进山东与韩国
经贸合作的举措与成效

中韩两国正式建交以来，在山东省委、省政府的正确领导下，山东省外办作为全省外事统筹、协调部门，积极推动山东省对韩国友好交流，在高层互访、友城建设、人文交流等领域开展对韩交流合作，取得了丰硕成果。在推进鲁韩经贸合作方面，省外办立足职能，找准定位，发挥外事渠道和协调优势，做了大量富有成效的工作。

一、推进山东与韩国经贸合作的主要举措

（一）组织高层互访，为经贸合作创造良好软环境

习近平主席 2014 年访问韩国时发表署名文章指出"双方应该像走亲戚一样加强高层和各领域的交往"。鲁韩高层互访对于双方经贸合作具有非常重要的推动意义。中韩建交以来，山东接待了韩国总统、前总统共 6 位，包括韩国总统李明博、金大中（1996 年，当选总统之前）、朴槿惠（2006 年，当选总统之前），前总统金泳三、卢泰愚、全斗焕。韩国历任驻华大使都先后访问过山东。山东省的主要领导人张高丽、李春亭、韩寓群、姜大明、郭树清曾访问韩国，山东省多位其他领导人也曾访问或多次访问韩国。高层互访对于争取韩国高层对鲁韩经贸合作的支持，制订招商优惠政策、宣传山东投资环境、推介山东出口产品、推动重大项目落地以及为双方顺利开展经贸合作创造良好氛围等方面发挥了重要作用，从高层为鲁韩经贸合作创造了良好的软环境。

（二）开拓友城交往，为经贸合作提供重要渠道

友城是山东省对外交流合作的重要支点，对韩国友城交往注重实效，在推进鲁韩经贸合作方面也发挥了积极作用。山东省与韩国 7 个道、2 个市一直

保持密切交往，友城网络遍布韩国各地，交流渠道十分畅通。山东在韩国有两个正式友城：1993 年 9 月，山东省与韩国庆尚南道建立了友好省道关系；2009 年 12 月，与韩国京畿道建立了友好省道关系。此外，山东省与全罗南道、全罗北道、忠清南道、忠清北道、济州道、首尔市、仁川市建立了友好合作关系。山东省 17 个地级市都与韩国有关城市建立了友城或友好合作关系，其中，除枣庄、济宁之外，15 个市与韩国建立了正式友城关系。在县级市中，莱州、平度、胶南、乳山、文登等与韩国建立了正式友城关系。韩国友城领导人十分重视与山东省的经贸合作，多次率企业团来访，考察山东省投资环境，举办专题经贸洽谈会，随行企业进行对口洽谈；山东省代表团出访韩国友城，考察学习韩国工业园区建设经验，广泛接触韩国当地企业、商会，举办投资环境说明会。在韩国的友城成为山东省有关市地及企业对韩国经贸合作的重要渠道之一。

（三）举办大型活动，为经贸合作搭建交流平台

山东省两次与韩国驻华大使馆共同举办了"山东—韩国友好交流周"。在 2007 年友好周期间，在山东举办了 2007 中韩投资贸易洽谈会，组织济南企业 150 多人与韩国贸易投资代表团 120 多人进行了洽谈；组织韩国企业实地参观考察了济南高新区和齐鲁软件园。同时还举办了鲁韩文化交流及文化产业合作座谈会，山东省文化主管部门、新闻媒体、专家学者、文化企业 40 多人与韩国文化产业振兴院、文化企业代表就传统文化资源开发、文化产业基金构建和运营、文化产业人才培养、动漫及影视节目合作等进行了深入洽谈。在 2012 年鲁韩友好交流周期间，双方共同举办了"韩国大企业对华合作战略说明会""鲁韩金融合作交流会""鲁韩城市开发合作洽谈会""鲁韩医疗合作交流会"等一系列活动，山东省近 300 人与韩国企业、商会 120 多人参加了活动。

此外，协助山东省相关部门积极邀请韩国有关企业、相关组织机构参加了山东省举办的文化、旅游、农业、海洋渔业、环保、养老等有关领域的大型活动，为鲁韩企业合作搭建了广阔的交流平台。

（四）开展教育交流，为经贸合作提供语言人才支持

经贸合作离不开翻译，省外办积极推动山东省有关大学与韩国开展教育交流合作，为经贸合作培养了大量的语言人才。2012 年，推动山东省与韩国京畿道成立了"山东—京畿高校合作联盟"，两省道 39 所高校通过联盟建立了综合交流平台，推动教育资源共享，迄今双方已经轮流举办了四次会议，加强了高校之间的联系和留学生互派。

此外，省外办积极推动山东大学、山东师范大学、山东中医药大学与韩国昌原大学、蔚山大学、马山医学专门大学建立友好校际关系，互派教师和留学生。目前，山东省一大批在经贸领域工作的翻译人才就是毕业于山东省有关高校。省外办通过推动教育交流，为鲁韩经贸合作提供了语言人才支持。

（五）做好因公出国审批，为企业"走出去"提供绿色通道

在因公出国审批方面，省外办一直为全省对外经贸合作积极提供服务和便利。在全面严控因公出访的大环境下，2015 年省外办结合山东省实际，出台了《关于调整部分团组和人员因公临时出国管理政策的实施意见》，建立、完善经贸类团组出访"绿色通道"，多举措促进山东省外贸稳定增长和转型升级。一是对专程赴韩国执行威海中韩自贸区、烟台中韩产业园有关经贸任务的团组出台了政策支持；二是根据经贸工作需要，2015 年适当增加了出访计划；三是对执行重要经贸类任务、举办或参加境外展会，以及开展重大合作项目的团组，视情放宽了在外时间；四是企业人员出访批次、人数可以根据实际工作需要安排；五是实行"一次审批、一年内多次出国有效"的办法，企业可根据业务需要，确定适量经常赴特定国家、开展特定项目的业务人员。近年来，省外办在广泛走访、调研的基础上，有针对性地采取一系列有效措施，为山东省经贸团组顺利"走出去"，提供了积极服务。

（六）开展智库交流，为经贸合作提供智力支撑

智库交流对于深入研究、分析中韩经贸合作历史和现状、发展趋势、总结经验、提升经贸合作水平具有重要意义。省外办牵线搭桥，积极推动山东社科院与韩国京畿开发研究院共同轮流举办"山东—京畿发展论坛"。2004—

2015 年，双方已经连续举办 12 届论坛。鲁韩有关专家、学者就中韩自贸区建设、中韩战略新兴产业合作、中韩海上铁路轮渡、物流合作、养老合作等 20 多个课题进行了研讨，为推动鲁韩经贸合作提供了强有力的智力支撑。

二、推进山东与韩国经贸合作的主要成效

（一）推动建立了重要的对韩经贸合作机制

中韩自贸区建设给山东省对韩经贸合作带来重要机遇。省外办通过牵头协调、安排郭树清省长 2015 年 8 月访问韩国，在日程安排中，把拜会韩国经贸主管部门的时间作为重点日程首先给予保障，推动山东省与韩国产业通商资源部建立了省部会商机制，创新了合作模式；建立了副部级"山东省—韩国经贸合作交流会"制度，双方每两年轮流举办一次会议。

通过牵头协调、安排王军民副省长 2010 年 8 月访问韩国，与韩国国土海洋部就率先在威海开通中韩陆海联运项目达成共识，并推动青岛、烟台、日照、威海与韩国釜山港建立了"4＋1"战略合作机制。目前，山东省内青岛、威海、日照、石岛、龙眼、烟台共 6 个口岸已分别与韩国仁川、平泽、群山开通中韩陆海联运业务。

（二）签署了一批全面合作框架协议

通过接待韩国首尔市、仁川市、庆尚南道等地方政府领导人来访和安排省领导出访韩国，山东省与韩国地方政府签署了一批全面合作框架协议，把推动经贸合作作为重点，为今后山东省开展对韩国地方经贸合作奠定了坚实的基础。

通过接待韩国首尔市朴元淳市长 2014 年 11 月来访，郭树清省长与朴元淳市长签署了深化交流合作备忘录，就提升两省市合作关系、打造中小企业交流平台、环保合作平台、分享城市管理经验、加强高科技、高端制造业、物流、养老等现代服务业等领域的合作达成共识。

通过接待仁川市刘正福市长 2014 年 11 月来访，郭树清省长与刘正福市长签署了进一步加强合作的备忘录，两省市就提升交流合作关系、结合双方

港口机场优势打造物流合作平台，加强经贸、旅游、文化、教育等领域的合作达成共识。

通过接待韩国庆尚南道知事洪准杓 2015 年 10 月来访，郭树清省长与洪准杓知事签署了深化友好交流合作备忘录，两省道就加强产业交流、组织经贸机构和企业互访、增进文化、旅游、民间交往达成共识。

山东省与韩国地方政府之间签署的框架协议成为今后双方加强各领域务实合作的指导性文件，为开展对韩经贸合作奠定了坚实的基础。

（三）开拓搭建了一系列对韩经贸合作平台

按照省委外事工作小组"外事资源多向基层倾斜、给基层企业多搭桥"的要求，省外办积极协助对韩合作渠道比较少的基层组织和中小企业参加韩国友城举办的大型经贸活动。

近年来，组织参加的大型经贸活动有：庆尚南道亚洲经济大会暨中小企业对接会、庆尚北道东北亚联合会人文经济委员会会议、忠清北道世界有机农业产业博览会、忠清北道国际生物医疗博览会、忠清南道国际三农论坛、全罗南道国际农业博览会、东北亚国际论坛等。这些大型活动大部分都由韩方提供一定数量的免费名额，通过参加这些大型经贸活动，企业达成了诸多经贸合作意向。这些友城举办的大型经贸活动已经成为山东省基层组织和中小企业开展经贸合作的交流平台，同时也降低了他们参与对韩经贸合作的成本。

三、推进山东与韩国经贸合作的主要经验

（一）科学策划好高层访问对推进经贸合作十分重要

协调、安排省领导出访是省外办的重要职能。结合国家战略，科学策划好省委书记、省长等省领导访韩日程安排，对于推进鲁韩经贸合作发挥了重要作用。通过拜访韩国高层人士，宣传山东，达成合作共识，签署并建立了一批重要的对韩合作机制；通过走访韩国知名大企业，推动了山东省一大批重点项目的进展甚至签约；通过在韩国举办山东投资说明会，展示了山东良

好的投资环境。目前，高层访问对推进经贸合作的作用日益显现。

（二）与时俱进不断更新友城合作方向和内容

随着我国经济不断发展，山东省与韩国的友城在经济实力对比发生变化，不断调整友城合作的方向和内容。在中韩建交初期，山东与韩国友城经贸合作主要是招商引资，吸引对方劳动密集型企业来山东省投资，韩方看中的是山东省廉价劳动力成本和环保低成本；进入2000年以后，对韩经贸合作的重点变为吸引资金和技术密集型企业来山东投资，韩国的友城经常来山东举办产品销售洽谈会和旅游推介会，对方看中的是山东省巨大的消费市场；近年来，双方合作主要集中在服务业合作，韩方友城邀请山东省企业赴韩参加大型博览会，甚至对方友城领导人带队来山东省招商引资，山东省企业开始"走出去"。今后随着山东省经济的发展和中韩自贸区带来的机遇和挑战，山东省对韩国友城经贸合作的方向和内容要继续做好调整，增强针对性，不断创新对韩友城工作。

（三）发挥外事优势，增进经贸合作"软实力"

如果说促成产品出口、重大招商项目落户是经贸合作的"硬实力"，那么，外办服务山东经济发展的方式主要在提升山东知名度、展示山东形象、争取高层支持和民意基础、签署地方政府全面合作协议、学习借鉴韩方发展经济、促进出口的先进经验、为企业开展经贸合作提供洽谈机会和搭建交流平台等"软实力"方面，今后省外办将继续在提升合作软实力方面为开展对韩国经贸合作提供积极支持和服务。

第三节　省环境保护厅关于山东与韩国环保领域合作的调研

当前，山东省正处于工业化、城镇化快速推进的历史时期，经济社会发展与环境承载力不足的矛盾仍很尖锐，环境保护的形势异常严峻。加强对外交流合作，学习国外先进的环境管理经验和污染治理技术，对提升山东省环境管理和治理水平、促进环境质量改善具有重要意义。韩国与山东地缘相近、文化相似、经贸合作密切，双方在环境保护领域开展合作具有天然的优势，取得了丰硕的成果。

一、山东省与韩国环保合作基本情况

为促进山东省与韩国在环保领域的交流合作，省环保厅积极探索与韩国环境部及部分地方政府建立了合作关系，在环境政策、技术、人员及产业方面开展卓有成效的合作。

（一）畅通联系渠道，建立合作平台

1. 与韩国环境部密切合作

2005 年成立了山东省人民政府—韩国环境部环保事务合作委员会。事务委员会由双方政府部门及产业协会组成，主要活动包括：每年举办一次会议，每年互派环境研修团，举办鲁韩企业交流洽谈会议，合作开展环保课题研究、环境治理示范项目等。2014 年，在此框架下成立了"鲁韩大气合作技术咨询委员会"，由环保部门、科研机构及环保企业代表组成，共享大气污染防治的最新政策与技术。十一年来，以事务委员会为平台，双方合作交流活动十分活跃，取得了丰硕的成果。

2. 积极拓展与韩国地方政府的交流合作

一是与首尔市开展合作。2014 年省环保厅与首尔市气候环境本部签订了《关于合作改善大气质量的谅解备忘录》，确定在大气污染防治及改善大气环境质量方面开展合作；在济南举办了山东省—首尔市环境技术合作论坛，双方政府部门、环境科研机构和环保企业互相交流大气污染防治政策与技术，共同探索建立山东省—首尔市官产研大气环境合作体系。将济南市作为中韩大气质量改善示范城市，积极推动大气质量改善联合项目，双方研究院进行互访，就区域污染物输送、雾霾成因机理等内容开展联合研究。二是与京畿道开展合作。2014 年省环保厅与京畿道环境局建立了联系，开展了人员互访，双方签署了《合作谅解备忘录》，将开展技术、政策、信息、产业与人员交流。

3. 建立与韩国大企业集团的合作

与浦项、希杰等韩国大企业集团建立了联系与对话，拓展了合作领域。2015 年 8 月，省环保厅、商务厅与韩国浦项 ICT 株式会社签订了合作协议，计划开展环保领域的交流合作及项目开发。

（二）举办多种活动，人员交往密切

1. 互派人员进行研修

山东省与韩国自 2005 年起每年互派环境研修团，由政府部门、产业协会、企业人员构成。至 2015 年，山东省共派出 158 人次赴韩国研修与访问，了解了韩国的环境管理政策和技术，实地考察了韩国的优秀环境治理项目，取得了良好的效果。通过外专引智项目，2012 年省环保技术服务中心邀请韩国环境产业技术院宋吉钟咨询官到山东省工作一年，完成了《中韩大气污染防治环境政策的比较研究》等课题研究。2015 年，省环保技术服务中心派员参加韩国政府资助的"全球环境奖学金项目环境政策硕士学位课程"。

2. 举办形式多样的交流活动

自 2005 年以来，山东省与韩国联合举办了各类环境政策、技术、项目说明会、洽谈会、对接会等活动 16 次，选择了双方的优秀环保企业进行展示，增进了相互了解，提供了更多的合作机会。2015 年在青岛、烟台举办的中国山东环境政策说明会，向 200 余家在山东投资发展的韩国企业宣讲了国家及山东省的环保法律法规、政策、标准。在 2015 年举办的鲁韩企业合作论坛上，双方各 2 家企业签署了鲁韩企业共同成长合作备忘录，共享市场信息，构建鲁韩企业合作网络。

3. 积极参加双方举办的展会

韩方对山东省举办的生态山东建设高层论坛暨绿色产业国际博览会给予大力支持，环境部次官出席了前五届绿博会开幕式，环境部长官出席了 2014 年第六届绿博会开幕式，韩国企业以国家展团形式参展了历届绿博会，山东省也积极组织企业参加韩国举办的绿色生活展等活动。双方企业在展会上得到了更多交流洽谈的机会，韩国环境产业协会、电力株式会社、洁宜特公司等近 20 家机构和企业与山东的合作伙伴签署了合作协议。

（三）精心选择项目，产业合作开花结果

在鲁韩环保合作事务委员会框架下，经过双方环保部门、产业协会和环保企业的共同努力，产业合作取得了良好成果。尤其是近几年来，围绕大气污染防治这一重点任务，双方合作开展了多个示范项目。

（1）2014 年合作开展了"火力发电厂脱硝设备安装示范项目"，在山东华泰热力有限公司开展脱硝工程示范，韩方提供 10 亿韩元（约 600 万元人民币）赠款，该项目已经完工投入运行，对推进鲁韩环保合作，改善空气质量有着积极的示范推广作用。

（2）2014 年济南市环境监测站与韩国技术院在 VOC 监测方面开展技术合作，韩方赠送了一台价值 70 万元 VOC 监测设备，目前已投入使用。

（3）在韩国环境部 200 亿韩币（1.1 亿人民币）韩中大气污染防治基金的支持下，2015 年双方合作开展了鲁韩钢铁行业大气污染防治示范项目。通过多轮选拔、洽谈与实地考察，山东泰山钢铁集团有限公司等 4 家中方企业与浦项制铁等 3 家韩国企业合作开展了 3 个烧结机除尘示范项目，总金额 8199 万元。

二、山东省与韩国环保合作的经验与启示

经过十余年的努力，山东省与韩国的环保合作取得了良好的成果，主要有以下经验。

（一）建立稳定高效的对话交流机制

鲁韩环保合作事务委员会的成立，开启了山东省环保领域对外合作的新局面，为山东省与韩国的环保合作发挥了重要作用。随着这一合作机制越来越完善，还在此框架下成立了大气咨询委员会等机构，双方合作越来越深入，沟通越来越顺畅。这一机制为推动山东省与世界其他地区和国家的环保交流，加快山东省环保产业国际化提供了经验。借鉴鲁韩环保合作模式，山东省可利用友城关系，探索建立更多的双边与多边环保交流合作机制，进一步扩大山东省环境保护国际交流合作领域。

（二）打造环保对外合作大格局

鲁韩环保合作过程中，充分动员和组织社会各方面力量参与。政府部门、科研机构、社会团体和企业各自发挥作用、密切配合，合力开展各项工作。在政府层面，得到了省财政、外事、商务、外专等部门的大力帮助与支持。在科研和技术方面，省环科院、省环境学会、山东大学等高校作出了很大贡献。一大批省内优秀环保企业的积极参与，是促成双方合作的重要保证。

（三）坚持国际合作服务环保工作大局的原则

把解决山东省环保工作中的实际问题作为开展鲁韩环保合作的出发点和落脚点，充分学习吸收韩国在环保政策和技术方面的先进做法，为我所用。围绕大气污染防治、水污染防治、固废处置、生态修复等重点，引进韩国成熟的治污技术、先进的管理经验、可行的项目资金，用于提高山东省环保技术装备和管理水平、改善生态环境质量。

今后，我们将不断总结经验，与韩国在环保领域开展更广泛、更深层次的交流，例如在绿色金融、环保服务业等新领域尝试开展合作。在巩固现有合作渠道的同时，不断开拓新的合作模式，并探索制定相关政策和配套措施，一方面帮助引进的环保技术尽快落地投产，切实为改善山东省环境质量发挥作用，另一方面将山东省先进的环保治理技术和装备介绍到韩国，鼓励和支持山东省环保企业"走出去"。

第四节　省金融工作办公室关于山东与韩国金融合作的调研

为全面掌握山东省鲁韩金融合作情况，为省委开展有关重大研究课题项目提供参考，省金融办广泛调度了驻鲁金融管理部门以及青岛、烟台、威海三市与韩国金融合作情况，并以此为基础，研究起草了《关于鲁韩金融合作有关情况的调研报告》。有关情况如下。

一、鲁韩金融合作基本情况

近年来，山东省抢抓中韩自贸区机遇，全面深化金融改革，努力提升对外开放水平，鲁韩金融合作逐步迈向深入。

（一）推动力度不断加大

山东省委、省政府高度重视鲁韩金融合作。中韩自贸协定签署后，省政府多次召开会议研究部署与韩国金融合作事宜；并围绕李克强总理访韩期间中韩双方达成的 5 项金融合作成果，第一时间向国务院呈报了《深化中（鲁）韩金融合作方案》，争取在借用在韩人民币资金、境外发行债券、联合开展股权众筹融资试点、促进区域性股权市场和韩国柯斯达克市场合作等方面率先突破，全面推动鲁韩金融合作，引领带动中韩自贸区建设。烟台、威海等市依托地缘、产业优势，主动抢抓中韩自贸区机遇，以对韩金融合作为突破口，加快推进中韩（烟台）产业园、威海中韩自贸区地方经济合作示范区建设，取得了初步成效。

（二）韩资金融机构集聚发展

推动韩资金融机构来鲁设立地区总部、中韩合资及各类型子公司和分支机构。截至 2015 年年底，已有 6 家韩资银行在山东省设立了 8 家分支机构，分别是产业银行、友利银行、韩亚银行、新韩银行、企业银行和釜山银行，其中，青岛市 5 家、烟台 2 家、威海 1 家。韩资保险机构 3 家，分别是三星财险、现代财险、中银三星寿险，主要集中在青岛和烟台地区。

（三）业务往来更加频繁

一是开展对韩跨境人民币借款试点。2015 年，青岛成为全国首个也是唯一一个允许境内企业从韩国银行机构借入人民币资金的试点地区。截至 2015 年年底，青岛市共有 25 家企业从 7 家韩国银行机构办理了人民币借款 23.3 亿元。为在全省推开试点工作，人民银行济南分行研究拟定了《山东省跨境人民币借款业务试点管理办法》并上报总行，明确了企业从韩国银行机构借入

人民币资金的条件、额度、流程、监督管理等事项。二是启动互换项下韩元
贷款业务。青岛市在全国率先开展了中韩货币互换项下韩元贷款业务，当地
多家银行的韩元贷款业务实现突破。三是完善人民币兑韩元区域柜台报价机
制。在青岛、烟台、威海等市开展了韩元现汇柜台报价业务试点。至 2015 年
年底，17 家银行业机构累计办理韩元现汇业务 5952 笔，金额 44911 万元人民
币，交易量居全国非国际主要储备货币（新台币、韩元、越南盾、哈萨克斯
坦坚戈、老挝基普）柜台挂牌交易额首位；为企业节省汇兑成本超过 800 万
元。四是推动鲁韩双边本币结算。通过强化政策宣传、召开鲁韩跨境双边本
币推进会等方式，提升双边本币在贸易和投资中的使用率。2015 年，全省超
过 1200 家企业对韩采用本币结算，结算金额 216 亿元，同比分别增长 85.9%
和 1.2%。

（四）交流合作日益加强

推动鲁韩银行机构加强业务合作。2015 年，青岛银行与釜山银行、进出
口银行山东省分行代表总行与新韩银行分别签订了《金融战略合作协议》，力
争在支付结算、贸易金融、金融市场等业务领域深化合作。积极对接韩国资
本市场。继 2006 年与韩国证券期货交易所（现合并为"韩国交易所"）签订
合作备忘录以来，山东省持续加大工作力度，通过举办山东企业韩国上市说
明会、赴韩发债培训会等方式，推动省内企业择机赴韩上市、发债。探索建
立监管合作机制，驻鲁金融管理部门先后与韩国金融监督院金融中心、韩国
预托结算院等进行了接洽，拟在监管方面开展多种形式的对话和协作。另外，
深入开展多种交流和培训活动，首届中日韩绿色金融研讨会在山东成功举办。

二、鲁韩金融合作存在的问题

（一）合作水平有待提高

与兄弟省份的跨境金融合作相比还存在一定差距。吉林省早在 2015 年 9 月
就推动建立了"延边州区域韩元现钞统一挂牌机制"，全州已有 4 家银行、超
过 90 个银行营业网点、十余个外汇兑换点为社会公众提供韩元现钞买卖交易

服务。目前，山东省韩元现钞交易中心正在探讨阶段，韩元现钞使用试点、对韩人民币现钞跨境调运、韩元现钞调运等业务尚未突破。金融合作机制有待健全，缺乏类似"中俄金融联盟"级别的合作平台。

（二）跨境系列业务存在制约

在人民币国际汇率波动和境内外利差持续缩小的背景下，跨境人民币贷款、人民币跨境结算、韩元互换等业务面临"叫好不叫座"的尴尬局面。以跨境人民币贷款为例，2015 年以来，央行先后 5 次降息降准，目前境内一年期人民币贷款基准利率 4.35％。与此同时，境外机构提供的一年期贷款报价在 3.8％—4.08％，加上其他相关费用，客户办理跨境人民币贷款业务的综合资金成本已高于境内人民币贷款业务。

（三）机构引进培育工作亟须加强

受制于资产规模、业务模式、客户群体等因素，韩资银行在省内的品牌认知度和影响力较中资机构和渣打、花旗等外资银行明显不足，加之经济下行压力加大、不良处置工作面临实际困难，本地业务拓展缓慢。另外，目前山东省尚无 1 家韩资证券期货公司；韩资保险分支机构数量相比北京、上海也有明显差距。

（四）涉韩金融服务能力有待提升

山东省法人金融机构跨境服务能力与涉韩企业金融需求存在差距，尤其缺乏规模实力大、有一定国际影响力的地方银行机构。以威海市商业银行为例，自 2010 年开办国际业务以来，受制于境外机构授信额度较低等因素，该行跨境金融服务特别是跨境融资和境内外资金管理业务基本无法开展。赴韩上市尚未突破，目前山东省没有一家企业在韩国交易所挂牌上市。

三、深化鲁韩金融合作的重点任务

随着中韩自贸协定的逐步落实，鲁韩经济依存度将进一步加深，金融合作扩容升级成为大势所趋。下一步，在推动双方金融合作方面，重点应做好以下工作。

（一）促进企业跨境融资

将目前在青岛市开展的企业自韩国银行机构借入人民币资金试点推广到山东全省。推动中韩货币项下韩元贷款业务发展。申请纳入外债切块管理改革试点范围，提高境外发债募集的人民币资金调回境内使用比例。探索合资合作建设股权众筹平台，主要服务于鲁韩两地科技创新、文化创意、信息通信、先进制造等创业创新项目。

（二）完善韩元汇兑机制

争取推动山东省符合条件的法人银行机构成为银行间外汇市场人民币对韩元交易的做市商。探索建立山东韩元现钞交易中心。争取开展韩元现钞使用试点、对韩人民币现钞跨境调运、韩元现钞调运等业务。进一步提升双边本币在贸易和投资中的使用率。

（三）推动韩资金融机构入鲁发展

一是加大韩资金融机构引进培育力度。吸引符合条件的韩资金融机构来鲁设立外商独资、合资金融机构或设立分支机构，支持韩资金融机构在山东省设立研发机构、服务中心和地区总部。鼓励驻鲁韩资银行机构拓展分支机构，拓宽业务范围，提升风险防控有效性。二是支持中韩银行业金融机构加强战略合作，鼓励地方中小法人银行机构积极引进韩国金融机构作为战略投资者，支持中韩银行业金融机构开展业务交流、人才引进、技术引进等；三是支持发展跨境金融业务。引导银行机构加强产品和服务创新，通过开展跨境并购贷款和项目贷款、内保外贷、跨境资产管理和财富管理业务、房地产信托投资基金等，为本地企业"走出去"提供一站式的金融服务。

（四）引导企业进入对方资本市场

推动山东区域性股权市场与韩国柯斯达克市场合作，争取实现两地市场双向开放。推动山东省区域性股权市场成为特别推荐商，筛选推荐高成长性、科技型中小企业进入韩国柯斯达克市场上市。促进双方市场在企业培育、信息披露与管理及风险处置等技术和制度层面的交流互鉴。探索设立鲁韩资本市场投资基金，对两地市场挂牌（上市）企业进行股权、债权投资。

（五）加强市场建设与监管合作

建立畅通的信息沟通交流机制，共同规范双边挂牌（上市）企业的市场行为。开展人员互访、培训等人才合作交流机制。建立两地市场监管部门协商工作机制，统筹协调监管安排，形成并逐步完善鲁韩资本市场监管合作的长效机制。

第五节　省政府研究室关于国内部分省市与韩国经贸合作实践经验的调研

近年来，江苏、浙江、陕西、吉林、重庆等省市都把积极融入国家"一带一路"、中韩自贸区战略作为开放型经济发展的重大机遇，深化各领域交流，加强对韩国经贸合作，突出产业园合作，突出"招大引强"，构建合作机制，取得明显成效。

一、部分省市与韩国经贸合作的主要情况

（一）江苏省：对韩贸易整体波动上升，重大项目聚集加快

近年来，借助中韩自贸协定、中韩产业园、中日韩泛黄海会议等合作机制，不断扩大合作空间，深化合作领域，尤其在大项目引进方面实现新突破。目前，韩国是江苏省的第五大贸易伙伴，第七大投资来源地。

2011—2014年，江苏省对韩国进出口总额呈现整体上升的趋势，2012年略有下降，2011年、2013年、2014年稳定增长。出口方面，2011年和2013年增长，2012年和2014年下降；进口方面，2013年和2014年增长，2011年和2012年下降。具体情况如表14-1所示。

表 14 - 1 江苏省 2011—2014 年对韩进出口情况

（单位：亿美元）

年度	进出口总额	同比（%）	出口额	同比（%）	进口额	同比（%）
2011	566.42	5.2	166.63	21.4	399.79	-0.4
2012	548.93	-3.1	163.94	-1.6	384.99	-3.7
2013	582.57	6.1	167.47	2.2	415.1	7.8
2014	593.27	1.8	166.37	-0.7	426.9	2.8

资料来源：内部资料整理而成。

2015 年 1—11 月，江苏省与韩国进出口贸易总额为 531 亿美元，同比下降 1.9%。其中出口 152 亿美元，同比下降 0.6%，进口 379 亿美元，同比下降 2.4%。

对韩贸易呈现三个特点：一是贸易方式以加工贸易为主，出口占比为 52.3%，进口占比为 59.8%；二是经营主体以外资企业为主，占出口的 70.1%，进口的 80%；三是电子产品占比大，集成电路出口占全部出口的 20.2%，出口排第二、第三位的是存储器和钢材，分别占 18.4% 和 12.2%。进口最多的商品也是电子产品，集成电路进口占全部进口的 40%，第二位、第三位是液晶显示板和苯乙烯，分别占进口的 17.2% 和 3.9%。

利用韩资起伏大但结构趋于优化。2011—2014 年，韩国在江苏投资项目个数呈逐年下降的趋势；合同外资金额呈现整体下降趋势，在 2012 年出现小幅上升；实际使用外资呈现下降—增长—下降—增长的变化，具体情况如表 14 - 2 所示。

表 14 - 2 江苏省 2011—2014 年利用韩资情况

（单位：亿美元）

年度	项目个数	同比（±%）	合同外资	同比（±%）	实际使用外资	同比（±%）
2011 年	211	-18.85	18.86	-3.16	8.18	-20.94
2012 年	195	-7.58	18.88	0.11	9.95	21.68
2013 年	191	-2.05	14.34	-24.07	7.22	-27.45
2014 年	185	-3.14	8.21	-42.69	9.22	27.76

资料来源：内部资料整理而成。

2015 年 1—11 月，韩国在江苏投资大幅回升，投资项目 224 个，同比增长 43.59%；合同外资 9.92 亿美元，同比增长 61.89%；实际到资 4.82 亿美元，同比下降 44.98%。其中，投资项目个数和合同外资均超过 2014 年全年总量。虽然利用韩资有起伏，但投资结构总体趋向优化。2014 和 2015 年 1—11 月，第三产业成为韩资进入的重点领域，投资项目数量占比多，投资额度第二产业仍然占大头，约占 80% 以上。具体情况如表 14-3 所示。

表 14-3　江苏省利用韩资结构情况

（单位：亿美元）

年度	项目个数	占比（%）	合同外资金额	占比（%）	实际使用外资	占比（%）
2011 年						
一产	6	2.9	0.8	4.2	0.23	2.8
二产	141	66.8	17.1	90.7	7.71	94.3
三产	64	30.3	0.96	5.1	0.24	2.9
2012 年						
一产	10	5.1	1.7	9	0.58	5.8
二产	108	55.4	15.79	83.6	8.96	90.1
三产	77	39.5	1.39	7.4	0.41	4.1
2013 年						
一产	2	1	0.16	1.12	0	
二产	109	57.1	13.04	90.93	6.88	95.3
三产	80	41.9	1.14	7.95	0.34	4.7
2014 年						
一产	5	2.7	0.31	3.8	0.002	0.02
二产	72	38.9	7.27	88.4	8.97	97.29
三产	108	58.4	0.64	7.8	0.25	2.7
2015 年 1—11 月						
一产	1	0.4	0.05	0.5	0.003	0.06
二产	94	42	8.31	83.8	4.49	93.2
三产	129	57.6	1.56	15.7	0.33	6.8

资料来源：内部资料整理而成。

产业合作园区建设取得突破进展。盐城是江苏对韩合作的重点城市之一，也是中韩产业合作园建设的重点区域。近几年，中韩盐城产业园建设取得巨大成功，成为中韩产业合作的典范。产业园总面积为 210 平方公里，启动区 45 平方公里，下设盐城经济技术开发区、盐城城南新区、大丰港经济区三区。国家级盐城经济技术开发区作为中韩盐城产业园的核心区，规划面积 100 平方公里，重点发展汽车、新能源汽车、光电光伏、智能装备制造、软件及服务外包和电商物流六大产业，着力打造中国沿海汽车城、韩资工业园、盐城综合保税区、新嘉源人才公寓、韩国社区"五大功能平台"。截至 2015 年 7 月，韩资工业园入园企业近百家，完成投资 152 亿元。占地 200 亩的韩国社区集商业餐饮、文化休闲、体育卫生、教育培训于一体，为韩企和韩国人才提供"一站式""全天候"服务和多功能活动场所。城南新区规划面积 40 平方公里，重点发展大数据产业和健康美容产业，着力创塑"韩国美容、盐城品牌"。大丰港经济区致力发展临港物流、重型装备等产业，将形成自然与人文融为一体的工业之城和具有韩国风情的工业城区。经济发展目标是到 2020 年，产业园 GDP 突破 1000 亿元，到 2030 年，产业园 GDP 突破 3000 亿元。

盐城"东风悦达起亚"汽车项目，是中韩产业合作的成功典型，具有很好的示范性。经过十多年发展已经成为我国沿海第三大汽车制造基地。

重大项目不断聚集加快发展。江苏注重大项目的引进，源于韩国的世界 500 强企业不断扎根江苏快速成长。苏州引进的三星电子液晶显示高世代 TFT - LCD 面板项目投资 30 亿美元，2011 年 5 月开工，2014 年 6 月月产能已达 5.5 万片，产品优良率达 90%。无锡市分别引进了三星、SK、现代、LG、GS、斗山、联合铁钢、新韩银行等著名大企业，SK 海力士、三星康宁一批重大项目渐次落户无锡，特别是 SK 海力士半导体，截至 2014 年年底，SK 海力士无锡公司历经四次增资、三次技术升级，投资总额由最初的 20 亿美元增至 106.55 亿美元，成为江苏省首个超百亿美元外资项目，实现了资本、产能、技术、利润的同步快速增长。2014 年公司实现销售 20.5 亿美元。盐城市 2002 年引进韩国起亚汽车公司，成立东风悦达起亚汽车有限公司，经过十年发展，从两个工厂到新建第三工厂投产，年产整车 73 万辆，使得盐城一举成为我国沿海继上海、广州后的第三大汽车制造基地。

（二）浙江省：国际产业合作园成为重要抓手

对韩经贸活动扎实开展。2014 年，双方贸易额实现 136.1 亿美元，同比增长 2.4%。其中出口 62.7 亿美元，同比增长 7.2%，进口 73.4 亿美元，同比下降 1.3%。2015 年前 11 个月浙江省与韩国双边贸易额达 111.0 亿美元，同比下降 11.03%；其中出口 58.7 亿美元，同比上涨 2.70%，进口 52.3 亿美元，同比下降 22.63%。"十二五"期间，韩国作为浙江省第 4 大贸易伙伴、第三大进口来源地。在对韩贸易方面表现出三个提升：

一是一般贸易占比逐年提升。2015 年一般贸易占七成有余。前 11 个月以一般贸易方式对韩进出口达 86.7 亿美元，同比下降 7.0%，占同期对韩进出口总值的 74.5%，比 2014 年提高了 3 个百分点。其中出口为 46.5 亿美元，同比上涨 3.8%，占同期对韩出口总值的 79.2%。

表 14-4　浙江省"十二五"对韩进出口一览表

（单位：万美元）

年份	一般贸易	同比增速（%）	加工贸易	同比增速（%）	其他贸易	同比增速（%）
2011 年	961753	33.27	339311	18.76	116239	41.75
2012 年	952166	-1.00	315254	-7.09	129039	11.01
2013 年	944373	-0.82	315364	0.03	69348	-46.26
2014 年	970124	2.73	324647	2.94	66428	-4.21
2015 年 1-11 月	826900	-6.98	224949	-25.10	58154	-0.37

资料来源：内部资料整理而成。

二是民营企业经贸合作主导地位提升。民营企业作为对韩贸易往来的主力军，进出口规模逐年提升，从 2011 年对韩贸易占比 46.02%，到 2015 年占比 55.24%，平均每年增长近 2 个百分点。三资企业也是一支不可小觑的力量，五年来进出口规模占比平均达到 4 成左右。

三是机电高新产品出口比重提升。2011 年以来，机电和高新产品出口始终占据对韩出口的 40% 以上，2015 年前 11 个月出口机电高新产品 24.3 亿美元，同比增长 6.27%，成为出口商品中的领军者。与此同时，农产品出口同比由 2014 年的正增长转为 2015 年的负增长，前 11 个月农产品出口仅为 0.96

亿美元，同比下降62.12%；轻工产品、纺织服装累计出口占对韩出口的两成以上，近五年来（2011年—2015年11月，下同）轻工产品、纺织服装出口增长保持相对稳定。

表14-5　浙江省"十二五"对韩主要出口商品一览表

（单位：万美元）

年份	机电高新	同比增速（%）	轻工产品	同比增速（%）	纺织服装	同比增速（%）	农产品	同比增速（%）
2011年	230968	21.05	33574	6.94	79823	24.37	6306	84.1
2012年	227946	-1.31	35779	6.57	72575	-9.08	11609	34.32
2013年	238977	4.84	43006	20.2	83446	14.98	15593	34.99
2014年	252122	5.5	54477	26.67	87286	4.6	21048	24.88
2015年 1—11月	243008	6.27	62266	25.44	92523	15.48	25214	-62.12

资料来源：内部资料整理而成。

着眼开放型经济发展，大力推动产业聚集区整合提升，培育产业合作平台，是浙江加强对韩合作的重要抓手。印发《浙江省商务厅浙江省财政厅关于创建国际产业合作园的通知》，组织评审首批10家"国际产业合作园"，包括温州浙南沿海先进装备产业集聚区和瓯江口产业集聚区的浙江中韩产业合作园（温州韩国产业园）。"温州韩国产业园"是中韩自贸区完成实质性谈判后我国第一个由地方政府构想规划、与韩国合作建设的产业园区。总规划面积约30平方公里，位于瓯江口新区和温州经济技术开发区，将建成一个以高新技术为先导、现代工业为主体、时尚产业为重点的现代产业园区。2014年11月，温州市政府和韩国中小企业中央会签署了《关于合作建设温州韩国产业园的框架协议书》，签约引进"韩国时尚新天地""医乐园"两个总投资近130亿元的重大产业项目。"韩国时尚新天地"就是打造时尚产业、建设时尚之都，把韩国时尚商品、时尚元素吸引过来。让温州人不出国门就能买到韩国的东西。"医乐园"就是以综合医院为主，辅设美容整形中心、月子中心、抗衰老中心、健康中心、老年疗养中心及康复中心，并开设兼具复合医疗功能的医疗酒店、食疗中心、SPA水疗等相关配套设施。

（三）陕西省：突出大项目引进带动和服务业合作

截至 2015 年 11 月底，陕西共有韩国三星电子、SK 集团、韩亚银行等 243 家韩资企业落户陕西。其中 2014 年新落户韩国企业 36 家，2015 年新批 25 家韩国企业，这 25 家企业前 11 个月共投入合同外资 1.1 亿美元，增长 50.29%；实际利用外资为 1.8 亿美元，增长 58.83%。先期落户韩资大项目带动作用日益显现，相关配套产业不断聚集。2012 年 9 月一期投资 70 亿美元的 12 英寸闪存芯片项目在西安高新区落户。该项目是改革开放以来陕西省引进的最大外商投资项目，也是国内最大的电子类外商投资高新技术产业项目。随着三星项目建成投产，一批与三星项目密切相关的配套企业陆续落户陕西，吸引了包括美国空气化工、日本住友、韩国东进世美肯、华讯微电子等一大批国内外企业入驻。2013 年三星电子增资 5 亿美元启动了存储芯片封装测试项目。目前，西安三星芯片工厂成为三星在海外投资的唯一一个集存储芯片制造、封装测试于一体的工厂。2014 年，陕西省与三星 SDI 公司、环新集团签署了三方投资建设汽车动力电池生产基地的合作协议，将在西安打造我国最大的汽车动力电池生产基地。

在对外贸易形势严峻的情况下，陕西对韩贸易却逆势大幅增长。2014 年，陕西与韩国进出口 28.56 亿美元，增长 58.62%，占全省进出口总值的 10.4%。其中出口 13.51 亿美元，增长 246.58%，进口 15.05 亿美元，增长 6.68%。2015 年前 10 个月，陕西与韩国进出口 33.27 亿美元，增长 60.99%，占全省进出口总值的 13%。其中出口 15.67 亿美元，增长 94.39%，进口 17.6 亿美元，增长 39.63%。从贸易种类看，陕西对韩国出口的商品主要有纺织品，农产品（干豆、柿饼、植物提取物），矿产品（重晶石、钼精矿、硅），纺织品，化工产品，单晶硅，不锈钢材，印制电路用覆铜板，各类金属制品（钼、镁、钛），制冷压缩机，用作存储器的集成电路，飞机发动机零配件、汽车安全气囊。陕西从韩国进口的主要商品有检验测量仪器、输变电设备、印刷电路，各类机床，集成电路，石油沥青、半导体制造设备、阀门、气体净化装置、铜及不锈钢制品、硅。

近年来，陕西省以人文交流合作促进服务业发展。先后举办"陕西—韩国友好周""陕西文物精品展""韩国旅游文化节"等活动，传递了"和谐"

"友善""互相尊重、互相学习"的理念。以此为契机，不断拓展文化教育、医疗卫生、金融服务等交流合作。一是文化教育方面。2014 年 1 月"中韩教育中心"在西北大学挂牌成立，该中心以西北大学为主导，与韩国的首尔市立大学、檀国大学、建国大学、国立忠北大学、国立群山大学和韩南大学密切合作，共同设立，旨在为陕西高校搭建中韩教育平台，组建中韩教育合作院校联盟，共同推动中韩教育校校合作、校企合作，为陕西经济发展培养国际化的优秀人才；二是金融服务方面。2014 年 3 月 27 日，韩国第三大银行——韩亚银行（中国）有限公司在西安设立分行。2014 年 4 月韩国中小企业振兴公团西安代表处正式成立；三是旅游合作方面。2013 年韩国旅游发展局西安办事处正式成立，陕西与韩国自 2009 年开通直航以来，西安飞往首尔、釜山、济州岛的航班实现常态化运营，2015 年还开通了飞往江原道的包机航线。据统计，2014 年来陕旅游的韩国游客达 23 万人次，同比增长24.4%，已成为陕西省第一大旅游客源国。

（四）重庆市：对韩贸易突破性上升，对韩招商引资力度大、质量高

2011 年对韩进出口 8.21 亿美元，同比增长 57.04%；其中出口 2.22 亿美元，同比增长 17.66%；进口 5.99 亿美元，同比增长 79.25%。2015 年 1—11 月对韩国进出口 42.56 亿美元，同比下降 39.72%；其中出口 20.77 亿美元，同比增长 110.48%；进口 21.79 亿美元，同比下降 64.12%。2015 年 1—11 月较 2011 年进出口总额翻了 5.18 倍，年均增长 38.97%；其中出口总额翻了 9.36 倍，年均增长 56.41%；进口总额翻了 3.64 倍，年均增长 29.46%。重庆对韩出口商品机电产品占比大，主要包括用作储存器的集成电路、品目 8471 所列其他机器零附件、锂离子蓄电池、其他制造平板显示器用的机器及装置等。相关数据如表 14－6 所示。

表 14－6　重庆市"十二五"时期对韩进出口一览表

（单位：万美元）

年份	进出口总额	同比（%）	出口总额	同比（%）	进口总额	同比（%）
2011	82106.47	57.04	22184.47	17.66	59922.00	79.25
2012	127913.11	55.79	40763.17	83.75	87149.94	45.44
2013	190111.39	48.63	65614.41	60.96	124496.98	42.85
2014	750018.08	294.60	111585.71	70.06	638432.37	412.98
2015	425573.78	－39.72	207684.65	110.48	217889.13	－64.12

资料来源：内部资料整理而成。

2014 年，重庆新批韩国外商投资企业 17 家，合同外资 1.7 亿美元，实际使用外资 3.8 亿美元。2015 年 1—10 月，全市新批准韩国外商投资企业 23 家，合同外资 3.0 亿美元，实际使用外资 2.9 亿美元。截至 2014 年年底，韩国入渝投资企业已有 132 家，预计至 2015 年年底将超过 200 家，包括了现代、SK、三星、LG、浦项、乐天、韩华等世界 500 强及韩泰、锦湖石化、韩进、希杰等韩国大型企业；韩国友利银行、新韩银行、韩国东部财产保险等金融企业已进入重庆；投资领域涵盖汽配、机械、电子、交通、商业、建材、食品饮料、科教文化、城建房地产、进出口贸易等；其中入驻两江新区韩资企业及机构近 100 余家，涵盖了在渝的绝大部分韩国大中型企业。现在渝 1000 多名韩国人，70%居住在两江新区。

（五）吉林省：突出合作平台建设

吉林省对韩贸易规模整体偏小，2013 年与韩双边贸易完成 7.2 亿美元，贸易结构不合理，出口主要是劳动密集型、低附加值产品为主；双边投资不活跃，截至 2015 年 6 月，全省累计现存韩国企业 615 家，累计现存企业合同外资 8.98 亿美元，累计直接利用外资 17.2 亿美元。双边投资的主要行业有：仓储物流、农副产品加工、食品加工、汽车零部件制造、批发零售及软件开发等。近年来，随着中韩经贸合作的日益加深，尤其是中韩自贸区的建立，吉林加大与韩国经贸合作关系，不断优化环境，拓展合作空间，一批韩国大企业逐步进入吉林，三星集团、浦项集团、现代集团等世界 500 强企业，乐天集团、锦湖韩亚集团、烟草人参公社等知名跨国企业均进入吉林投资，投资领域包括：汽车零部件制造业、冶金建材、农副产品加工、食品加工、批发零售、软件开发及仓储物流业。世界 500 强企业韩华集团正在和吉林延边州洽谈水上乐园和度假村等项目合作。

近年来，吉林省积极推动建立多个层次对韩合作平台，包括中国—东北亚博览会、东北亚经济合作论坛、大图们倡议、东北亚地区地方政府首脑会议、中国东北三省—韩国经济合作论坛等，并积极利用这些平台与韩国政府和企业定期开展交流对话，进行多层次、宽领域的务实合作，取得了较好成效。以"长吉图"区域为核心、以珲春浦项现代国际物流园区为基础建设的中韩（延边）产业园进展顺利。该产业园计划占地面积 17 平方公里，2020年产值力争达到 1000 亿元，分别建设国际物流产业园、健康科技产业园、生态食品产业园和电子信息产业园 4 个功能区。目前，该项目一期投入试运营，二期正在施工。韩国人参公社、亚泰集团、吉林紫鑫初元药业、中国白头山实业公司等多家企业已纷纷入驻。2015 年 10 月，吉林省正式加入东北亚地区地方政府联合会，进一步深化与韩国等东北亚国家的交流合作。

人文交流合作不断提升。充分发挥地缘、文化、传统相近优势，加强与韩人文交流。目前，吉林省 7 个市（州）与韩国相关市郡建立了稳定的交往关系，5 个市（县）与韩国相关地方政府建立了友好交流关系。在吉林省留学的韩国大学生近 3000 名，韩国中小学生有 400 多名。

二、部分省市与韩国经贸合作的主要做法

（一）建立高层推动机制

陕西把双方高层互访作为推动加深合作的重要机制。2012 年 11 月，陕西省与韩国知识经济部签订了《大韩民国知识经济部和陕西省人民政府关于加强经贸合作的备忘录》，双方将在绿色产业、可持续发展、产业优化升级、民生改善、创造就业岗位等共同关切领域加强交流与合作。2013 年陕西借助韩国总统访问，推进韩陕全面交流与合作。同年 11 月，陕西与韩国签署中小企业合作谅解备忘录，达成中韩中小企业合作长效机制，推进双方在贸易、投资、技术、管理及人员交流方面的合作。备忘录内容包括：为加强合作，双

方领导或委派代表每年择时召开工作会议，评价本备忘录的内容进展情况，探讨新的合作领域，拟定合作便利化措施。双方支持各自相关部门或机构在对方设立代表机构并给予帮助，建立经常性联系和交流，为企业间合作牵线搭桥。双方同意共同推动在陕西建立"韩国中小企业产业园区"，在韩国建立"陕西产品营销中心"等，促进双方深化合作。2014年4月，陕西省与韩国釜山市签署友好交流合作协议。根据协议，双方将持续加强民间友好交流，共同促进旅游、教育、经济、影像等领域实质性的合作与交流。2015年9月，陕西省与韩国中小企业厅共同签署了《中华人民共和国陕西省人民政府与大韩民国中小企业厅关于在陕西省建立韩国中小企业产业园合作备忘录》，标志着陕韩合作翻开了全面深入合作的新篇章。

吉林由领导带队先后多次赴韩国拜会当地政要、知名商协会，与韩国世界500强及知名大企业开展项目对接。采取"小分队、点对点、巡回式"有计划地赴上海、青岛、大连、北京等地，拜访在华大型韩资企业推动项目合作。邀请韩国乐天、三星SDI、SK、韩华、希杰、贸易保险公司、大韩商工会议所等大企业及商协会赴吉林考察，积极推动韩国三星SDI汽车动力电池封装项目、韩华集团水上乐园项目、希杰集团玉米深加工项目等一批大项目取得实质性进展。东博会期间，与韩国驻华大使馆共同主办已召开两年的"中国吉林—韩国知名企业项目对接会"，韩国三星、乐天、LG、韩华等100多户知名企业参加会议并进行项目对接。2015年10月吉林省正式加入东北亚地区地方政府联合会，提升吉韩合作平台层次，进一步深化吉林与韩国实现多层次、宽领域务实合作。

（二）搭建产业合作平台

江苏把搭建国际产业合作平台作为经贸合作的重点进行推进，突出中韩产业合作园建设，实施重点城市突破。2012年，江苏省委、省政府把盐城市作为对韩产业合作园区建设的重点进行政策引导和高层推动。2015年盐城市与韩国庆尚北道政府、大邱广域市政府签订了两国地方政府共建中韩盐城产业园合作谅解备忘录。盐城市强力推进中韩产业合作园区建设，提出明确要求，把快起步、起好步作为当前园区建设的首要目标任务，丰富拓展内涵，提升工作标杆，确定空间布局、完善产业规划、建立领导机制、制定政策体系、形成浓厚氛围，为园区建设奠定良好基础。一要深度研究"两国双园"合作模式，围绕第四代园区建设的理念，坚持产业新业态、城市新生代、运作新机制、着眼新未来，注重产城融合和宜业宜居，以高端、智慧、生态为导向，进一步丰富园区建设内涵，致力建设高起点、智能化、生态型、可持续的国际化新型产业园区，形成国际一流的低碳生态环保园区、中韩文化交流的新平台、宜商宜居和谐发展的现代化新园区、对韩开放体制机制新园区。二要积极策应"中国制造 2025""韩国制造业创新 3.0 战略"，坚持项目为王、产业支撑，充分发挥双方的基础和优势，大力发展汽车及新能源汽车、光伏光电、智能装备、大数据、健康美容和临港物流等合作产业，加快打造韩国在华投资发展产业集聚基地、韩国对华贸易重大物流集散基地、中韩友好交往窗口城市、韩国游客首选目的地城市。三要强化组织领导，进一步加大宣传推介力度，加强与韩方合作城市和两国相关部委衔接沟通，积极争取国家部委和省有关方面支持，汇集更多资源要素和项目布局，合力推进中韩盐城产业园建设快起步、起好步、开好局。

浙江加大产业合作平台推介。从 2014 年开始，浙江密集对中外合作产业园进行推介，为园区的国际项目合作创造平台和渠道。2015 年年初，与温州市联合举办"2015 中韩产业合作（温州）峰会""2015 温州对韩（上海）经贸合作推介会"等专题活动，重点推介由温州两个产业集聚区联合形成的韩国产业园。两次活动共吸引了近 300 位有关代表，包括韩国驻沪总领事馆、大韩贸易投资振兴公社，乐金电子、现代、三星、浦项等韩国公司高管，投资咨询和韩国各商协会组织等，推出近 50 个对韩合作项目；在浙洽会上对一批园区进行集中展示、在上海进行集体路演；由商务厅牵头赴目标国别进行对接等。同时，充分发挥媒体的宣传作用，在浙江卫视、《国际商报》、新浪浙江、浙江在线等各类媒体陆续推出专题报道。

着眼产业合作园健康发展，浙江拟出台《国际合作园产业园指导意见》，总结全国开发区、全省开发区在中外合作产业园建设上的工作经验，并为下一步有效开展工作明确了方向。

（三）发挥协会等中介组织作用

江苏充分发挥协会、商会、中介组织等组织的沟通协调作用，搭建各类经贸合作平台。2015 年 11 月 6 日，省贸促会与韩国贸易投资振兴公社共同在南京举办江苏—韩国（大邱）经贸合作洽谈会。组织省内家居用品、服饰、化妆品及小家电等行业 64 家企业与来自韩国大邱的企业积极互动，寻找合适的合作伙伴。会上，中韩企业共进行了 96 场一对一交流。韩方独创性、环保性及高品质的产品备受关注，中韩双方围绕采购、技术合作、产品代理等方面进行了深入交流。南京澳豆贸易有限公司、南京拓扣文化传播有限公司、舜天豪舰贸易有限公司等与韩国公司分别达成了合作意向。参加对接洽谈会的江苏企业信誉好、匹配度高。贸促会针对性地组织企业和专业化的配对洽谈服务发挥了很好的桥梁作用。

三、对山东的若干启示

韩国是山东第二大外资来源地、第三大贸易伙伴，截至 2014 年，累计批准韩资企业 21638 家，实际到账韩资 301.4 亿美元，占全国利用韩资的半壁江山；2013 年山东与韩国进出口 294.6 亿美元，是 10 年前的 3.1 倍，占中韩贸易总量的 10% 以上。韩国还是与山东建立友城、友好合作关系最多的国家，是山东第一大境外游客来源地，常年居住在山东的韩国居民 10 万人以上，韩国华侨 95% 以上祖籍山东。山东与韩国地缘人缘优势突出，在东亚地区开展次区域合作的条件得天独厚。国家正在推进实施"一带一路"、中韩自贸区战略，有关省市抢抓重大机遇，创造条件，推动与韩经贸合作发展，势头强劲、成效显著。山东作为"一带一路"战略重要节点和中韩自贸区的前沿，更要增强机遇意识和紧迫感，在新一轮对韩开放中，巩固基础，拓展领域，深化合作，再造对韩经贸合作新优势。

（一）加快建立鲁韩合作新机制

加快推进与韩国政府部门建立"部省经贸合作协调机制"。推动双方地方政府间高效畅通的合作渠道。推动双方企业间加强战略合作。建立与韩国跨国公司定期联系和协作机制，强化战略合作关系。在区域一体化方面争取先行先试。加强海关监督互认、执法互助、信息互换合作，启动"经认证的经营者"合作项目。探索在电子信息行业、海洋产业等领域，开展产业技术标准一体化合作。研究论证建设中韩铁路轮渡、中韩海底隧道、渤海海峡跨海通道。推动中韩陆海联运项目实现整车运输。加快推进鲁辽陆海货滚甩挂运输通道建设。

（二）加强鲁韩合作平台建设

立足山东区位优势，争取一批重大合作平台项目纳入国家规划，在新一轮对韩开放中打造竞争新优势。一是建设东亚海洋合作平台。以青岛为龙头，有关市积极参与；立足国内，拓展海上丝绸之路沿线国家，面向东亚乃至东北亚、辐射亚太的开放式、国际化高端海洋合作平台。二是打造中韩地方经济合作示范区。用好中韩自贸区机遇，以沿海的青岛、烟台、威海、东营、潍坊、日照、滨州7市为核心区，以其他10市为联动区，打造新兴产业国际合作聚集区、东北亚国际航运物流枢纽、中韩经贸交流会展中心、投资贸易便利化先行试验区。目前，烟台中韩产业园已被纳入中韩自贸协定框架，威海与仁川自由经济区作为中韩自贸区地方经济合作示范区也已启动。要加快产业园和示范区规划建设，科学制定管理体制和运行机制，抓好合作项目的落地、跟进服务，力争尽早见到实效，成为中韩产业合作高地。三是打造中韩特色产业园区。充分发挥山东农产品加工、制造业基础优势，按照绿色、低碳、生态、智能化理念，规划建设一批创新主题园区、装备制造主题园区、新能源汽车主题园区、海洋化工主题园区、信息技术主题园区、汽车零部件主题园区、现代农业主题园区、中韩生态城等。推进"中韩共建国际食品农产品质量安全示范区"。依托出口农产品质量安全示范省创建，争取双方农产品质量安全标准互认试点。

（三）突出鲁韩高端产业合作

随着国内劳动力、土地等各类要素成本进入集中上升期，低成本制造的传统优势受到削弱，能源资源和生态环境约束加强。必须发挥山东制造业良好基础优势，把高端制造作为长期保持产业竞争优势的战略重点。当前，韩国经济总体向好，产业向外转移步伐未减，山东半岛已初步形成了高端装备制造业集群、电子信息产业集群和港航物流产业集群，具备了在相关领域参与国际竞争的能力。要加大与韩国高端制造业的合作，深化与韩国大企业的战略合作，加强与具有核心技术的中小企业合作。扩大制造业开放的股比限制，建立与韩统一的产业标准和行业标准，进一步加强与韩产业对接，更好地融入跨国公司的生产链条，形成合理的产业分工协作格局，提高产业合作层次，深入挖掘制造业合作潜力。

（四）推动鲁韩现代服务业合作

扩大服务业开放是我国新一轮改革开放的重点。当前韩国在节能环保、信息服务、医疗保健、电子商务、养老等产业方面具有比较优势，且向海外发展意愿强烈。在韩制造业价值链低端环节向东盟等要素成本较低国家转移的形势下，山东应抓住机遇结合经济转型发展要求，重点谋划与韩国在金融、医疗养老、大气污染防治、信息技术以及跨境电子商务、智慧城市等领域的合作。致力于建设先进服务业开放先行区或服务贸易特殊监管区，吸引更多国外旅游、休闲、度假资源，带动医疗、养老、美容、商贸等领域投资。围绕重点产业发展，按照市场化方式设立产业投资基金和创业投资基金，加大金融创新力度。鼓励外资参与市政、医疗、教育等领域建设。

第六节　济南海关推进山东与韩国
经贸合作的实践与探索

2015 年山东省对韩国进出口 2004 亿元人民币，比 2014 年（下同）下降 0.6%，好于全省同比 11.7% 的降幅。对韩国出口 908.3 亿元，增长 6.9%；自韩国进口 1095.8 亿元，下降 6.1%。贸易逆差 187.5 亿元。目前，韩国已成为山东省第二大贸易伙伴和第二大外资来源地，已有 5000 多家韩资企业来山东投资发展。随着中韩自贸协定的签署，山东省又迎来了鲁韩合作发展的新契机。海关是服务中韩经贸合作的重要部门，这里就海关推动山东与韩国经贸合作基本经验进行了总结，就下步举措进行了展望，并站在海关角度，对深化山东与韩国经贸合作提出了几点建议。

一、2015年山东与韩国经贸合作基本情况

（一）月度进出口值稳中有升

2015年，山东省对韩月度进出口运行相对平稳，除2月和8月份波动较大外，其余月份进出口值均保持在160亿元以上，9月份以来对韩进出口持续增长，10月份进出口创年内新高，12月当月进出口190.9亿元，同比增长6.3%，环比增长1.3%（见图14-1）。

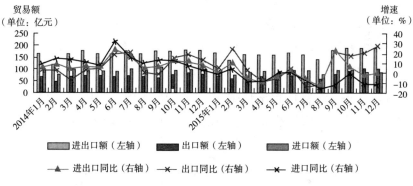

图14-1 2014年以来山东省对韩国进出口月度走势图

资料来源：内部资料整理。

（二）从贸易方式来看，加工贸易与一般贸易共占九成份额

2015年，山东省以加工贸易方式对韩进出口1027亿元，下降3.4%，占当年全省对韩进出口总值的51.2%。同期，以一般贸易方式进出口850.5亿元，增长0.7%，占全省的42.4%。

（三）从经营主体来看，外商投资企业成为主导，国有企业仅占4%

2015年，山东省外商投资企业对韩国进出口1335.6亿元，下降3.8%，占全省进出口总值的66.7%。同期，民营企业进出口587.2亿元，增长11.1%，占全省的29.3%；国有企业进出口81亿元，下降18.1%，仅占全省的4%。

（四）从进口商品来看，机电产品占比近 7 成

2015 年，山东省自韩国进口机电产品 760.7 亿元，下降 4%，占全省进出口总值的 69.4%，主要进口商品为集成电路、塑料制品等。

（五）从出口商品来看，机电产品、农产品、服装及衣着附件为主要出口产品

2015 年，山东省对韩国出口机电产品 432.2 亿元，增长 8.6%，占全省进出口总值的 47.6%，其中，液晶显示板等高新技术产品出口 142.3 亿元，增长 27.1%。

在推进山东与韩国经贸合作中值得重点注意的问题：

一是韩国经济下行及新常态下我国经济增速放缓令双边贸易持续承压。韩国经济长期受人口老龄化、投资不振和服务生产停滞等经济结构的综合性问题困扰，近年来经济增长率持续下滑；2015 年中东呼吸综合征（MERS）疫情的蔓延给其国内市场造成巨大冲击；原油大跌令造船、海运、石化等传统优势产业遭受重创，对外出口形势严峻；美元加息带来新的金融风险，韩国经济下行压力增大。韩国开发研究院（KDI）发布报告指出，2015 年 11 月规模以上工业增加值同比下降 0.3%，制造业平均开工率降至 72.7%，创下 2009 年 4 月以来最低纪录。反观国内市场，我国经济处于深度调整之中，总体需求不振，经济增速放缓，制造业表现低迷，12 月财新中国制造业采购经理人指数（PMI）回落至 48.2，已连续 10 个月处于荣枯线下方。

二是韩国政府推出一系列政策刺激消费，经济复苏有利双边贸易。在韩国经济恢复陷入僵局的情况下，韩国政府推出了一系列政策，力促民生消费。韩国银行（央行）2015 年 3 月将基准利率从 2.00% 下调至 1.75%，之后于 6 月再次下调至 1.50%。韩国政府在 7 月举行的国务会议上决定，为刺激经济将补充 11.8 万亿韩元（约合人民币 650.5 亿元）的预算。8 月，韩国政府再次公布了提振消费政策，下调汽车、家电产品等部分产品的特别消费税，还推出"韩版黑色星期五"等各种大型促销活动等。韩国政府刺激国内消费将有力拉动其国内需求，在中韩自贸协定的作用下，双边贸易有望进一步扩大。

三是中韩自贸框架下双边贸易机遇和挑战并存。中韩两国之间在电子、

化工、机械、钢铁、汽车等领域存在着密切的产业内的细化分工合作关系，但也应关注到双方经贸合作也存在诸多挑战。特别是两国比较劣势产业将会受到暂时冲击。自贸区将大幅降低或取消关税并提高市场开放度，两国比较劣势产业将受到影响。韩国的农产品和轻工产品将受到我国出口产品的冲击；在韩国具有较强竞争力的产业，如电器电子行业、化工行业、钢铁行业和服务业等，中国将受到来自韩国行业的冲击，但这种冲击将倒逼企业转型升级，提升本土产品质量和技术水平；在双方高度敏感的领域，如部分农产品、汽车及零部件等，在《中韩自由贸易协定》中作为例外选项，依然保持较高关税，这些行业将受到保护，而且随着自贸区建设即将拉开序幕，双边贸易额将会不断增长，在中韩两国重叠的农产品等领域，贸易摩擦仍将频发。

二、济南海关推进山东与韩国经贸合作的主要做法及经验

（一）打包推广贸易便利化支持措施

当前国家为促进外贸稳增长出台了很多措施，海关系统也推出了大量支持举措。山东海关对韩贸易支持政策打包，为广大进出口企业提供便利，涵盖了国家层面的中韩自贸协定、自贸区创新制度复制推广、AEO 互认等政策，海关总署推出的通关一体化改革、关检合作三个一、无纸化通关、税收征管模式改革等改革举措。针对韩资企业面临的实际困难，深入开展"送政策上门"，打造"新政速递"等海关政策宣传品牌，面对面开展宣讲，有针对性地解决企业具体问题。加强海关国际合作，积极推进中韩 AEO 互认企业认定，帮助符合条件进出口企业申请高级认证企业，加强政策宣传。实施后，2015年山东海关区对韩国出口企业 874 家，同比增长 20.7%，出口货物 58.8 万吨，出口货值 7.98 亿美元，分别增长 26.4% 和 23.4%。为扩大这些政策的宣传推广力度，山东海关召开关、地、企三方恳谈会 8 场，"一市一策"量身定制扶助措施 127 项，现场解决问题 129 个，郭树清省长批示："海关主动作为的精神应当提倡。"

（二）深化改革提高通关便利

如加快通关一体化改革畅通对韩贸易渠道，改革实施以来，山东海关共申报一体化报关单28.78万票，打破了关区之间、区域之间的"藩篱"，企业通关更加顺畅。据济南中外运有限公司统计，一体化通关后每个40尺集装箱能为客户节省400—500元费用，出口货物基本实现当天验放。同时为确保双休日及节假日企业出口韩国的货物正常通关，节省滞港费用及出运时间，山东海关还推出了预约加值班通关服务，2015年共加班1185人次，处理单据4226票。又如山东海关与青岛海关、山东省出入境检验检疫局在关检合作"三个一"工作中通力协作，目前已实现企业申报项目减少45%、申报效率提升25%、查验效率提高80%，得到了广大进出口企业的好评。

（三）多措并举为企业减负增效

全面开展收费清理，取消10项、降低2项收费项目，放开电子口岸预录入系统准入门槛。开展税则调研，帮助企业上报有关税则调整申请，扶持优势产业合理利用国家政策，促进产业健康发展。如潍坊海关帮助歌尔电子上报出口韩国3D眼镜的税号更改，提高企业出口退税率，一年为企业带来直接利润1500多万。同时辖区各隶属海关加强与商务主管部门联系配合，广泛开展商品归类认定，积极支持对韩国出口农产品企业享受较低进口税率和较高出口退税率，增加企业利润，提高企业国际竞争力。加大减免税政策支持力度，对韩资企业开展预归类、预审价等一对一服务，推动产业发展转型升级。如淄博海关大力扶持韩资山东阿莫泰克电子有限公司用足用好减免税政策，为该公司减免进口设备税款合计1000万元左右。

（四）量身打造专项服务措施

设立对韩贸易海关联络员，协调解决企业通关中的问题。通过设立海关政策服务窗口等，为中日韩产业博览会提供优质通关服务。如淄博海关精准应对电子行业更新换代迅速的特点，为辖区对韩电子进出口企业开通加工贸易手册备案绿色通道。潍坊海关每年开展以扶持农产品进出口的"春蕾"专项行动，支持对韩出口农产品企业做大做强。又如未锻轧铜及铜材为东营市自韩进口第一大商品，东营海关量身定制快速放行的通关模式，并派专人负责该类商品现场审单放行及后期结算事宜，极大促进了该商品进口。2015年东营市从韩国进口未锻轧铜及铜材2.2万吨，同比增加3.1倍。东营海关还积极企业监管场站建设，促使监管场站建成并成功通过审批，使从韩国进口废铜已全部实现转关运输至属地通关，企业滞港费、集装箱使用费大为减少，仅一个集装箱可为其节省成本2500元。

（五）充分发挥开放平台优势

支持济南综保区"济南国际商品展示交易中心"建设，中心专设韩国名优商品展销平台，方便了济南甚至聊城、莱芜、淄博、泰安等地的顾客购买韩国商品。支持济南机场开通"济南—仁川"国际定期货运航线，极大便利了对韩贸易往来。潍坊海关积极支持潍坊综保区规划建设韩国商品展示交易中心，支持综保区开展进口韩国食品、化妆品等直销店建设，帮助管委会申建中韩跨境电商保税物流平台，打造对韩贸易的新引擎。东营海关积极推动东营港码头开放，为对韩贸易开辟了新通道，2015年东营市从韩国进口轻循环油（混合苯/芳烃）11.1万吨，同比增加2.6倍；进口液化石油气1.4万吨，同比增加2.8倍。

（六）营造法治化营商环境

坚持以企业需求为导向，深化简政放权。山东海关已梳理关区内部核批事项227项，取消31项，压缩95项，总体优化126项，优化率为56%，形成内部核批事项目录表，做到目录之外无核批。扎实开展制度文件清理，共梳理各类制度文件605份，保留555份、修改18份、废止32份，清除自创的各项"土规定""土权力"，努力做到管少管精，维护公平公正的进出口环境，减少行政干预手段，用海关管理上的减法换得企业发展上的加法。

（七）不断释放创新制度红利

稳步推进上海自贸区监管创新制度复制推广工作，14项创新制度中，已有11项具备复制推广条件，其中企业有需求的8项已复制推广；新一批11项创新制度中，已有3项开始复制推广。制度创新红利初步显现，以潍坊歌尔电子为例，应用"简化进出境备案清单""简化无纸通关随附单证""批次进出、集中申报"等制度，使企业申报次数平均减少约85%；"批次进出、集中申报"制度，使平均通关效率提高40%。该企业2015年对韩进出口值同比增长130%。

三、济南海关推进山东与韩国经贸合作的下步举措

（一）支持口岸建设和扩大开放

加强对已开放口岸的发展指导，促进"济南航空城"建设，支持增开对韩航线。推动口岸开发开放，推进潍坊、东营机场对外开放，支持滨州港对外开放，拓宽对韩经贸合作渠道。结合中国（山东）自贸试验区申报工作，开展提前研究，为山东自贸试验区顺利开局贡献海关力量。优化行邮监管和会展监管，为中国（济南）韩国商品博览会等展会做好服务。

（二）推动"三互"大通关向纵深发展

优化关检合作"三个一"，加强全国海关统一版系统应用，推进"一站式作业"。支持山东电子口岸建设，与各口岸管理单位部门建立信息互联互通机制，实现信息共享，并探索开展联合作业和协同执法。

（三）积极营造健康有序的口岸环境

进一步加强与各打私协作单位的信息和情报共享，精准地开展联合打击和综合整治，维护进出口贸易和市场经济秩序。扎实推进简政放权，明确审批核批事项、权限、层级，防止擅自新设审批核批事项。全面推广行政审批网上受理平台，12项行政审批将全部实现网上申请和审批，为群众带来更多便利。

（四）创新守法便利的差别化通关制度

根据"守信激励、失信惩戒"原则，实施差别化通关管理，扩大低风险快速放行范围，对高资信企业保持较低的布控查验率，提高企业通关效率。建立健全海关企业协调员制度，提供预归类、价格预审核、原产地预确定等

海关专业服务。

（五）鼓励加工贸易企业转型升级

做好现有 24 项自贸试验区海关监管创新制度的复制推广工作，让创新制度带来的红利惠及更多企业。推动企业提升信息化水平，引导企业向价值链两端发展。推进加贸作业全程无纸化，实施后加工贸易企业将不再提交任何纸质单证，为企业节省成本。以加工贸易保税监管信息化系统建设运行为契机，探索建设加工贸易集中审核中心，简化业务办理流程，提高办理效率，优化监管资源，实现"管精、管少、管好"。

（六）推进海关特殊区域整合优化

支持东营综保区早日封关验收、实质运作。支持济南、潍坊综保区规划建设韩国商品展示交易中心和直销店。落实海关特殊监管区域及保税监管场所实施区域通关一体化改革，以"一体化"促进区港联动和区区合作，最大限度地实现物流和贸易便利化。在海关特殊监管区域，对已实现原产地电子数据交换的优惠贸易协定项下的货物，进口企业申报进口时免于提交纸质原产地证书，减少企业贸易成本。

（七）深化与韩国海关机构的合作

加强双方在通关便利化、AEO 互认、执法合作、口岸管理、打击走私等方面的合作，简化海关手续，提高通关效率务。努力推进与韩国海关"信息互换、执法互认、监管互助"，建立中韩海关数据对接平台，加强与韩国海关在情报、进出口商品动向、产业需求、关税政策等方面的信息互换。探讨在原产地审核、价格、查验、归类等方面实现执法互认和监管互助。

四、相关工作建议

（一）用足用好中韩自贸协定

中韩两国之间在诸多领域存在着密切的产业内的细化分工合作关系，山东省对韩大多数进出口商品也将在过渡期后实现零关税。降税一方面降低了山东省出口企业的成本，同时也不可避免给山东省比较劣势产业带来冲击，如韩国竞争力较强的电子、化工、钢铁和服务业。如何充分利用"零关税"这把双刃剑，扩大优势产业出口，倒逼落后产业转型升级，将是一段时期内工作的重点。

建议：一是加强自贸区政策普及。熟悉自贸政策才能运用自贸政策。建议通过政策报告会、编发专题宣传手册和利用新媒体等多种形式，对企业及有关主管部门工作人员进行政策宣讲。二是积极参与制定自贸协定下的制度细则，通过制度规避贸易壁垒及贸易风险，引导企业积极申领原产地证明，合理安排进出口订单，防范盲目投资。三是加快传统产业转型升级，增强出口产品的附加值和竞争力，也要积极寻求同韩方在会展业、软件外包、金融和电信易等服务贸易领域的合作，在生物、新能源等领域寻找新的突破口的增长点。四是积极举办山东与韩国双向产品博览会。通过建立与韩国办展机构的长期合作机制，提升展会专业化、国际化水平；通过高水平策划举办论坛、考察及配对洽谈等活动，深化展会的经贸交流和经济合作功能，促进两地贸易投资、行业对接、产业融合。

（二）加快跨境电商发展

中韩自贸协定首次将电子商务作为独立条款，传统的中韩贸易正在积极迎接电商时代的到来。近年来，中韩电子商务年增长20%—30%，韩方也很重视中国海淘市场，不少韩国电商推出了中文购物网站，2015年以来，每个季度韩国都会涌现出超过1000个中文购物网站。同时，韩国国内通过海外网站购买商品的"海淘族"也呈爆发式增长，近5年来通过电商交易进口量年均增长46.5%。山东省作为对韩贸易的前沿，拥有得天独厚的地理优越性。虽然威海示范区已经起步、青岛已获批试点城市，但是全省整体跨境电商等新兴业态发展相对较慢，各项政策措施支持力度不够、专业人才缺乏、物流通道不畅，都制约了山东省对韩跨境电商的发展。

建议：一是尽快完善相关政策，鼓励电商企业通过"海外仓"等模式融入韩国零售体系，拓展快递、运输、电商物流等领域的对韩合作，进一步促进跨境电商和服务贸易的发展。二是优化跨境电商发展环境，建立高级别统筹协调机制，深化简政放权，在跨境电商业务管理、市场准入资格审批上做到服务到位，进一步拓宽国际物流通道。三是加快培育跨境电商企业主体，加强对跨境电商人才培训机构及服务企业的扶持，引导外贸综合服务企业发展壮大。四是打造中韩和"海上丝绸之路"沿线国家电商发展聚集地，更快捷地把本地的产品销往"海上丝绸之路"沿线国家，促进与"海上丝绸之路"沿线国家的贸易便利化。

（三）充分发挥海关特殊区域的载体平台优势

随着上海自贸区创新制度的复制推广，海关特殊监管区域在承接产业转移、发展新兴业态等方面将扮演着越来越重要的角色，但山东省海关特殊区域发展并不理想。一方面，缺少统一规划和核心竞争力，发展很不平衡。省内现有9个海关特殊区域中，烟台保税港区一家的进出口值就占大半，其他区域大多存在"重申办轻发展"问题，开放高地作用未能充分发挥。另一方面，区内产业结构不合理，转型升级受限。山东省海关特殊区域内多为从事保税加工、保税物流企业，多处于产业链低端，产品附加值低，少有从事检测研发、融资租赁、期货保税交割等新型贸易业态的企业入驻。

建议：一是统筹推进全省海关特殊区域建设和发展，结合自贸协定内容，鼓励各地"错位发展"，形成对韩贸易合力。二是理顺管理机制，大力推动产业升级，把韩国真正适合入区发展、带动力强的高端产业、新兴业态引进来。三是相关部门与海关形成工作合力，抓好自贸区创新制度复制推广，培育国际化法治化营商环境，吸引高端产业聚集。

（四）积极应对技术性贸易壁垒

技术性贸易壁垒（Technical Barriers to Trade，以下简称TBT）已经替代关税、配额等传统贸易壁垒成为贸易壁垒的主要形式。对山东省来说，受影响最大的是农产品。2015年山东省对韩出口农产品99亿元，占对韩出口总额的11%。长期以来，韩国将中国视为检疫区，对农产品实行极为严格的检验检疫标准，TBT已经成为制约山东省农产品出口韩国的重要因素。

建议：一是发展农产品加工业，实行产业化经营，引进真正能够保证农产品质量和安全卫生的技术及设备，培育一批具有一定规模和实力的出口农产品生产加工基地。二是完善农产品质量认证体系和检验检疫体系，支持农产品企业取得质量、环境、管理等认证，确保生产、加工、出口整个过程可控。三是加快实施"走出去"市场战略。这不仅能帮助企业获得实实在在的关税优惠，还能使货物通关更加便利，避免 TBT 的制约，降低贸易成本。韩国已与 52 个国家和地区签订了自贸协定，在韩国设厂，意味着产品进入其他 50 多个国家和地区的门槛及成本将大大降低，扩大农产品出口贸易。而且即使将产品返销中国，也可通过在韩国的高附加值设计赚得更多利润。

（五）打造区域性韩国商品交易集散中心、韩国中小企业集聚中心

山东与韩国具有优势互补、产业融合的良好基础，具有地缘接近的区位优势，特别是双方对儒家思想都具有较强文化认同感，能为双方经贸合作发挥桥梁和促进作用。近年来，韩国政策不断加大支持其中心企业走出去的力度，并将开拓中国消费市场作为重要发展空间。山东省应充分发挥上述优势，积极打造若干个韩国商品交易集散中心、韩国中小企业集聚中心。

建议：一是依托海关特殊监管区域，可借鉴上海、宁波等地的经验，采用"功能＋窗口""前店＋后库""实体＋网店"等多种模式，打造韩国商品交易集散中心。二是通过建设中韩产业园区、韩国企业常设展示馆等形式，积极打造韩国中小企业集聚中心。三是努力营造亲商安商的良好环境。在集散中心、中小企业集聚中心区域内，配套建设韩国元素的休闲、娱乐、餐饮等服务设施。支持韩资企业及其外籍人员在购置物业、就医、就学等方面，享受国民同等待遇。落实好韩国商务人员和旅游观光客来华落地签证便利，加强双方人员往来。

参考文献

邓鑫：《中韩金融合作的现状与展望》，《国际金融》2013 年第 10 期。

范振洪：《山东吸收韩国投资的现状、前景及对策》，《当代亚太》2007 年第 12 期。

范晓莉：《海洋环境保护的法律制度与国际合作》，中国政法大学博士学位论文，2003 年。

范爱军、魏巍：《中国与韩国金融合作的现状、问题与对策分析》，《山东工商学院学报》2007 年第 4 期。

何帆、齐俊妍：《中韩出口产品的竞争程度分析》，《吉林大学社会科学学报》2006 年第 4 期。

姜莹：《中韩同源节日对比研究》，黑龙江大学硕士学位论文，2012 年。

金南顺、陈丕方：《韩资企业撤离中国的深层原因分析》，《济南大学学报（社会科学版）》2009 年第 1 期。

李爱华：《走出冷战：世界大势与中国对外战略》，济南出版社 1997 年版。

李胡玉：《韩国语人才培养对接青岛社会产业链的研究》，《北方文学》2014 年第 4 期。

李平：《中韩携手展开能源合作》，《能源研究与利用》2014 年第 5 期。

刘晓宁：《韩资非法撤离山东的原因、影响及对策分析》，《山东经济》2008 年第 5 期。

刘明：《威韩文化创意产业合作发展策略研究》，《人文天下》2014 年第 8 期。

卢青：《潍坊发布"金创 33 条"山东金改进入全面落实阶段》，《证券时报》2013 年 12 月 11 日。

闵贞圭：《战略合作伙伴关系下推进中韩合作问题研究》，中国海洋大学硕士学位论文，2013 年。

朴爱花：《从"韩流"看中韩文化交流》，延边大学硕士学位论文，2008 年。

孙远胜：《中韩油气产业国际合作研究》，中国海洋大学硕士学位论文，2010 年。

吴锡路：《中韩教育交流与合作》，山东师范大学硕士学位论文，2012 年。

吴龙植：《中韩两国海上灾难处理合作研究》，中国海洋大学硕士学位论文，2010 年。

吴沙：《国际友好城市交流的问题与对策研究》，国防科学技术大学博士学位论文，2005 年。

吴锡路：《中韩教育交流与合作》，山东师范大学硕士学位论文，2012 年。

王建、陈宁宁：《韩国加工贸易政策及对山东省加工贸易转型升级的启示》，《山东经济》2007 年第 4 期。

王治华：《中韩金融合作存在的问题和对策》，《中国外资》2012 年第 2 期。

王乃静：《山东半岛城市群内日韩企业集聚的现状与发展对策探析》，《山东经济》2005 年第 1 期。

王晨光：《开发韩国旅鲁市场的战略思考》，《山东经济战略研究》2002 年第 12 期。

温跃、赵小亮：《山东出台金融改革发展意见　5 年初步建成现代金融体系》，《金融时报》2013 年 8 月 10 日。

徐庆文：《略论山东儒学的地域性特征》，《烟台大学学报（哲学社会科学版）》2011 年第 1 期。

岳帅伯：《山东与韩国农产品贸易中的知识产权保护分析》，《科技信息》2010 年第 21 期。

张连锋：《论中韩文化交流的发展》，山东师范大学硕士学位论文，2009 年。

张天行：《中韩 FTA 对中韩汽车产品贸易的影响及对策研究》，中国海洋大学硕士学位论文，2014 年。

张文政：《中国开拓韩国高尔夫旅游市场初探》，《江苏商论》2008 年第 1 期。

赵春晓：《农产品出口韩国前景看好》，《农业知识》2015 年第 26 期。

李广杰：《山东蓝皮书——山东经济形势分析与预测（2015）》，社会科学文献出版社 2015 年版。

Lim Ho - yeol, "South Korea and China Face a New Era of Cooperation in Finance", *Chindia Quarterly*, 2012.

后　记

　　2015 年 7 月，山东省委宣传部向中共中央宣传部报送的"山东与韩国经贸合作的实践经验研究"课题，被列为马克思主义理论研究和建设工程 2015 年度重大实践经验总结课题，同时被列为 2015 年度国家社科基金特别委托项目，项目负责单位为山东省委宣传部。山东省委常委、宣传部部长孙守刚同志为课题负责人，山东省委宣传部刘宝莅副部长为课题执行负责人，山东社会科学院张述存院长为首席专家。山东社会科学院与相关省直部门及青岛、烟台、威海三市市委宣传部选派工作人员组成课题组，共同开展此项课题研究。

　　山东社会科学院张述存院长组织、带领课题组成员，认真制定课题研究计划，到省内外开展深入调研，按时完成了课题研究报告，并经孙守刚部长同意后报送中共中央宣传部马克思主义理论研究和建设工程办公室。在课题研究过程中，课题组成员还开展专题研究，形成了十几个专题研究报告。课题研究成果改编成书，张述存任主编，李广杰、顾春太、刘晓宁任副主编。研究、编写具体分工如下：前言，张述存；第一章，李广杰、顾春太、刘晓宁、王爽；第二章，张英涛；第三章，卢庆华；第四章，王圣；第五章，荀克宁；第六章，陈晓倩；第七章，李晓鹏；第八章，刘康、周乐萍；第九章，孙灵燕；第十章，王爽；第十一章，金花、王春元；第十二章，左言新；第十三章，刘昌毅、王鹏飞；第十四章，杨振华、马军、范斐朗、韩薇、刘永宽、王东东。山东省委宣传部理论处殷玉平调研员、张汝金副处长做了很多具体协调、组织工作。山东社会科学院国际经济研究所李广杰、顾春太、刘晓宁对初稿进行了统稿和修改，王爽、陈晓倩参与统稿,张述存院长统审修改定稿。

　　课题研究和该书出版得到了山东省政府办公厅、省商务厅、省政府研究室、省外事办公室、山东社会科学院有关领导与专家的支持和帮助,在此表示衷心感谢!由于时间紧、任务重,研究中难免存在一些缺憾与不足,敬请有关部门和读者阅读参考时批评指正。

编　者

2016 年 7 月 31 日

责任编辑：孟　雪
封面设计：王欢欢
责任校对：吕　飞

图书在版编目（CIP）数据

山东与韩国经贸合作的实践经验研究/张述存主编 . —北京：
　人民出版社，2017.1
ISBN 978 - 7 - 01 - 017081 - 7

Ⅰ.①山…　Ⅱ.①张…　Ⅲ①地方外贸—对外经贸合作—研究—山东、韩国
Ⅳ.①F752.852②F752.731.26

中国版本图书馆 CIP 数据核字（2016）第 314069 号

山东与韩国经贸合作的实践经验研究

SHANDONG YU HANGUO JINGMAO HEZUO DE SHIJIAN JINGYAN YANJIU

张述存　主编　李广杰　顾春太　刘晓宁　副主编

人 民 出 版 社 出版发行

（100706　北京市东城区隆福寺街 99 号）

北京盛通印刷股份有限公司印刷　新华书店经销

2017 年 1 月第 1 版　2017 年 1 月北京第 1 次印刷
开本：710 毫米×1000 毫米 1/16　印张：20.75
字数：329 千字

ISBN 978 - 7 - 01 - 017081 - 7　定价：63.00 元

邮购地址 100706　北京市东城区隆福寺街 99 号
人民东方图书销售中心　电话（010）65250042　65289539